抗战时期云南高等教育的流变与绵延

任祥 著

商务印书馆

2012年·北京

图书在版编目(CIP)数据

抗战时期云南高等教育的流变与绵延 / 任祥著. —北京：商务印书馆，2012
ISBN 978 – 7 – 100 – 08978 – 4

Ⅰ.①抗… Ⅱ.①任… Ⅲ.①高等教育－教育史－研究－云南省－1937～1945 Ⅳ.①G649.29

中国版本图书馆CIP数据核字(2012)第038201号

所有权利保留。

未经许可，不得以任何方式使用。

抗战时期云南高等教育的流变与绵延
任祥 著

商 务 印 书 馆 出 版
（北京王府井大街36号 邮政编码 100710）
商 务 印 书 馆 发 行
三河市尚艺印装有限公司印刷
ISBN 978 – 7 – 100 – 08978 – 4

2012年5月第1版　　　开本 880×1230　1/32
2012年5月北京第1次印刷　印张 12　1/4
定价：36.00元

目录 Contents

序一 / 001
序二 / 012
绪论 / 015

第一章　抗日战争前中国高等教育的发展 / 034
  第一节　清末中国高等教育的演进与改造 / 034
  第二节　中华民国初期的高等教育 / 049
  第三节　南京国民政府时期的高等教育 / 059
  第四节　苏区革命根据地高等教育 / 071

第二章　抗战时期中国高等教育的迁变 / 079
  第一节　抗战时期国统区高等教育的思想及其主张 / 079
  第二节　抗战时期国统区教育宗旨及方针政策 / 097
  第三节　抗战时期中国高等教育的区域布局 / 121
  第四节　抗战时期中国共产党领导下的抗日民主根据地高等教育 / 129

第三章　抗战时期内迁云南的高等教育概况 / 142
  第一节　抗战时期中国高校的内迁概况 / 142
  第二节　内迁云南高校的地域分布 / 149

第三节　战时内迁云南的主要高校 / 166

第四节　国立西南联合大学内迁云南办学 / 191

第四章　抗战时期云南地方高等教育的发展 / 210

第一节　战前云南高等教育状况 / 210

第二节　抗战时期云南高等教育概况 / 222

第三节　抗战时期云南的留学教育 / 242

第五章　抗战时期云南高等教育对区域社会的改造与影响 / 249

第一节　战时云南高等教育对区域经济的改造与影响 / 249

第二节　战时云南高等教育对于区域社会结构与社会风气的改造与影响 / 258

第三节　战时云南高等教育对于地区文化传承的影响 / 268

第四节　内迁高校对于云南教育的发展和促进 / 279

第五节　战时云南高等教育对于爱国民主运动的促动 / 287

第六章　抗战时期云南高等教育思想及教育家 / 296

第一节　抗战时期的教育思想评述 / 296

第二节　知名教育家及其教育主张 / 311

第七章　抗战后云南高等教育的绵延 / 349

第一节　战后高等教育政策的迁变与高校的复员 / 349

第二节　抗战胜利后云南高等教育的调整与发展 / 362

第三节　云南高等教育流变与绵延的文化考察 / 369

后记 / 382

序一

〔加〕许美德（Ruth Hayhoe）

伴随着中国许多知名大学在20世纪20年代至30年代初期开始日趋成熟，现代中国大学的发展成为民国时期最为重要的成就之一。这些大学中有公办大学，如国立北京大学、清华大学、中央大学、同济大学、浙江大学和武汉大学；有私立大学，如南开大学、厦门大学、复旦大学；还有基督教会大学，如燕京大学、圣约翰大学和金陵大学。1937年至1945年抗日战争期间，国民政府政策最富启迪的特征是坚决支持和协助这些处在激烈战争环境下的大学转移到较为安全的内地，并禁止师生被征兵，从而卷入抗日战火之中。

这也许是一段有点戏剧性的历史：在对于高等教育来说是创伤的时期，却创造了种种条件以解决现代中国高等教育发展中持续受到关注的两大问题。首先是对课程性质的关注。当时在顶级大学中，衍生于西方的课程类别和教科书占据着主流。同时，对本土知识体系的发展和在中国改造西方学术两方面均未给予恰当的重视。其次是关于对现代高等教育机构地域分布的关注。高等教育机构过多地分布在沿海的主要城市，而在广袤的内地却寥若晨星。

我们先谈课程方面。早在1913年，马相伯曾试图建立"函夏考文苑",致力于发展真正的、植根于中国古典传统的现代科学与社会科学术语。[1]这一努力最终以失败而告终。从日本引进的一整套术语主宰了中国大学的现代学科。这些术语包括了如用"哲学"来取代"致知学"[2],用"经济学"取代"理财学",还有许多其他从日本引进的术语。[3]正是随着现代学科的术语名称从国外引进,西方理论支配了社会科学和人文科学课程内容也就不足为奇了。同时,英语、法语和其他外国语也往往被用做教学语言。随着许多毕业于欧美的年轻教师回国,他们觉得使用西方语言的教科书甚为方便,而且在忙碌的生活中他们几乎没有时间来承担为本国改造课程这一艰巨而复杂的任务。多数大学坐落在主要沿海城市如上海和天津,这一事实使得它们在国外很强的影响下存在得十分自然。1938年被任命为国民政府教育部长的国民党政治家陈立夫,在巡视多所为了躲避日军入侵而准备西迁的大学时说,访问这些大学使他觉得自己置身于国外文化的疆土上。[4]这就是国外课程和教材模式的浓重影响!

然而,一旦大学迁至西北的西安和兰州,西南的重庆、成都和昆明,这种情况就发生了变化。社会学家费孝通先生开始把他

---

[1] 克利福德·格尔茨:《仪式与社会变迁——一个爪哇的例子》,见于《文化的解释》,上海人民出版社 1999 年版,第 165—195 页。
[2] 马相伯:《致知浅说》,商务印书馆 1926 年版。
[3] Lu Yongling and Ruth Hayhoe, "Chinese Higher Learning: The Transition Process from Classical Knowledge Patterns to Modern Disciplines." In Christophe Charle, Juergen Schriewer and Peter Wagner (eds.) *Transnational Intellectual Networks: Forms of Academic Knowledge and the Search for Cultural Identities* (Frankfurt/New York: Campus Verlag, 2004), pp. 269-306.
[4] Chen Lifu, *Zhanshi Jiaoyu Xingzhen Huiyi* [Reflections on Educational Administration During the War] (Taiwan: Commercial Press, 1973), p. 20.

的研究立足于本土的现实,并从实践中发展社会学理论;文学学者闻一多先生发展了基于中国古典传统和当代中国文学的文学理论;而科学家和工程师们则开始把他们的理论知识运用于解决农业发展和战争时期最重要的航空及大炮制造业的实际问题中。在吞噬中国的抗日战争和第二次世界大战的战火洗礼中,大学的知识学科被本土化了,而且在中国农村和内地城市抵抗日本占领的现实中找到了自己的根基。这是一段在战争灾难中学术发展极其丰富的时期,因此有不少学者认为,在某种程度上,没有哪一所后来的中国大学能够与国立西南联合大学(即在有远见卓识的梅贻琦校长领导下汇聚在昆明的北大、清华和南开大学联合组成的)所取得的成就相媲美。[1]

如果一个真正的、本土化的知识体系发展是中国现代大学发展过程中至关重要的一步,那么中国大学的地域分布大约从1914年起也备受关注。那一年,袁世凯提出了创建四个大学区域的建议,1917年汤化龙建议创建六个,1918年范源廉则勾勒出了七大区。[2] 但是,他们没有一个人有能力或资金来实现他们对于现代高等教育机构进行更合理地域分布的愿景。直到1927年国民政府成立后,这个问题才再次被提上议事日程。这次由可能是民国时期最为杰出的知识分子领袖蔡元培领导了这一改革。在他作为国民政府最高教育官员的短暂任期内,建议设立大学院来专门负责管理国家所有的教育机构,以保证学术的高水准并使其免受国民党

---

[1] John Israel, *Lianda: A Chinese University in War and Revolution* (Stanford, Calfornia: Stanford University Press, 1998).

[2] Chen Qingzhi, *Zhongguo Jiaoyushi* [History of Chinese Education] (Shanghai: Commercial Press, 1936), p.631.

的直接政治干预。由于深受多年在法国留学的影响，蔡元培先生对大学院的构想是建立大学区制，以确保大学在中国所有主要地理区域上能够均衡分布。[1] 不幸的是，国民党政府没有采纳他的建议，随后他辞去了政府公职并开始领导新成立的中国科学院，这是一个对他的先师马相伯曾经试图建立的"函夏考文苑"最有价值的继承。[2]

如上对中国现代大学早期历史两方面的简短回顾，或许能够帮助读者理解为何这一战争时期对他们发展是如此的重要。任祥教授的这本专著聚焦于中国西南边陲的云南省，通过细致翔实的描写，记载了战争爆发前云南省的状况。当时政府对高等教育的支持是少之又少，许多由沿海迁往云南的大学，都进行了艰苦卓绝的重建，并探索在战争时期如何为国尽职尽责。随后的章节详述了这些大学所作出的诸多贡献，以及它们带动云南本地新建高校发展的各种尝试。这些本地高校的历史发展，它们的形成以及为地方服务的方式均是特别令人感兴趣，可称为是十分重要的史诗，充分展示了发生在战争期间地域的再分布对于中国西部的长期影响。而描写战争时期的中国教育思想以及具有影响力的教育家的相关章节也同样十分重要，因为正是这些引发了对课程知识和植根于中国自身历史和发展经验的现代学科体系形成的再思考。

在中国的大学再次经历引人注目的转变时刻——通过最近的高等教育大众化以及通过整合的努力建设一些顶级大学以达到世界一

---

[1] Allen B. Linden, "Politics and Education in Nationalist China: The Case of the University Council 1927-1928," in *Journal of Asian Studies*, Vol. 28, No 4, August, 1968, pp. 763-776.

[2] Tao Yinghui, "Cai Yuanpei yu Zhongyang Yanjiuyuan," [Cai Yuanpei and the Academica Sinica] in Zhongyang yanjiuyuan, *Jindaishi Yanjiusuo Jikan*, Vol. 7, June, 1978, pp. 1-51.

流的地位和质量,这本专著的出版就显得特别有价值。它将有助于读者反思在20世纪中国最苦难时期,勇敢的教育家们和学者们创立的中国现代大学制度的基石。

许美德
加拿大多伦多大学安大略教育研究院

Preface 1

Ruth Hayhoe（许美德）

The development of modern Chinese universities was one of the most vital and important achievements of the Nationalist regime, with a number of prestigious universities reaching maturity over the 1920s and early 1930s. This included such public institutions as Peking University, Tsinghua, National Central University, Tongji, Zhejiang University and Wuhan University, as well as such private institutions as Nankai, Xiamen and Fudan universities, also Christian missionary universities such as Yenching, St. Johns and Jinling. One of the most enlightened features of Nationalist government policy during the Sino-Japanese War, from 1937 to 1945, was the determination to support these universities under drastic war-time circumstances, assisting them in their move to safer locations inland and refraining from drafting students or faculty into the army to fight against the Japanese.

It may also be a kind of irony of history that this traumatic period for higher education created conditions where two persistent concerns about the development of China's modern higher education were finally resolved. The first was a concern about the nature of the curriculum, with

Western derived curricular categories and textbooks dominating curricular decisions in the top institutions and inadequate attention being given to the development of a Chinese knowledge base or the adaptation of the Western scholarly literature to the Chinese context. The second was a concern about the geographical distribution of modern higher institutions, with a huge concentration in the major coastal cities, and very few institutions in China's vast hinterland.

If we take the curricular concerns first, as early as 1913, Ma Xiangbo had tried to establish the Hanxiao Kaowenyuan, in an effort to develop terminology for the modern sciences and social sciences that was authentic and rooted in China's classical tradition. [1]This effort failed, and a whole set of terminology that had been adopted from Japan came to dominate modern subjects in Chinese universities. This included terms such as *Zhexue* for philosophy instead of *Zhizhi xue*,[2] *Jingji xue* for economics instead of *Licai xue*, and many other terms introduced from Japan.[3] With the very names of modern disciplines being imported from abroad, it was not surprising that Western theories dominated the content of social

---

[1] Lu Yongling, "Standing Between Two Worlds: Ma Xiangbo's Educational Thought and Practice," in R. Hayhoe and Y. Lu (eds.) *Ma Xiangbo and the Mind of Modern China* (New York: M.E. Sharpe, 1996), pp. 177-191.

[2] Ma Xiangbo, *Zhizhi qianshuo* [A Simple Introduction to Philosophy] (Shanghai: Commercial Press, 1926).

[3] Lu Yongling and Ruth Hayhoe, "Chinese Higher Learning: The Transition Process from Classical Knowledge Patterns to Modern Disciplines." In Christophe Charle, Juergen Schriewer and Peter Wagner (eds.) *Transnational Intellectual Networks: Forms of Academic Knowledge and the Search for Cultural Identities* (Frankfurt/New York: Campus Verlag, 2004), pp. 269-306.

science and humanities programs, while English, French and other foreign languages were often used as the medium of teaching. With many of the young faculty having returned to China from graduate studies in the United States and Europe, it was convenient for them to adopt Western language texts, and there was little time in their busy lives for the complex and demanding task of adapting these materials to the Chinese context. The fact that most universities were located in major coastal cities such as Shanghai and Tianjin, where there had long been a strong foreign presence made all of this seem natural. When Nationalist politician Chen Lifu, who had been appointed Minister of Education in 1938, visited a number of universities to offer them advice as they prepared to move Westward in order to escape the Japanese invasion, he commented that it felt as if he was entering foreign territory culturally![1] Such was the preponderance of foreign material and models in their curricula and textbooks.

However, once the universities moved to Xi'an and Lanzhou in the Northwest, Chongqing, Chengdu and Kunming in the Southwest, this situation changed. Sociologists such as Fei Xiaotong began to base their research on local Chinese realities and develop sociological theories from practice, while literary scholars such as Wen Yiduo developed literary theories based on China's own classical traditions as well as on contemporary Chinese literature. Scientists and engineers, for their part, began to apply their theoretical knowledge to practical issues of

---

[1] Chen Lifu, *Zhanshi Jiaoyu Xingzhen Huiyi* [Reflections on Educational Administration During the War] (Taiwan: Commercial Press, 1973), p. 20.

agricultural development and such essential war-time industries as aeronautics and artillery manufacture. In the baptism by fire that engulfed China during the Sino-Japanese War and the Second World War, the disciplines of knowledge in the university were indigenized and found roots in the realities of the Chinese countryside and the hinterland cities that were resisting Japanese occupation. This was thus a time of rich scholarly development in the midst of the devastation of war, to such a degree that some scholars feel no subsequent Chinese university has been able to rival the achievements of the Southwest Associated University, that brought together Beida, Tsinghua and Nankai on its Kunming campus, under the visionary presidency of Mei Yiqi.[1]

If the development of an authentic and indigenous knowledge base was a crucial step in the development of China's modern universities, the geographical distribution of Chinese universities had also been a significant concern since about 1914. In that year Yuan Shikai suggested the creation of four university districts, while Tang Hualong suggested six in 1917, and Fan Yuanlian sketched out seven districts in 1918.[2] None of these officials had either the capacity or the available funds to implement their vision of a more rational geographical distribution of modern institutions of higher education, however. Only after the Nationalist government was established in 1927, was this issue taken up again. This

---

[1] John Israel, *Lianda: A Chinese University in War and Revolution* (Stanford, Calfornia: Stanford University Press, 1998).

[2] Chen Qingzhi, *Zhongguo jiaoyushi* [History of Chinese Education] (Shanghai: Commercial Press, 1936] p. 631.

time it was Cai Yuanpei, probably the most outstanding intellectual leader of the Nationalist period, who led the way. In his brief tenure as the most senior education official of the Nationalist government, Cai proposed the establishment of a University Council which would be responsible to manage all the educational institutions of the nation and ensure high standards of scholarship and protection from direct political interference by the Guomindang party. Strongly influenced by his years of study in France, Cai had a vision for the Council to establish a university district system, which would ensure a fair geographical distribution of universities to all of China's major geographical regions.[1] Unfortunately, his proposal was never fully implemented and he withdrew from direct government service to head up the newly established Chinese Academy of Sciences, a worthy successor to the Hanxia Kaowenyuan which his mentor, Ma Xiangbo, had tried to establish.[2]

Hopefully, this brief overview of two aspects of the early history of China's modern universities will help readers to understand why the war-time period was so important to their development. Professor Ren Xiang's book focuses on Southwest China, and the province of Yunnan. With meticulous detail, he chronicles the conditions in Yunnan before the outbreak of war, when there was little support for higher education development, through the early war years, when many coastal universities

---

[1] Allen B. Linden, "Politics and Education in Nationalist China: The Case of the University Council 1927-1928," in *Journal of Asian Studies*, Vol. 28, No 4, August, 1968, pp. 763-776.
[2] Tao Yinghui, "Cai Yuanpei yu Zhongyang Yanjiuyuan," [Cai Yuanpei and the Academica Sinica] in Zhongyang yanjiuyuan, *Jindaishi Yanjiusuo Jikan*, Vol. 7, June, 1978, pp. 1-51.

moved to new locations in Yunnan, and struggled to establish themselves and find ways to serve the war-time efforts for national survival. Subsequent chapters detail the contributions of these institutions, and the ways in which they stimulated the development of new local universities within Yunnan province. The historical development of these local universities, and the ways in which they took shape and served the region is a particularly interesting and important story, showing the long-term consequences for Western China of the geographical redistribution that took place during the war. Equally significant is the chapter on Chinese educational thought and influential educators during this war-time period, as it was this that led to the re-thinking of curricular knowledge and the formation of modern disciplines rooted in China's own history and development experience.

At a time when Chinese universities are again going through a dramatic transformation through the recent move to mass higher education and the focused efforts that are being made for some of the top universities to reach worldclass status and quality, this book is especially valuable. It will help readers to reflect on the foundations of China's modern university system, which were laid by courageous educators and scholars during one of the most painful periods of the twentieth century for China.

Ruth Hayhoe, Ontario Institute for Studies in Education,
University of Toronto

序二

梁吉生

20世纪中国高等教育有过两次意义迥然不同的历史变迁，一次是抗战时期，一次是"文革"时期，这是两个影响中国人民命运的最重要时期。前者为民族危难所迫，但依然坚守着坚定的办学理念和大学精神，其结果不仅为抗战后高等教育发展奠定了基础，也为今天留下了弥足珍贵的精神遗产。后者是对大学精神的蹂躏和亵渎，其结果是把高等教育推向绝地，精神创痛至深，于今难以平抚。这两次高等教育的变迁，都应当认真总结，以便形成公共认识和民族记忆。为此，我们需要更加自由言说的历史认知，让这个世界多一份清醒。

抗战时期是一段并未远去、仍然活着的历史。在那全民共赴国难的特定年代，高等教育是代表一个时代精神的标志之一。对于这一时期高等教育守成和变迁交替消长的风云起落，海内外包括台湾等地区都有见仁见智的检索与研究。但历史需要重温，需要不间断地深入研究。因为历史不可能一次性解读，不可能毕其功于一役而纵览无余。随着时代前进，新的史料、新的方法的涌现，历史真相的揭示会不断地深化。而就研究本体而言，也需要开拓新的更加接近历史本真的视域，运用新的思维超越前人研究水平，给予当代人以新的历史价值观。

《抗战时期云南高等教育的流变与绵延》就是这一新的研究路径的可贵尝试。第一，著者基于近现代中国高等教育发展的整体观、大局观研究，"以云南作为一个局部特定的实证研究对象，运用语义分析、理论分析、历史研究、个案研究和文化研究等多种分析方法，以各个层次范围主体的历史变迁作为研究对象、作更为具体入微的微观考察"（见著者"绪论"，以下引文同此）。第二，著者从战前、战时、战后三个时间维度以及全国、云南省两个基本空间维度切入，统摄教育思想、教育制度、教育实践三个领域，特别是"围绕抗战时期这一时间维度，更是从战时教育背景、教育思潮、教育宗旨及教育制度、教育的区域布局变化、留学教育、云南高等教育概况、战时教育思想及教育家等方面，对战时中国高等教育的发展状况作出了深入的剖析，着重对这一时期与战前云南区域高等教育的对比研究，总结出云南高等教育流变的历史背景、变迁过程及客观影响"。第三，"努力将战时云南高等教育对于云南经济的影响、社会结构与社会风气的改进以及云南地区文化传承的影响、教育发展的促进、爱国民主运动的促动和影响置于特定历史情景、特定区域加以考察、梳理、评估，这样有助于我们更为客观地借古鉴今，为当代教育及大学建设提供指导借鉴"。

从全书写作观之，著者以其个人所能运用的视角，为践行既定研究目标的努力是真诚的。著者在熟悉和把握已有研究成果的基础上，着力突破前人某些思维定势，沉潜于大量史料之中去发现历史开掘深层历史真蕴，尽可能逼近历史的本真，复原风生水起、云诡波谲的历史场景，写出了历史危难中的民族灵魂、精神价值和大学精神，并在新的文化语境中追求应有的鲜活历史魅力，给我们留下了一份感动与激励。

任何对历史的讲述往往都隐含着对当代社会情状的思考，流露出对现实的关照与叩问。这种反思历史的精神思考及文化意识，是史家应有之义。著者从探索战时云南地区高等教育的办学理念、大学精神、学者风范以及办学软硬件条件等因素出发，进而思考何以能有战时云南高校的时代风流和成功之谜；基于内迁高校复员后云南地方高等教育绵延与流变的进程，在对云南高等教育战后历史的梳理中，诘问当今我们离世界高等教育强国究竟还有多远；从战时教育、通才教育等的比较中，从对当时教育家大学理念的比较中，探究大学文化遗产的传承。我以为，所有这些对于今天的高等教育改革和发展，都是有着启迪意义的，也是可贵的学术风气。

以往我并不了解本书著者其人，只知道是一位青年学者，对高等教育史和西南联大校史研究很执着，也很有兴趣。应当说，在当前物欲横流、学术浮躁的环境中，能有这样的定力，耐得住寂寞，蕴积学术功力，守望学术家园，仅凭这一点就令人由衷敬佩。

著者还很年轻，其学术"年轮"还有很长的生长期。本书即或带有青年人建言立史的偏颇与不足，亦不足虑。但这从本质上无碍于我们理智并冷静地去品读那一段颠沛悲壮但异常光辉的高等教育历史，也无碍于我们清醒而冷静地审视并反思现实。

基于此，我在这位年轻朋友的书前写了上面的话。是为序。

2010 年秋日于南开大学闲未得斋

绪论

近代中国的教育文化事业，是伴随着西学东渐和近代工业的兴起而产生的。就现代意义上的大学教育而言，中国高等教育的滥觞至今不过百年光景，在这曲折的百年历程中，中国高等教育既经历了始建初期"国蹙患深"的孱弱与阵痛，又经历了数度政权更迭之下的曲折发展，"其变化之频繁、动荡之猛烈，在高等教育的历史上实属罕见"。[1]抗日战争（亦称为"中日战争"）时期中国的高等教育多难且悲壮，其在中国高等教育史上占有特殊而重要的地位。在战火中，中华民族长期创造、积累的文明受到了无情地摧残，中国高等教育亦承载了种种磨难与考验，其正常的发展轨迹也由此被打乱。然而，战争"充当了历史的不自觉的工具"[2]，基于保存中国高等教育学脉和战乱时期高等教育必要调整的考虑，包括迁滇高校在内的上百所高等院校千里跋涉，举迁中国的后方腹地，与各地方高校一道，于战火中弦歌不辍，辛勤育才，为国求贤。抗战八年间，中国高等教育并未停止探索前进的步伐，反而在很短时间内得以恢复，

---

[1] 董宝良：《中国近现代高等教育史》，华中科技大学出版社 2007 年版，第 6 页。
[2] 《不列颠在印度的统治》，《马克思恩格斯选集》（第二卷），人民出版社 1972 年版，第 68 页。

各高等院校较之战前不仅在办学规模上有所扩大,学生人数和专业有所增加,办学实力亦得到大幅度提升,中国的高等教育也由此在战火中得以涅槃和重生。

一

中国高等教育有着源远流长的发展历史,自古便存有"上庠"、"大学"、"太学"、"国子监"、"书院"等高级成人学校,但严格意义上的近现代高等教育却并非中国古代教育的自然延伸和发展,而是伴随着中国半封建半殖民地化进程,对西方高等教育模仿、借鉴、融合而来。中国近代大学从创立之初起,便负有富国强兵、救亡图存之重任,具有强烈的国家功利主义色彩。在20世纪初,一大批留学生赴欧洲和日本求学,学习和接受了西方高等教育理念。与此同时,在"术德兼修、文武合一"等主导教育理念的影响下,北洋大学堂、南洋公学、京师大学堂等一批新式资本主义学堂先后发轫,中国近代高等教育也由此拉开序幕。

近代中国高等教育的地域布局深受历史上重大政治变革事件的影响,并在这种变革与传统间发生角力转换。纵观1862—1949年的近百年历史,洋务运动、维新变法、科举废除、辛亥革命、北伐战争、抗日战争、新中国成立等,这些重大政治事件必然对高等教育发展乃至地域布局产生了巨大而深远的影响,高等教育地域分布也紧随政治中心的转移而发生变化,[1]形成了中国高等教育中心与政治

---

[1] 宋伟、韩梦洁:《近代中国高等教育地域非均衡布局考察》,《史学月刊》2009年第4期。

中心相嵌的布局模式。抗战之前，中国高等教育的区域布局极不均衡，无论公立、私立，还是教会大学，大部分集中于东南沿海各省，其中有60%的在校生集中于北平、天津、南京、上海等经济发达地区、政治中心城市、开放城市，广大西部省份地广人稀、人穷地僻、交通阻塞、经济落后，高等教育至为落后。1937年，抗日战争全面爆发，中国大片领土陷于战火。为保存文化遗脉和继续发展高等教育事业，地处沦陷区的大部分高校为避战火，相继迁移，或就近迁移至本省农村，或内迁至远离战火的大后方。据统计，抗战时期我国高校向西南、西北、中南、华南等地区内迁的高校约有124所，[1]其中70余所高等院校主要移至川、滇、黔、桂等西南大后方，数量占了全国内迁高校的70%以上，西南地区也由此成为战时内迁高校最为集中的区域，重庆、成都、昆明也由此一跃成为战时大后方高等教育的中心城市。众多高校在内迁过程中都不同程度地遭受重创，校舍被毁，大批图书资料及古文物受到严重损毁。大批流亡师生风餐露宿、颠沛流离，饱受艰辛和惊扰而其志不改，由此汇成了中国教育史上高校第一次大规模自北向南、自东向西的大迁移。

对抗战时期高等教育的考察，应看做是一次"对中国现代化的艰难发展历程所做的一种探讨"[2]。在复杂的社会系统中，高等教育作为一个专业化社会组织，与当地经济发展和政治地位往往交互发生作用，在这一功能转化过程中，高等教育并非仅仅单向地依赖于当地经济发展和政治地位，反过来，高等教育又因为自身能够提供大量高水平人才，营造良好的学术文化氛围而为当地政治、经济、

---

[1] 徐国利：《关于"抗战时期高校内迁"的几个问题》，《抗日战争研究》1998年第2期。
[2] 〔加〕许美德：《中国大学1895—1995：一个文化冲突的世纪》，教育科学出版社1999年版，第51页。

文化、教育发展服务，并提供先进的思想观念，对区域经济文化及地方现代化起着不断强化的作用。为适应战时环境，国民政府针对教育体制、政策进行了一系列改革和调整，中国的高等教育也由此在战争环境之下得以保全和发展。大量的高校内迁，客观上使得中国先进的科学技术、思想文化在广阔的时间、空间上进行了成功的转移和传播，中国的高等教育布局亦由此发生了根本性变化，四川、云南、陕西和甘肃等西部省区的高校数量迅速增加，这些省区的高等教育面貌也由此焕然一新。大量实科人才的流动、进步言论的充实、科学理念的注入，西南地区的高等教育呈现出新的发展势头，闭塞、落后的面貌开始呈现出新的发展态势。

云南地处西南边陲，虽占据着得天独厚的自然资源，但由于山川阻隔，社会经济发展一直受限，加之风气晚开，教育水平落后，战前云南的高等教育尚处于起始状态。战前云南全境仅有 2 所高校，且办学水平、师资力量都较为滞后、单一。抗战期间，陆续西迁云南办学的高校多达 11 所，这些高校有的是一步到位，而有的则随着战火的蔓延、战区的持续扩大而被迫不断迁移。由于战火蔓延，一些高校内迁云南较短时间后便另迁它处继办，其中影响较大，在滇办学达一年以上的计有 8 所高校。由大多数名流学者、专家教授及大学师生员工组成的内迁人员与云南地方高校一道，在极其简陋艰苦的环境下培养和成就了众多高质量的人才，云南一时蔚为学术重镇、民主堡垒、教育要地，云南高等教育也由此开始了"跨越式"的发展历程。与抗战相始终的八年，内迁各高校在传播新思想、新技术、新知识，培养边疆开发与建设所急需人才，推动学术文化发展等方面功不可没，有力地支持和推动了云南教育事业的全面发展，为中华民族抗战事业的延续和发展作出了应有贡献。

作为中国高等教育史的一个特殊阶段,抗战时期的中国高等教育在抗敌御侮的艰难环境之下,为中国近代文化事业作出了历史性贡献:它不仅保证了中华民族在中日双方争夺文教战线方面取得主动权,保证了同日本军国主义斗争到最后胜利的人才资本,而且在安定人心、稳定后方并形成巨大的民族凝聚力方面起到很大的积极作用。就云南而言,随着内迁高校的迁入,不仅使云南第一次有了全国一流的大学,而且"使整个中国社会更能正确、全面地认识云南,参与云南的建设与开发"。这一贡献,使云南人颇为感激,他们认为:"迁滇的大学虽然不属云南,但它的迁入直接推动了云南整个教育的发展,其影响和作用远远超过了省内原有之任何一所大学。"[1]正是以西南联大为主的内迁高校的影响,才使"滇之为滇,始一扫阴霾,以真面显示于天下"[2]。各内迁高校复员后,云南高等教育一时陷入寂静,然而即便如此,战后至解放前云南高校也一度发展至5所,在校生也较战前增加了80%以上,国立西南联合大学更是将其师范学院留昆独立设置,继续着西南联大在云南的事业。云南高等教育几经变迁,在特殊的历史背景之下,并非籍籍无名,反而在历史的画卷上留下了浓墨重彩的一笔。

将战时云南的高等教育纳入特定时期区域开发的视野,会使我们从中得到许多意想不到的收获与启发:战时云南的高等教育作为一个整体的文化精神表征,从某个角度看是一种抽象的存在,然而它对云南开发这一历史功绩,实际上已深刻地体现于中国20世纪战时大学迁变所引发的促进西部落后地区发展的总体特征之中。基于

---

[1] 蔡寿福:《云南教育史》,云南教育出版社2000年版,第484页。
[2] 北京大学、清华大学、南开大学、云南师范大学编:《国立西南联合大学史料》(一),云南教育出版社1998年版,第286页。

战时云南特定时空背景下高等教育流变与绵延的理论辨析和实证分析,对于给近代中国高等教育发展脉络作出深入的分析和较为清晰的勾画,考察战时云南乃至中国高等教育流变与绵延的历史变迁历程,可以使我们从一个侧面清晰地窥见现代民族、国家与教育之间复杂的关联和互动关系,较好地发挥以史为鉴的研究功能,对加快当前西部地区高等教育发展有着重要意义;对于抗日战争时期特定区域的高等教育研究,亦有着积极的示范意义。

二

教育为民族文化延续的本源所在。中国高等教育的历史演变与现实发展,是在传统与现代、国际化与民族化碰撞与选择的综合作用与影响之下,通过从理念层面到实践操作层面这一不断变革的发展过程而导致的历史结果和自然产物。作为高等教育科学学科群中较早建立的分支学科,高等教育史研究肇始于解放前。20 世纪 50 年代后,教育史学界开始有一些涉及高等教育的论文发表和书籍出版,但直至 70 年代末数量仍极为有限。制度化及学科化的学术规范性研究兴于 80 年代初期,然而随后的研究则在较长一段时间内略显沉寂。90 年代以来,研究逐步走出低谷,多部"通史"和"断代史"相继问世,书院制度史、教会大学史、留学教育史、高等学校校史和各区域高等教育史、高等教育思想史等方面的教育专题史研究分门别类,博采众长,蔚为大观。[1]各种有关高等教育的研究机构纷纷建立,

---

[1] 李均、王超:《90 年代以来高等教育史研究的进展》,《大学教育科学》2005 年第 2 期。

许多大学开设了高等教育方向的学位课程。大量经过去粗取精、去伪存真的研究文献纷纷涌现,可谓汗牛充栋。随着高等教育机构的复杂化、多样化,重心逐渐由关于理念、课程的研究转向关于大学组织模式和管理的研究。[1]

　　教育科学是教育实践经验的总结和先行者教育理论的结晶,而教育史则是教育科学得以发展的重要源泉。抗战时期特定区域高教史作为中国高教史的一个有机组成部分,缺少了前者,中国高教史的历史进程链条就显得不够完整。作为宏观研究的中国高等教育史专题,国内的蔡克勇、熊明安、曲士培、郑登云、孙培青、涂又光、高奇、俞立等学者从历史分期及教育思想研究的角度均有所建树,而从中国教育史宏观研究基础之上分述高等教育的著述则更为丰硕。从国外研究来看,加拿大多伦多大学许美德教授的《中国大学1895—1995:一个文化冲突的世纪》(教育科学出版社)从全球现代化视野下文化冲突的角度出发,以中国大学百年史为叙事框架对中国高等教育的历史进行了深入分析。美国哈佛大学费正清教授主编的《剑桥中华民国史》(中国社会科学出版社)则从西方世界观和价值观入手,对1912—1949年学术界的成长做了分述并对中国学者的传统学说提出了新的观点。日本学者大土冢丰的《现代中国高等教育的形成》(北京师范大学出版社)则从社会学取向的高等教育变迁入手进行研究。而以民国这一阶段作为研究区间的《中华民国教育史》(熊明安,重庆出版社)、《动荡转型中的民国教育》(申晓云,河南人民出版社)、《民国教育史》(李华兴,上海教育出版社)、《中国近现代高等教育史》(董宝良,华中科技大学出版社)、《近代中国

---

[1] 喻岳青:《高等教育研究与大学的创新》,《中国高教研究》2004年第1期。

的高等教育》(霍益萍，华东师范大学出版社)、《中国高等学校的变迁》(季啸风，华东师范大学出版社)、《抗日战争时期中国高校内迁史略》(侯德础，四川教育出版社)、《近代中国大学研究》(金以林，中央文献出版社)等中观研究则方兴未艾。

迄今为止，高等教育史学科建设还称不上得到真正深入和拓展。仅就高教史研究中史与论、历史与现实的关系而言，对其模糊认识和处理不当以及两对关系本身固有的矛盾和困难，即在一定程度上限制了高教史研究的深入发展。当前，战时高等教育专题研究仍较为薄弱，以校史为主题的著作、资料在高等教育史成果中占据着相当大的比重，而作为专章系统介绍抗战时期区域性高等教育的专著却寥若晨星。就区域高等教育史研究而言，北京、上海、广东、浙江、江苏、河南、山东等不少省市编写了关于本省市高等教育发展概况与历史的著作、资料。但总体来看，针对抗战时期特定区域高教史的研究还处于起始阶段，研究工作多为地区性、局部性与分散性的，发展也不平衡。虽多有学者涉足其中，但系统性、综合性研究较少，部分重要历史事件有欠翔实，史料亦有待挖掘、补充。从成果形式来看，多以方志、史志、文史资料、回忆录等形式出现，虽在一定程度上较为忠实客观地还原了历史，但由于过多局限于叙述特定区域高等教育之大端，大部分著作仍局限于"一本专著几篇文章"式的概略性介绍，"小而全"的叙事体例结构尚难以反映特定时期宏观背景之下高等教育的发展全貌，加之流通渠道极为有限并缺乏较为深入的"史论结合"式研究，这也使得各类专题史研究在思想性、学术性、评论性等方面略显阙如。此外，由于更多强调按时间体例进行全面叙述，系统研究较为鲜见，即便有也是混杂于教育史的教科书以及高等教育史、民国教育史、抗战史等专门史著述的一般性叙述之下，或只涉及某些专题且多以资料形式出现，重点也主要侧重于内迁高校、日本侵华教育史及解放区高教史方面研究，而对战时某一特定区域高等教育兴起、运行、流变、绵延的系统研究在内容、范围上还存有很大的局限性。

针对云南抗战时期高等教育流变与绵延的研究，前期虽有如《抗战时期西南的教育事业》（冯楠，贵州省文史书店）、《抗战时期内迁西南的高等院校》（政协西南地区文史资料协作会议编，贵州民族出版社）、《内迁院校在云南》（云南省政协文史资料委员会编，云南人民出版社）等有关抗战时期云南内迁高校方面的研究，亦有《国立西南联合大学校史》（有北京大学出版社、中国文史出版社、云南教育出版社、成都出版社等多个版本的校史、史料）、《云南大学校史》（云南大学出版社）、《云南大学史料丛书·校长信函卷（1922—1949）》（刘兴育，云南民族出版社）等有关高校校史各方面的研究，加上各相关高校校友会编写的校友会通讯则更多。在综合性研究及专题性研究上，关于西南联大等内迁高校的个案研究也是著述颇多，如《西南联大：战火洗礼》（赵新林、张国龙，上海教育出版社）、《西南联大历史情境的文学活动》（姚丹，广西师范大学出版社）、《学术与教育互动：西南联大历史时空中的观照》（王喜旺，山西教育出版社）、《西南联大与中国现代知识分子》（谢泳，福建教育出版社）、《西南联大的斯芬克司之谜》（杨立德，云南人民出版社）等。但从总体上看，作为一个整体研究战时云南这一特定区域的高等教育发展轨迹和内在规律，深入研究的成果还较为陈乏，研究也显得单薄和零碎。随着教育史研究重心从社会各方向中心回归及从具体研究向整体把握提高发展趋势的不断加强，如何改变从宏观上着眼，从政治上定位，从中观和微观研究过于局限和零碎的传统史学研究惯势,把学术观、教育观、历史观和政治观有机地结合起来,建立完善的指导方法和研究策略等方面可开发空间仍然较大。

战时大后方高等教育作为抗战史和高等教育史研究的一个重要课题,在中国抗战史中占有重要地位。对于战时云南高等教育流变与绵延的针对性研究,可以从一个更为直观的角度反映出战时高等教育的变迁与发展趋势。我们欣喜地看到,许多学者已更多地开始关注这一段历史,并把研究同云南实施西部大开发战略、科教兴滇战略、构建民族文化大省战略等问题紧密地结合起来,使得这一研究领域得到进一步的更新和扩充。在具体研究中,我们特别注重对战时高等教育内嵌性、局部性、暂时性、延续性等特点的挖掘:关注众多高校内迁云南所带来的东部地区教育模式的输入,使云南高等教育呈现出接纳性、嵌入性发展态势;关注众多高校迁滇主要集中于昆明这一传统中心城市,获得发展的地区并非均衡,而是具有一定局部性特征;关注云南高等教育由于内迁高校的大规模回迁而减缓了之前的繁荣发展势头,其区域布局和快速发展具有一定的暂时性;关注战时高等教育所经历的"跨越式"发展,从根本上改变了云南高等教育的原本状况,为今后云南高等教育铺垫了一条发展道路这一事实。毋庸置疑,抗战时期云南高等教育取得了快速的发展,历史的印迹并不会随着时间的消逝而烟消云散,随着历史进程的推进及区域社会合作的不断深入,反而愈加显露出对于抗战时期高等教育流变与绵延研究的重要意义,这也决定了我们只有不断地加快研究探索步伐才能让这块史学的芳草地散发出亘古的芳香。

三

抗战时期云南高等教育的流变与绵延研究特指抗战时期（1937—1945）对于云南高等教育的产生、发展和变迁的历史考察。作为近代高等教育发展历史上极为特殊，也是极为重要的历史阶段，研究战时云南乃至中国的高等教育流变与绵延过程，无论从器物层面还是制度层面，无疑都有着重要而特殊的研究意义。深入地研究近代大学，特别是战时大学，有利于透彻了解中国近代高等教育的实质，有利于通晓近代西方文化与民族传统文化在中国大地撞击、融合的事实，有利于清楚近代中国在世界巨变的滚滚洪流中的定位与发展方向。[1] 为更加客观地还原抗战时期云南高等教育发展概况，最大限度地克服传统宏观研究所带来的抽象性、概括性和枯燥性弊端，更好地发挥"以小喻大、见微知著"的专题史学研究作用，本研究作出如下考虑：

从研究视域而言，主要从宏观、中观、微观三个层面入手，从中国高等教育的源流发展这一宏观研究出发，围绕战时云南高等教育这一中观问题，其目的在于切入战时教育思潮、教育宗旨及方针政策、区域布局变化、内迁云南高校、战时云南地方高等教育等诸多微观问题。宏观研究优势在于整体观、大局观强，却容易忽略问题的细节，容易把问题简化。微观研究的研究对象往往是局部的、个案性质的，却容易忽视研究对象的一般性特点和发展规律。由此我们力争把宏观、中观、微观研究内容有机地结合起来，在分析上讲求层层递进并强调要素之间的内在逻辑性。从宏观要素上看，我们主要围绕战时高等教

---

[1] 李莉：《对中国近代大学研究视野的分析》，《辽宁教育研究》2005 年第 11 期。

育这一研究主题，把近代以来中国高等教育发展作为整体性研究对象，特别从战时国统区与根据地高等教育发展的对比分析入手，有效切中研究主题并为研究主题服务。从中观要素上看，通过战时云南高等教育研究，为区域教育史研究提供可资借鉴的研究范式。以微观要素而言，主要从办学的思想、体制、经费、举措以及对于区域社会的改造及其影响入手，对战时内迁云南高校的迁徙背景、地域分布、主要高校办学情况分析的同时，对战时以云南大学为代表的云南地方高等教育的发展进行了深入的研究。

从研究框架而言，主要从战前、战时、战后三个时间维度以及全国、云南两个基本空间维度切入，重点对中国战时高等教育以及区域性高等教育进行深入研究。围绕战前这一时间维度，主要通过洋务运动、维新运动、新文化运动等重要历史阶段，特别是中华民国建立以来至战前南京国民政府时期高等教育的发展轨迹分析开来。而围绕战时这一时间维度，则从战时教育背景、教育思潮、教育宗旨及教育制度、教育的区域布局变化、留学教育、云南高等教育、战时教育思想及教育家等方面，对战时中国高等教育的发展状况作出了深入的剖析，着重从战时与战前区域高等教育的对比研究，总结出云南高等教育流变的历史背景、变迁过程以及客观影响。围绕战后这一时间维度，则主要从抗战胜利后当局的教育调整、云南维持高等教育的主要举措以及新中国成立后云南的高等教育发展出发，反映高等教育的绵延及后续影响情况。

从研究体例来看，传统的教育史研究，大致可以分为教育思想研究、教育制度研究以及教育实践研究三个领域，往往忽视把教育的肇始、演进、发展作为一个完整活动过程加以整体考察。而战时云南高等教育研究恰恰强调注重关系研究，无论是针对战前、战时、战后三个时间维度，抑或国统区、抗日根据地乃至云南这一特定区域，还是具体到西南联合大学、云南大学等某一所大学，都需要从教育的历史源流、所遵循的教育思想、教育的设置、教育方针的维护、教育政策的施行、所形成的教育影响等研究体例进行。在具体研究中，既有总论性的断代研究，又有特定区域的专题研究，始终坚持把办学体制分类、教育形式的阶级或政治属性分类、历史分期或地域分类、高等教育活动领域或具体工作分类有机地结合起来。同时本研究也努力将战时云南高等教育对于云南经济的影响、社会结构与社会风气的改进以及云南地区文化传承的影响、教育发展的促进、爱国民主运动的促动和影响置于特定历史情景、特定区域加以考察、梳理、评估，这样有助于我们更为客观地借古鉴今，为当代教育及大学建设提供指导借鉴。

　　人类的历史，毕竟不同于物种的进化，在因果衔接的链条中，人的自由精神毕竟能够采取创造的行动。[1]教育具有强烈的传承性，追溯其流变及绵延历程有助于我们透彻地了解其特定环境之下的现实情况，同样，掌握当今教育改革的动态和理论发展也有助于真正读懂教育史。作为研究学问、传播知识和化育人才的殿堂，大学是引导新人成长、促进个体间交往的圣地，是师生碰撞思想、道德敦化的人文组织。按照社会学家帕森斯与贝尔的说法，大学已经成为社会的中心结构，大学教育的良窳足以影响乃至决定一个社会的文化与经济盛衰。[2]认真思考和研究战时云南高等教育作为主观的大学人的精神轨迹和作为客观的大学组织的发展轨迹，我们不难发现，战时云南高等

---

[1] 徐复观著、陈克坚编：《中国知识分子精神》，华东师范大学出版社2003年版，第2页。
[2] 涂刚鹏：《弘扬和培育大学精神的时代意义》，《理论月刊》2009年第2期。

教育积累了丰富的历史经验，也提供了深刻的历史教训，为后人留下了宝贵的遗产。由古达今，大学组织始终无法避免学术精神追求与现实功利目标之间的矛盾，而在这一方面，西南联大的成功经验尤其值得探究。在研究云南抗战时期高等教育的流变与绵延过程中，我们可以看到，由当时三所著名大学组成的西南联大迁滇后，其"战时最成功大学"的评价已为学者所公认，其成功对于我们评价中国现代大学教育的发展道路是很有启发的。[1] 西南联大在抗战前后虽只存续了短短九年，群星璀璨的教师群体自不必说，引领社会教化的风气更不待言，他们立足于满足长远的根本利益，着眼于"立国之本"，"自觉承担起民族精神象征的重任，以刚毅、坚韧、持久的努力，沉潜于文化创造，维系民族文化的血脉，保持民族文化创造的活力"，[2] 把"学术自由、兼容并包"的大学精神更是演绎得唯精唯微。

在具体研究中，我们的研究对象并非仅局限于历史的再现和论述，地域性、历史性、现实性等因素的加入，要求我们在史实的基础上突破表层的意义，着重关注其流变与绵延的历史进程，使研究内容和研究价值丰盈起来。"知识可以写在书本上，但知识的'现存性'必须由学人来代表"，[3] 我们重点强调对于战时云南高校的个案分析，重点考察典型高校如西南联大、云南大学等高校在抗战中的活动以及梅贻琦、蒋梦麟、张伯苓、黄钰生、熊庆来等著名教育家的教育思想与教育实践，以高校师生这一特殊抗战群体在抗战期间的活动作为文章的论据，用史料来分析战时云南高等教育相对于区域社会的改造及其影响的结论。在当前全面实施科教兴国、西部大

---

[1] 谢泳：《西南联大与中国现代知识分子》，福建教育出版社2009年版，第35页。
[2] 姚丹：《西南联大历史情境中的文学活动》，广西师范大学出版社2000年版，第27页。
[3] 徐复观：《对学人的尊重》，《徽信新闻报》1963年5月9日。

开发、人才强国等国家战略新的历史条件下,如何客观地检视并把云南高等教育在战时教育背景下所经历的特殊发展历程纳入研究的重要内容并为我所用,迫切需要我们紧紧抓住抗战时期云南高等教育中教学和人才培养这一核心问题,深入研究办学过程中其独特的历史背景和强烈的地域特征,注重从办学观念、发展战略方向进行结构性探讨并及时作出必要的回答。

四

针对抗战时期云南高等教育流变与绵延这一历史性课题,从研究方法上看,主要以战时云南高等教育发展的背景、规律、问题探究为经,以高等教育模式的转换、传统调适的流变研究为纬,以高等教育的事类、体制、理念为块,从政治角力、社会教化、地域文化等广义教育概念着眼,熔史论与今鉴于整体性研究之中。在预期可实现理论与实践的意义上看,通过抗战时期云南高等教育流变与绵延的追述与评论,可从一个侧面"分其宗旨、别其源流",从中发现它的客观规律性并有效拓展我国抗战时期高等教育史研究的视域。通过对云南高等教育这一特定历史时空背景下史论的观照,可真实地反映中国高等教育史的整体性、综汇性状貌,如此既能对传统史学研究深入底里,获得真解,又能探幽致远,描述"一致而百虑"的战时高等教育史学发展轨迹,从一个侧面充实我国高教史研究的视域。另一方面,将战时云南高等教育置于整个民国时期高等教育发展演进的历史链条上,全面地从政治、文化和认识论的高度上完整地理解抗战时期高等教育领域的种种变动,通过历史经验的扬弃与反思，我们可以更为睿智和全面地把历史理性与当代现实统一起来，为当前云南高等教育的改革与发展提供警示和决策参考。

战时云南高等教育的流变与绵延，总体而言是一个复杂的社会系统，涉及政治意识形态层面、组织结构层面、社会结构层面、教育管理层面、科学技术层面。如何以理性的思维和历史的眼光，在研究定位、研究目标等资源配置上着力至为重要。因此要求我们应采用多学科的视角，借用历史学、教育学、地理学、组织理论、管理学、心理学、社会学、政治学、经济学等理论和研究方法进行综合研究。在考察战时国民政府高等教育的过程中，着重对高等教育长期存在的内在矛盾加以审视，从宏观上作阶段性梳理，基本上可以透视出整个高等教育长期存在问题的症结所在，其中经验教训对高等教育长期发展具有参考、借鉴价值。抗战之后，大规模的内战使得高等教育重新陷入混乱模糊的境况，云南乃至中国高等教育由此随着政局的变化而进入了全面整顿、调整阶段，与之前的教育问题相联系，对抗战时期国民政府高等教育的考察无疑具有总结性、归纳性的承启作用。正如许美德教授所言，民国时期大学的历史及高等教育演进模式，"也是50年代早期建立社会主义高等教育体系的重要源泉……了解民国时期在高等教育中的经验对于解释80年代和90年代高等教育的变化具有重要意义"[1]。

治史不同于治论，离开对资料的收集、储存、整理、加工、交流，史学研究也就不成其为史学研究了。[2] 从研究范式而论，历史研究的正确结论是要在充分掌握和准确解释大量资料的基础上，再经过

---

[1] 〔加〕许美德：《中国大学 1895—1995：一个文化冲突的世纪》，第 8 页。
[2] 毛祖桓：《中国高等教育史研究五十年述评》，《高等教育研究》1999 年第 4 期。

理论分析而最后抽象升华出来的。出于这一考虑，本书注重对史料的发掘整理与入微的考证，重视收集和评价原始材料，注重用大量的资料对战时中国高等教育概况及云南高校在抗战时期的活动及其对抗战影响进行全面论述，以期对抗战时期高等教育及相关问题的研究有所益助，从而尝试在抗日战争史研究领域寻找新的视角。在历史文献的查证过程中，力求"存真求实"，注重对所占有材料及资料性工具书和地方性史料的学习与借鉴，注重史论结合及表现形式的多样化，防止停留于对资料的堆砌而缺乏深入分析，或从自己已占有的部分资料出发进行局部的、片面的研究，努力做到严谨史实考证、精审理论分析，进而尽可能地抽象升华出符合历史实际的见解，最终为研究抗战时期云南高等教育的流变与绵延提供科学的依据。

我们在以历史发生顺序进行纵向研究的同时，也遵循每一个教育史实的分析、每一个教育思想观点的提炼，在这些分析和提炼中，都渗透着比较思想的原则。我们充分借鉴海内外载于教育史上的一些现代化研究成果和研究方法，顺应时代和文化特点，从文化和教育发展多元化的角度思考问题，注重个案研究，强调以小题目做大文章，偏重于专题性论著，对特定教育思想和教育制度在一定历史范畴内进行横向的比较研究。如对于抗战教育思潮的分析，居于战时背景，不仅阐释了战时教育平时看的思想，也分析了战时教育要适应抗战需要的思想，对比了国民政府与共产党对于战时教育的主张。通过对各种教育思潮形成与发展的对比研究，使读者对于战时教育思潮的历史价值和是非功过有更为深入的了解。

在具体研究中，我们突破了从经济视角探讨高等教育所带来的急功近利与心浮气躁，也注重对从政治视角探讨高等教育时意识形态藩篱的剥离，更强调从文化视野的角度考虑文化的中介转换作用和影响。我们始终坚持历史唯物主义和辩证唯物主义的立场、观点，遵循"尊重历史、尊重科学、尊重客观规律"的科学性、开放性、整体性、史论结合及针对性的研究原则，将抗战时期云南的高等教育及西南地区高等教育作为一个开放系统，置于现代中国高等教育发展及社会大背景下进行研究，既注重阐述被后来历史证明是科学、正确或比较科学、正确的观点，也不讳忌阐述某个特定时期主流学术思想中错误认识，尽可能客观真实地反映出研究主体的学术水平和认识水平。例如整体考虑分析民国时期的高等教育政策，这一时期饱经战乱，政治腐败，在高等教育上也存在"党化教育"等诸多强制性教育政策的藩篱，然而从客观来看，也不讳言这一时期也是中国高等教育发展的一段黄金时期。

基于近现代中国高等教育发展的整体观、大局观研究，我们以云南作为一个局部特定的实证研究对象，运用语义分析、理论辨析、历史研究、个案研究和文化研究等多种分析方法，以各个层次范围主体的历史变迁作为研究对象作更为具体入微的微观考察。在按历史发生顺序进行纵向的研究基础上，对各时期教育思想、制度在一定历史范畴内进行横向对比研究，并对不同层次主体的高等教育进行多角度比较分析，以增加历史研究的现实感和观察的深度。同时，通过史实与现实交替、人物与事物互动、文献与考察交流，相互地结合与研究来展现这一历史时期及所产生的深远影响，这些研究方法或许为人们提供不少有益的历史借鉴。

时间就像一坛陈酒，放得越久，味道越醇，酒香越为弥远，也越值得后人去品味；时间又像一把锉刀，它磨平了岁月的锋芒，砥砺出了历史的沧桑；时间更像一把筛子，随着岁月的绵延，由历史和选家滤去了驳杂的琐屑小事，唯留下了更臻醇厚的时事积累与升华……

抗战时期云南的高等教育作为一段历史，已随着岁月的隐晦而逐渐销蚀。然而，历史就是历史，战时云南高等教育的流变与绵延历史已牢牢地定格于中国战时教育的历史变迁之中，不会湮没于历史的滚滚洪流中。相反，其流变与绵延的历史也必将随着中国高等教育改革发展的探索与反思而备受珍视，并焕发出勃勃生机且历久弥坚！

第一章　抗日战争前中国高等教育的发展

　　中国是世界上产生大学教育最早的国家之一，其文化教育活动历史悠久且绵延千年。中国古代教育自春秋末年学术下移、私学兴起，沿至盛唐，中央和地方教育并举、官学与私学共存，构成一个相对完备的古代教育体制和学校系统。中国有着三千多年的太学史，其古典的"大学"是不折不扣的"官学"。与西方大学发展史不同的是，中国古典"大学"从未中断，从战国时期齐国稷下学宫、汉代太学到后来的国子监、唐朝开始兴建的书院等都是中国古代大学的重要表现形式。随着实科教育的出现、考试制度的完善以及学校系统的形成，中国高等教育经历了一条从经学到理学、再到经世致用之学和学习西洋现代科学技术的漫长曲折道路，其流变与绵延历史，尤其值得深究。

第一节　清末中国高等教育的演进与改造

　　一般认为，现代意义上的大学肇始于欧洲中世纪。而中国近现代意义上的大学是清末伴随着西方大学制度的传入而逐步发展起来的，其历史简短而艰难。当西方高等教育早已步入良性循环的轨道时，我国高级人才培养和选拔的主渠道仍囿于千年沿袭的科举制度之下。随着鸦片战争序幕的沉重拉开，中国封闭多年的社会形态逐渐向现代化转型。随着西学东渐的士风日盛，封建教育体系逐渐走向衰败，部分近代教育实体实现了由"学而优则仕"的古典"官学"向"废科举，兴学校"的现代大学转型，新式学堂渐次举办，严格意义上的近现代中国高等教育开始发端。

一、封建社会高等教育的没落

鸦片战争之前，清朝基本上沿袭明朝的教育制度，崇尚儒家经术，提倡程朱理学，施行的是"兴文教、崇经术，以开太平"的文教政策，国子监、算学馆、书院等官立高等学校更为完善。鸦片战争后，西方帝国主义在先进生产力与生产关系的共同作用下，将原来对中国的觊觎变为坚船利炮威逼之下的经济掠夺、武力侵略和文化渗透。他们依仗不平等条约，相继获得了在中国通商口岸置地传教、兴办学校的特权，在传教布道的同时，西方传教士在华相继创办了一批教会大学，大力传播近代西方文化，这也在一定程度上刺激了中国新式公私立高等教育的兴起。此时中国近代高等教育也从封建教育体系中最完整的部分逐渐走向没落。尤其从戊戌变法到清朝末年，旧的高等教育制度逐步瓦解，西方资产阶级式的高等教育制度初步形成。[1] 其主要表现在：

一方面，官学教育名存实亡，科举制度日渐衰落。至鸦片战争时期，封建官学教育的整体发展面貌已远不如前，虽尚有国子监、

---

[1] 熊明安：《中国高等教育史》，重庆出版社1988年版，第362页。

算学馆及各省设立的书院，然而除部分初等学校或私塾进行正常教学外，官学很大一部分早已很少坚持正常教学，"迄于嘉庆，月课渐不举行……嗣是教官多阘茸不称职，有师生之名，无训诲之实矣"。[1]"天下教官多昏耄，滥竽恋栈"，"虽定例六年甄别，岁费折发，章程亦屡变更"。[2] 众多官学弟子不思上进并把学校当作栖身避役之所，政府对官学办学亦投入不足，场所年久失修。"科举制度和书院虽然尚存，但已经失去了它原来的正统性和活力。"[3] 随着近代教育发展，隋唐以来沿袭的科举制度此时已至尽头，科举考试内容设置、制度安排、方法选择等方面的局限性使得考试过程中漏洞和疏忽层出不穷，这在很大程度上丧失了科举制度本来应有的筛选意义和实际功效，封建教育体系此时已难以满足社会发展的需求。

另一方面，学科范畴较为局限，教学内容不合实用。封建官学的教学范围较之后来仿效的西学而言，教学学科虽然也有分设区别，但仍然局限于义理、词章和考据的学问，其本质还是以传统儒学为教学范畴与基本教学学科。细数当时的学科范畴，主要为程朱理学形式的传统儒学、少量研究自然科学的学校与学科、由钦天监直接管辖的阴阳学、隶属于太医院的医学以及三类教学内容的书院（一类是重视义理与经世之学的书院，一类是以朴学精神倡导学术研究的书院，一类是不教八股文的书院）。[4] 普通意义上的教义在儒学的范畴内容造成学科内容并没有发展成为促进社会发展的科学，单一的教学亦未能将教育转化为一种社会生产而是彻底与实践发展、与

---

[1] 赵尔巽：《清史稿》卷一〇六，中华书局 1976 年版，第 3116 页。
[2] 商衍鎏：《清代科举考试述录》，生活·读书·新知三联书店 1958 年版，第 26 页。
[3] 〔加〕许美德：《中国大学 1895—1995：一个文化冲突的世纪》，第 55 页。
[4] 熊明安：《中国高等教育史》，第 370 页。

世界发展相脱节,这些致命的局限不可避免地使传统封建社会教育体系走向没落,并被西式先进的高等教育体制所取代。

二、近现代高等教育改革的兴起

中国近代高等教育是伴随着洋务运动的开展,以及洋务学堂的兴办而发轫的。第二次鸦片战争失败之后,西方近代教育思想、理论、制度、内容和方法相继传入。"中体西用"作为当时的教育宗旨和办学原则,在一定程度上促进了中国近代高等教育的发展。最早期的维新思想家冯桂芬在1861年写的《校邠庐抗议》中指出:"以中国之伦常名教为原本,辅以诸国富强之术,不更善之善者哉。"[1] 1892年郑观应在《西学篇》中说:"中学其本也,西学其末也。主以中学,辅以西学。"[2] 1898年,张之洞在其《劝学篇》中提出:"中学为内学,西学为外学,中学治身心,西学应世事;中学务正,以正人心,为求仁之事;西学务通,以开风气,为求智求勇之事。"因此,应当"新旧兼学,四书五经、中国史事、政书、地图为旧学;西政、西艺、西史为新学。旧学为体、西学为用,不使偏废"。[3] 随着西学的渐次深入,中国近现代高等教育改革由此兴起。

1. 高等教育的扩张——洋务派创办的高等教育

(1) 洋务派兴办的专科高等教育

洋务运动发生于19世纪60至90年代,以"总理衙门"设立为

---

[1] 冯桂芬:《校邠庐抗议·采西学议》,清光绪二十四年(1898)益文堂刻本,第69页。
[2] 郑观应:《盛世危言》第一卷。
[3] 张之洞:《劝学篇》,中州古籍出版社1991年版,第121页。

标志，这一场朝廷运动使得清朝内部分化为洋务派与保守派。在保守派看来，洋务教育以西学育人，必将破坏"重义轻利"的育才方针，驱使学子们埋首机巧之事，滋生利欲之心，最终将丧尽忠孝节义之气节。其担心传统教育格局一旦被破坏，统治阶级的统治地位就必然受到冲击和威胁，甚至会带来"以夷变夏"危险。而从封建官僚集团中分化出来的洋务派为挽救腐朽的清王朝命运，从发展军事和工业的实际功利出发，主张引进、学习西方先进的科学技术以强大中国，洋务派信奉"师夷长技以制夷"，随后林则徐又在此基础上提出"师夷长技以自强"。从"制夷"到"自强"，可以看出近代中国发展需求由被动到主动的历史性转变，也可以看到由之带动的传统中国大学教育由封闭走向开放的存活与发展轨迹。

19世纪60年代至90年代，洋务运动在教育方面所采取的主要措施为：兴办了30余所学习"洋文"和"洋枪、洋炮、洋机器"的"西文"和"西艺"专科学校，其培养目标设定为既培养信守封建纲常礼教，又懂西文、西艺的洋务人才。与此相应，洋务学堂的课程设置既重视对学生进行蕴涵封建统治阶级伦理纲常的教育，同时又注意使学生掌握外国语和西方的科学技术。"西文"教育旨在沟通世界、活络外交和培养外事、翻译人才；"西艺"教育旨在通过快速吸收西方先进科学技术以指导实践。"西文"与"西艺"两类由洋务运动蕴造的专科学校，在一定程度上扩展了近代高等教育的体制规模、培养目标和课程设置，为近代中国随后出现的西式高等教育奠定了基础。

"西文"教育的兴建与发展主要集中于北京、上海、广州等沿海地区，其宗旨在于满足外交事务需要，培养通晓外国语言的人才。"西文"教育主要课程为外国语言，此后逐渐增设了算学、天文、化学、物理、万国公法等课程，扩大了教学内容与教学范围，框定了培养目标、教学内容、教学方法和教学组织形式。首开中国"新型"高等专科学校之端的京师同文馆（1862），以及随后的上海方言馆（1863）、广州同文馆（1863）、新疆俄文馆（1887）、台湾西学馆（1887）、晖春俄文书院（1887）、湖北自强学堂（1893）7所西文教育学校先后开办。京师同文馆随《天津条约》等一系列不平等条约而产生，《天津条约》明确规定：以后中外交涉的条约均用英文书写，仅在三年内可以附用汉文。[1] 京师同文馆在开办时仅设有英语一门语言，后来虽也增加了俄、日、法、德等国语言，但英语一直为主干。1901年，京师同文馆被归并至京师大学堂并于次年改名为"译学馆"。

在"西艺"教育方面，主要可分为军事（武备）学堂及科技学堂两类。洋务运动兴办的军事（武备）学堂有：福建船政学堂（1866）、上海江南制造局操炮学堂（1874）、广东实学馆（1880）、天津水师学堂（1880）、天津武备学堂（1885）、广东黄埔鱼雷学堂（1886）、广东水陆师学堂（1887）、北京昆明湖水师学堂（1888）、山东威海卫水师学堂（1889）、江南水师学堂（1890）、奉天旅顺口鱼雷学堂（1890）、山东烟台海军学堂（1894）、江南陆师学堂（1895）、湖北武备学堂（1896）14所，主要培养能够操作先进武器、掌握近代战争战略战术的各级指挥人才。兴办的科技学堂有：福州电报学堂（1876）、天津电报学堂（1880）、上海电报学堂（1882）、湖北算术学堂（1891）、天津医学堂（1894）、山海关铁路学堂（1895）、南京铁路学堂（1896）、湖南湘乡东山精舍（1896）、南京储才学堂（1896）、湖北农务工艺学堂（1898）10所，主要培养工程制造、矿冶、交通、电讯、西医、轮机、机械等方面的人才。

---

[1]《筹办夷事始末（同治朝）》卷一五，光绪六年（1880）刻本，第33页。

在这些学堂中，最著名和最具影响力的当属福建船政学堂和天津水师学堂。福建船政学堂由闽浙总督左宗棠于1866年奏请朝廷在福州建立，旨在培养、训练专门的水师人才，其课程主科为造船、驾船技术，辅科是英法语言文字、算法及画法，共同必修科是《圣谕广训》、《孝经》，还兼学策论。[1]

洋务派通过改革传统书院，增加西学和实科内容，招收科甲正途人员入洋务学堂，改革科举制度等措施，这在一定程度上转变了传统的教育观念，改革了旧教育制度，促进了高等教育的发展，其在近代高等教育发展进程中扮演了积极推进的催化剂角色。不可否认，洋务派所创办的早期工程教育和具有高等教育性质的学校，为国家、社会培养了大批实用型人才，在当时的中国掀起了创办高等教育的高潮，同时也为后来中国高等教育的发展奠定了基础规模。

（2）洋务派创办的留学教育

早在鸦片战争时期，随着国门的逐渐开启，人才问题和教育问题受到了举国上下的普遍关注。在兴办各种新式学堂的同时，洋务派也充分认识到留学教育对于中国社会文化和教育发展的显著影响。正如舒新城所言："留学问题几乎为一切教育问题或政治问题的根本，从近来言论发表的意见，固然足以表示此问题之重要，从国内政治教育实业诸事业无不直接间接为留学生所主持，从所影响的事实看来，更足见留学问题关系之重大。"[2] 为更直接地学习西方科学技术，更深入地掌握西方先进工艺，洋务派由政府出资，派遣学童留学欧美，学习外语、军政、船政、制造诸学，以培养中国近代较

---

[1] 熊明安：《中国高等教育史》，第376页。
[2] 舒新城：《近代中国留学史》，上海文化出版社1989年版，第1页。

为深入了解、掌握西学的人才。

在洋务运动之前，局部、少数的留学行动其实就已经开始，如1847年，容闳、黄胜、黄宽3人赴美学习。然而真正由政府、朝廷批准并派遣人员出国的留学教育是在洋务运动之后开始的。1863年，拣选知县桂文灿鉴于日本派遣幼童分赴俄、美两国"学习制造船炮、铅药及一切军器之法"，上书总理衙门奕䜣，建议中国仿效执行。随着洋务运动的展开，恭亲王奕䜣虽然充分肯定了这一建议，但以难以物色到合适的出国带队人选予以推谢。[1]这一情况在随后有了转机，1868年正式签字生效的《中美续增条约》第七条写明：嗣后中国人欲入美国大小官学学习各等文艺，须照相待最优国之人民一体优待。美国人欲入中国大小官学学习各等文艺，亦照相待最优国之人民一体优待。[2]此条约的签订无疑为当时中美之间留学、互访提供了最为有利的支持条件。

1877年3月31日，中国近代第一批正式派遣的留欧学生在督学李凤苞、日意格的带领下出发赴欧。[3]其中有赴法学习制造的，有赴英国、西班牙等国学习驾驶的，都是以实用学科为主。这些留学生留学时大多12—16岁，在中国完成启蒙教育，参加国内相关选拔试读考试后再到欧美国家完成西学。他们在深造西学的同时仍要兼顾国学，虽学业负担繁重，但其勤奋努力程度受到了欧美各方的肯定。在此之后，又有两届学生赴欧学习。这三届留学生学成归国后，其中大多成为各自专业领域研究、探索的集大成者，在技术、研究、

---

[1]《筹办夷务始末》(同治朝)卷一五，第33页。
[2] 高时良：《中国近代教育史资料汇编·洋务运动时期教育》，上海教育出版社1992年版，第853页。
[3] 孙培青：《中国教育史》，华东师范大学出版社2000年版，第312页。

管理、教育等诸多领域作出了突出贡献。

洋务派在留学问题上，一直以"中体西用"为指导思想。"中学为体"，即最中心、最主导的价值判定落脚于促进当时中国现实的发展，学习的最终目的在于着力解决中国实践中的突出问题；"西学为用"，即在认清现实的基础上借鉴、学习西方的先进技术文化，其目的还在于怎样改变中国现状使中国迅速崛起。"中体西用"也折射出洋务派在中西文化关系中"主"与"客"的两极位置上："中"为"主"、"西"为"客"的价值取向，反映出的是中国人希望改变国家现状的迫切愿望，但又不愿摒弃固有的"大国尊严"和夜郎自大式的"大国形象"，在内心深处饱含了不愿改变但又不得不变得无奈和痛楚。然而，洋务留学教育的推进，不仅有力地回击了守旧派"终鲜实效"的预言，也改变了人们的科举正途观念，对中国教育近代化的推进功不可没。

客观而言，洋务派用很大一部分精力去兴办"西学"、"西艺"教育和留学教育，虽然相较于同期西方国家的高等教育发展而言较为缓慢，也不全面和不到位，但它却是我国近代高等教育发展的第一步跨越式发展。其借用表面的西方教育之"精髓"欲让中国教育迅速崛起，洋务派在此过程中确实找到了致使中国逐渐衰败的根本症结之一，同时也通过努力使中国的高等教育在办学环境、教育理念、教育方式等方面大为改观，在改革原有教育模式、教育方法以及培养新人才方面具有突出的、积极的作用。

2. 维新教育——维新运动时期的高等教育

1895 年，中国在中日甲午战争中惨败，经受割地赔款等重创后进一步沦为半殖民地半封建社会，洋务派富国强兵的理想化为灰烬，这也使得资产阶级维新派被推上了中国的政治舞台。此时，早期资产阶级维新派倡导广设学堂、博采西学，还积极促成清政府颁布政令开设经济特科，改革文武科考试内容，废除八股文。其核心在于用和平的方式进行自上而下的改良，建立君主立宪的政治体制，使中国走上资本主义道路。维新派围绕和效仿西方资产阶级来进行中国高等教育的现实改造，高等教育的培养目标也由之前的"西艺"人才培养转向为"西政"，倡导学习西方的进化论观点、民权学说、社会学观点和教育思想并实施了妇女和儿童教育等更为人性化的教育，涌现出了很多高质量的教育理念及一大批具有先进教育思想的知识分子。

（1）中国近代大学的开端

维新运动领导人大都有留学海外的背景，他们留学归国后，依据自己的理解和见识来构建自己的教育体系，提出新的、符合中国国情的教育理念，然后亲自办学。康有为于1891年在广州设立"万木草堂"，梁启超、谭嗣同等于1897年在长沙创办"时务学堂"，张元济、陈昭常等于1897年在北京创办了"通艺学堂"，陈芝昌等于1898年在广州创办"时敏学堂"。[1] 当时维新性质的学堂大体分为两类：一类是维新派为培养维新骨干、传播维新思想而设立的学堂，如广州万木草堂、湖南时务学堂等；另一类是在办学类型与模式、招生对象、教学内容等某个或某些方面对洋务办学观念有所突破，领风气之先的新式学堂。[2] 这些学堂在教学内容上涉及中国经史、诸子之学、公理学等，也有西方的社会科学和自然科学，甚至还有如体操、演说等学

---

[1] 熊明安：《中国高等教育史》，第380页。
[2] 孙培青：《中国教育史》，第328—329页。

科。无论从教学内容还是教学方法，维新派所创办的学堂具备了近代高等学府的性质、特点。由于对传统封建教育体系进行了较大范围的反省与改革，所以这一时期也出现了很多著名学府。

中国近代大学是近代洋务运动和维新运动的产物，于19世纪末开始萌芽。1895年，津海关道盛宣怀呈北洋大臣王文韶奏准在天津创办了天津中西学堂（头等学堂），学堂分法律学、土木工学、采矿冶金学和机械工程学4门，为中国近代工程学科的鼻祖，盛宣怀称"此外国所谓大学堂也"[1]。1897年，由盛宣怀奏请在上海仿照北洋西学堂设立的上海南洋公学（上院），分内政、外交、理财各专门，早期主要定位于培养政治专家，之后逐步增设了铁路科、电机科、船政科，成为清末著名的工科大学。盛宣怀所倡设的天津中西学堂及上海南洋公学，由于还局限于专门学院，实为中国最早出现的近现代高等教育的雏形。而中国具有现代意义上的综合性大学是从京师大学堂开端的。1898年7月，随着维新变法的持续推进，在刑部左侍郎李端棻的倡导下，光绪皇帝颁布谕旨批准设立京师大学堂，由孙家鼐任管学大臣，并明确开办京师大学堂是"广为育人才，讲求实务"[2]。同年11月，几经周折京师大学堂才成立并正式上课。作为最早的中央官办综合性大学，京师大学堂开设有相当于现代综合大学系科的各堂，还规定学生不仅学习普通课程，而且要专精一门学科。其既是教学场所，又是中央教育行政机关，监管全国各省教育行政和学校，京师大学堂政、教一体的性质和形式彻底打破了原有的教育传统。百日维新变法失败后，清廷下诏废除各省学校，

---

[1] 朱有瓛：《中国近代学制史料》（第1辑下册），华东师范大学出版社1986年版，第491页。

[2] 沈桐生：《光绪政要》（第二十册，卷二十四），第21页。

而硕果仅存的就是京师大学堂。而即便如此,中国近代高等教育制度的建立,比西方高等学校的创立整整晚了 800 余年。

截至 1909 年,中国共创办了 3 所国立大学(学生 749 名)、24 所省立大学(学生 4203 人)和 101 所专业学校(学生 6431 人)。[1] 与此同时,随着教会大学的迅速发展,20 世纪初,中国除美国基督教教会创办的 9 所大学、法国天主教会创办的 1 所大学之外,还有一些独立的学院和专科学校分布于全国各地。出于民族存亡的危机感,国人迫切要求发展自办的官立和私立大学。当时,清廷除设立全国性质的高等学堂之外,亦指定地方各省设立高等学堂。随即,国人掀起了创办私立大学的热潮。[2]

与此同时,由庚子赔款推行的留洋教育也逐步展开。1901 年清政府与八国联军签订了《辛丑条约》,规定中国向各侵略国"赔偿"白银 4.5 亿两,其中美国分得 3200 多万两。为把中国知识分子培养成一批"追随美国的精神领袖",形成强大的亲美派,达到从知识上和精神上控制中国的目的,美国同意退还部分赔款用于"振兴学校,广设学堂",吸引中国学生到美国留学。1909 年 7 月 10 日,清政府外务部和学部会奏,在北京设"游美学务处",附设"游美肄业馆"。"游美肄业馆"以"清华园"为馆址,于 1909 年 9 月 28 日开办。1911 年,游美学务处与游美肄业馆一同迁入清华园,改名清华学堂,成为一所留美预备学校。1912 年改名清华学校,1925 年设立大学部,1928 年改称"国立清华大学"。[3]

---

[1] 周予同:《中国现代教育史》,良友图书公司 1934 年版,第 223—224 页。
[2] 宋秋蓉:《近代中国私立大学发展史》,陕西人民教育出版社 2006 年版,第 42 页。
[3] 苏云峰:《从清华学堂到清华大学(1911—1929)》,生活·读书·新知三联出版社 2001 年版,第 15—24 页。

(2)维新领导人的教育主张及相关变革

维新派认为,洋务教育虽开启了近代中国新式教育的大门,但中国社会的当务之急是如何广泛地使人民接受教育,教育不发达、民智不开的局面应该尽快改变。于此,康有为、梁启超、谭嗣同等维新派领导提出了"开民智、兴学堂","废八股、革科举","倡西学、弃旧学"等改革主张。维新运动领导人认为,中国之所以衰弱的根本原因是教育不良,学术落后。康有为认为:"才智之民多则国强,才智之士少则国弱"[1],"欲任天下之事,开中国之新世界,莫亟于教育"[2],他主张废八股、废科举,呼吁新学校、新科技和新人才,其许多教育思想和教育主张都在《大同书》中得到了充分反映。梁启超的教育主张集中于"开民智"和"兴民权",他说:"世界之运,由乱而进于平,胜败之原,由力而趋于智,故言自强于今日,以开民智为第一义","亡而存之,废而举之,愚而智之,弱而强之,条理万端,皆归本于学校"。[3]梁启超期望通过广设师范学校、倡导女子教育、改革儿童教育、介绍西方学理指点教育新政等途径改革中国教育,其抛出的教育宗旨和"新民"一说,显然饱含着引导教育新政发展的良苦用心。

维新派这一思想群体的教育思想、教育理念是通过学堂等教育实体来实现的。在维新派看来,在"中体西用"的基础上,需要从纵向和横向上把西学深化。与洋务派相比,维新派更为超前地提出对西学"弃其糟粕、取其精华",用整体的眼光打量西学从而选择中国现实所需要的择善而从。维新派主张改革书院制度,通过创设新

---

[1] 璩鑫圭、童寓勇:《中国近代教育史资料汇编·教育思想》,第135页。
[2] 梁启超:《康有为传》,《戊戌变法》(四),上海人民出版社1957年版,第9页。
[3] 璩鑫圭、童寓勇:《变法通议·学校总论》,《中国近代教育史资料汇编·教育思想》,第188—193页。

的书院替代原来书院。光绪二十四年（1898），张之洞提出经心书院和两湖书院的办学安排，两湖书院分习经学、史学、地舆学、算学四门；经心书院分为外政、天文、格致、制造四门，并以算学为专门必修科目。考绩办法采用宋朝太学积分法，每月月终计算分数的多少，作为升级任官的依据，并规定考核品行的办法，而且还将书院的办法宗旨改为"中学为体，西学为用，既免迂陋无用之机，亦杜离经叛道之弊"。维新派鼓励创设新的书院、改原来的书院为新式学堂。光绪皇帝在"百日维新"期间，采纳维新派建议，下令各省府州县把现有的大小书院一律改为兼习中学、西学的学校；省会的大书院改为高等学堂，郡城的书院改为中等学堂，州县的书院改为小学。

  维新运动时期的教育制度变革虽然最终以失败而告终，但它却催生了中国的现代教育制度，它对传统封建教育制度的冲击是深刻的、多方面的。如果说洋务运动的高等教育可能带有某些主观偏向性，那么维新运动的高等教育改革则是对洋务运动的肯定和深化。维新派着力传播西方资产阶级的社会政治学说和自然科学知识，宣传天赋人权、自由平等观念，批判封建君权。他们在反对旧学、提倡新学，批判"中学"、提倡"西学"的同时，以新的思想内容、新的形式风格，在思想和文化领域开创了新的局面。[1]这无疑为现代高等教育制度的催生和现代意义上大学的创设打下了思想基础。

3. 清末学制的改革

  "晚清新政中最富积极意义而有极大社会影响的内容当推教育改

---

[1]　田正平、商丽浩：《中国高等教育百年史论》，人民教育出版社2006年版，第69页。

革。"[1]19 世纪 70 年代后，部分改良派人士纷纷著书上文建议清政府仿行西方建立学校制度，然而由于以科举为核心的传统教育制度根深蒂固而未能成功。随着"百日维新"及拟行新政的影响，清朝政府在内外压力之下，不得不宣布"新政"，在教育上首先对高等学府教育制度进行了改革。在完成《钦定学堂章程》后，1902 年以日本学制为蓝本制定了中国历史上第一个以政府名义颁布并体现教育层次结构的全国性学制系统——"壬寅学制"。"壬寅学制"具体规定了各级学堂的性质、培养目标、入学条件、学习年限、课堂设置，将学校分为蒙学堂、寻常小学堂、高等小学堂、中学堂、高等学堂或是大学预科、大学堂、大学院七级，学程不含大学院共 20 年。尽管这个学制因诸多原因而未得以推行，但在 1903 年颁布的《奏定学堂章程》，即史称"癸卯学制"三段七级的学制，基本保留了相关内容。

"癸卯学制"包括学务纲要、各学堂管理通则、考试章程、奖励章程及各级各类学堂章程共 22 件。明确规定中国高等教育设立大学堂、高等学堂、高等实业学堂、高等政法学堂和优级师范学堂，规定与高等学堂并行的有高等学堂附设的高等专门实业、仕学馆和师范馆，大学堂分设本科、通儒院和预科。此后不到 8 年，中国先后设立了 3 所国立大学和 8 所教会大学，[2] "癸卯学制"也一直被沿用到清朝灭亡。其"以谨遵谕旨，端正趋向，造就通才"为宗旨，[3] 对大学堂的学科构建、课程设置、学习时限、招生录取、教员管理等作了较为明确的规定，有效解决了各地兴学无章可依的矛盾，为新式学堂的发展奠定了基础。至 1909 年，各省共有高等学堂 24 所，

---

[1] 陈旭麓：《近代中国社会的新陈代谢》，上海人民出版社 1992 年版，第 246 页。
[2] 周本贞、高建国、蔡正非：《守望大学精神》，中国大百科全书出版社 2005 年版，第 14 页。
[3] 中国教育大系编委会：《历代教育制度考》（下），湖北教育出版社 1994 年版，第 1884 页。

学生 4203 人；各省有各类专门学堂 127 所，学生 22735 人。除公立高等教育机构外，到 1911 年，全国共建立起 10 多所教会高等教育机构。[1] 这些融合了近代高等教育所需的学制改革，仍可以看到封建科举制度的残留，在操作层面上也缺乏一系列配套制度的跟进，忽视了对于中国传统高等教育制度中合理资源的转化与继承，这也决定了该学制系统还存在着内在的局限性。然而，随着学制的完善，触发了教育宗旨、考试制度、人才培养等方面的变革，同时也引发了留学教育、妇女教育等教育范围的立体式扩大。学制的发展从一定程度上带动了整个近代高等教育的辐射式发展，近代高等教育制度得以初步建立，"中国由此真正开始致力于建立一种具有自治和学术自由精神的现代大学"[2]。

第二节 中华民国初期的高等教育

清末教育制度的变革，固然是千古未有之巨变，但现代教育制度的真正建立，是在民国之后。[3]1912 年 1 月 1 日，孙中山在南京宣誓就任中华民国临时政府大总统，宣告中华民国成立，清王朝 300 多年的统治及中国延续 2000 多年的封建君主专制制度正式宣告结束。南京临时政府成立后，先后颁布了一系列教育改革方面的法令和措施，初步瓦解了延续千年的封建教育体系，使得中国高等教育初步具备了基本框架和系统。之后，随着北洋政府承袭了民主

---

[1] 朱宗顺、刘平：《中国近代高等教育论纲》，《大学教育科学》2003 年第 1 期。
[2] 〔加〕许美德：《中国大学 1895—1995：一个文化冲突的世纪》，第 66 页。
[3] 杨东平：《艰难的日出：中国现代教育的 20 世纪》，文汇出版社 2003 年版，第 27 页。

共和政体的外衣,中华民国建立起来的高等教育制度被随后出现的军阀混战破坏,所开启的高等教育也随之发生了更为复杂、动荡的变化。

一、民国初期高等教育改革的相关教育法令

民国初期主要指中华民国 1912 年成立至 1927 年被北洋军阀控制的 15 年时期。1912 年 1 月,南京临时政府教育部正式成立并任命蔡元培为首任教育总长。教育部组织极为简单,自总长至录事不过 30 余人,除总长、次长由政府任命外,其余概不呈请任命,统称部员,也无所谓分秤办事。[1] 1912 年 2 月,蔡元培发表了《对于教育方针之意见》,系统阐述了他关于教育方针的主张。1912 年 9 月,教育部陆续颁布了一系列法规,规定大学以"教授高深学术、养成硕学闳才、应国家需要"为宗旨,并从办学方针、国民教育、师范教育、留学教育等诸多方面对高等教育作出了详细、全面的规定。教育组织方面,有 1912 年由教育部公布的《教育会规程》及 1915 年公布的《学务委员会规程》;高等教育方面,有 1912 年 10 月经教育部公布的《大学令》、《专门学校令》,11 月公布的《工业专门学校规程》,12 月公布的《法政专门学校规程》、《商船专门学校规程》、《外国语专门学校规程》、《商业专门学校规程》、《农业专门学校规程》、《药学专门学校规程》,1913 年公布的《大学规程》,1924 年公布的《国立大学条例》,等等。这些法令对清末高等教育制度的基本结构

---

[1] 朱有瓛:《中国近代教育史资料汇编·教育行政机构及教育团体》,上海教育出版社 1993 年版,第 163 页。

进行了重大的调整和改革，在宏观控制大学数量、调整文实科比例、保障教育经费方面都有所涉及。民国初期教育法令、法规的更新与完善，使得民国初期高等教育有了长足发展。从1919年至1927年，公立大学增长了10多倍，由3所增到34所；私立大学从7所上升到18所；大学总数由10所增加到52所。[1] 这一时期也被后人喻为近代中国高等教育发展的"黄金时代"。

二、"壬子癸丑学制"与"壬戌学制"的制定与实施

经历了清末的两次学制改革后，学制问题虽几经补充修订和改善，但仍存在较大的缺陷并招致较多的批评意见。民国初期，各界对于"采用美国学制（或是西方国家学制）代替日本学制来改革中国之高等教育"进行了广泛的争论。1912年9月，教育部模仿日本学制结构，对之前的两次学制改革进行了补充修订并正式公布了"壬子癸丑学制"。1922年，北洋政府采用美国学制经验又颁布了"壬戌学制"。

1. "壬子癸丑学制"

"壬子癸丑学制"是中华民国颁布的第一个学制，也是中国第一个体现近代民主思想的学制。其对大学及专门学校的科目门类、修业年限、入学资格、课程及研究院的设立都有较为系统的规定，形成了较为合理、科学、趋向现代化的学制根基。该学制主系列划分五段四级，其中高等教育段不分级，设立大学，大学实际分为预科、

---

[1] 郑登云：《中国高等教育史》（上册），华东师范大学出版社1994年版，第48—64页。

本科、大学院三个层次。预科学制3年，本科3—4年，分为文、理、法、商、医、农、工7科；本科之后的大学院不定年限，面向各本科毕业生招生。该学制纵向和横向地、科学地重新分配学习阶段和学习时间。从横向来看，该学制缩短了小学年限而延长了中学年限，有效地减少了不必要的学习时间和资源上的浪费，同时也间接地实现了教育的平民化和普及化。从纵向上看，通过对各类学校、课程设置和学习制度的有效精简和优化，使得各类学校、各门课程的设置和管理更加精益求精，个体在纵向比较中实现了超越。该学制强调"发挥平民教育精神"，突出女子和男子享有平等的法定教育权，如不分男女儿童都应该接受义务教育，设有专门的女子中学和女子师范学校。平均、平等、平民的平民化教育突显了先进的教育理念以及资本主义文化背景下对封建礼教捆绑女性的教育解放。"壬子癸丑学制"对人类知识的学科分类和大学学科设置基本已接近于近代学科分类，但缺点是没有把中国传统优势的教育学列为独立科学，另一个缺点是把研究的大学院脱开高等教育系统，把大学教学和研究分离开来，这是不符合近代高等教育发展趋势的。[1]

2."壬戌学制"

"壬子癸丑学制"经过几年的实践，由于模仿日本的痕迹过重，课程、教法等方面也存在诸多问题，许多与社会政治经济发展不相适应之处已经显露出来。在新文化运动的推动下，受资产阶级教育救国论和美国实用主义教育思潮、职业教育思潮的影响，

---

[1] 刘敬坤、徐宏：《中国近代高等教育发展历程回顾》(上)，《东南大学学报》(哲社版) 2004年第1期。

中国教育开始向美国模式转移。1922年11月1日，北洋政府教育部以大总统名义颁布了《学校系统改革案》，又称"壬戌学制"，亦称"新学制"。作为"清末的新教育向现代教育转型的重要标志"[1]。"壬戌学制"取消了大学预科，高等教育段由原来的三级改为二级结构；高等教育管理体制由中央集权制转向地方分权制；不立教育宗旨，而代之以"七项标准（适应社会进化之需要，发挥平民教育精神，谋个性之发展，注意国民经济力，注意生活教育，使教育易于普及，多留各地方伸缩余地）"[2]。该学制鲜明地提出了大学校与单科学校并立、取消大学预科、采用学分制与选课制，新增职业教育等内容，在"癸丑学制"的基础上进一步人性化地划分学习阶段和学习时间，更加注重课程的科学、合理设置，注重天才教育的同时也注重特种教育。随着该学制的颁行，各地各类新式学堂日益增多和完善，为西学在中国传播奠定了一定基础，培养了不少外语、科学技术、近代军事和外交等方面人才。到1928年，全国专科以上学校有74所，其中大学及独立学院49所，专科学校25所。[3]由于"壬戌学制"大体上参照美国的教育制度制定，因此这次改革也被称为中国资产阶级教育的美国化改革。可以说，以"壬戌学制"为标志，中国高等教育改革一反清末民初模仿日本学制的倾向，转向主要模仿美国教育体制。除了以后在学分制与课程等方面有局部修改外，"壬戌学制"一直沿用到1949年中国内地解放前夕。

---

[1] 杨东平：《艰难的日出：中国现代教育的20世纪》，第27页。
[2] 中国教育大系编委会编：《历代教育制度考》（下）。
[3] 霍益萍：《近代中国的高等教育》，华东师范大学出版社1999年版，第285页。

三、蔡元培引领下的北京大学改革

民国初期，中国高等教育得到了快速发展，这与中国近代著名的资产阶级革命家、民主主义教育思想家蔡元培先生的教育思想与实践是密不可分的。蔡元培先后在民国历史的几个关键时期被委以教育要职，他不遗余力地坚决清除教育中的封建专制主义因素，苦心设计民国教育规划和宏观布局。1907年，蔡元培出任北京大学校长，得到教育总长范源濂的支持，精力充沛地改造北大，此外当时大学校长有相当大的行政权。[1]蔡元培借鉴和融合了西方发达国家高等教育的先进经验和管理模式，反对封建复古主义，围绕为国家培养"硕学闳才"这一办学目标，在先前提出"五育并举"教育方针的基础上，在转变学校性质，实施教授治校、民主管理，实行选科制等方面进行了一场重大改革。这场改革不仅奠定了中国高等教育近代化的基础，为中国近代高等教育的创立和发展确定了一种范式，而且为中国高等教育的近代化指明了方向。[2]

蔡元培改革北京大学的首要措施就是"广延积学与热心的教员，认真教授，以提起学生研究学问的兴会"[3]。他重视提高教学人员的质量，聘请教师更着重其学术能力，而不论其政治观点或学术倾向。蔡元培延聘了陈独秀任文科学长，李大钊任图书馆主任兼经济、史学等系教授，聘请鲁迅为兼职讲师。其他还有胡适、钱玄同、刘半农、沈尹默、杨昌济、马叙伦、陈垣、沈兼士等造诣深厚

---

[1] 陶英惠：《蔡元培与北京大学（1917—1923）》，《"中央研究院"近代史研究所集刊》（第5集），1976年版，第276页。
[2] 车如山、崔永红：《蔡元培与中国高等教育近代化》，《煤炭高等教育》2008年第6期。
[3] 《蔡元培选集》，中华书局1959年版，第334页。

的学者。"据 1918 年统计，全校二百多教员中，教授平均年龄只有三十多岁，甚至还有二十七八岁的教授，他们的思想多是倾向革新，这就给北大带来了朝气。"[1] 为了从机构设置上有利于学术研究，蔡元培率先在国内大学中设立了各科研究所，至 1919 年底，北大已先后成立文科、理科、法科和地质学研究所，还于 1922 年成立了国学研究所。蔡元培恪守"思想自由，兼容并包"的办学原则，认为："无论为何种学派，苟其言之成理，持之有故，尚不达自然淘汰之命运者，虽彼此相反，而悉听其自由发展。"[2] 蔡元培教育理念中的理想大学是"研究高尚学问之地"，而塑造"高尚学问之地"的必要途径就是通过"思想自由"形成不同而又在"兼容并包"前提下形成统一。蔡元培实行"教授治校，民主管理"，就任校长当年就组织评议会，从全校每 5 名教授中选举评议员 1 人，校长为当然评议长。评议会为全校最高立法机构和权力机构，凡学校重大决策都必须经过评议会审核通过，如制定和审核学校各种章程与条令、决定学科废立、审核教师学衔、提出学校经费预决算等。其次是组织各门教授会，由各门教授公举出教授会主任，教授会主任任期两年，其职责是分管各学门的教务。1918 年，北大成立了国文、英文、德文、数学等 11 个学科教授会。全校 14 个系系主任由教授选举。"教授治校"无疑成为了当时高等教育民主发展中所迈出的超前一步。

蔡元培改革引领下的北京大学，确实丢掉了过去官僚养成所传习之下的腐浊外衣，换上了近代大学应有的外衣，他认为："大

---

[1]《北京大学校史》，上海教育出版社 1981 年版，第 42 页。
[2] 高叔平：《致〈公言报〉函并答林琴南君函》，《蔡元培教育论集》，第 231 页。

学为纯粹研究学问之机关,不可视为养成资格之所,亦不可视为贩卖知识之所。学者当有研究学问之兴趣,尤当养成问家之人格。"[1] 对于蔡元培来说,北京大学是一片实现他崇高教育理想的肥沃圣土和光明实验田,在其"思想自由,兼容并包"大旗的指引下,北京大学除迈入中国大学先进行列之外,更成为了"五四"新文化运动的发源地和中心地,学校也由此进入一个良好的发展时期。

四、新文化运动时期的高等教育

辛亥革命胜利后,孙中山领导的资产阶级新政权对清末封建主义教育进行了改革,同时也逐步勾画出了新式教育的蓝图。然而由于南京临时政府过早被袁世凯及北洋军阀等封建保守势力篡夺了革命胜利果实,教育蓝图未及实施就步入了尊孔读经和尚习封建道德礼教的复古主义逆流中去。针对于此,中国于20世纪初掀起了一场前所未有的思想解放运动——新文化运动。新文化运动以1915年9月陈独秀在上海创办《青年杂志》(次年改名为《新青年》)为起点和中心阵地,以"民主"和"科学"两面旗帜,向封建专制主义展开了猛烈的批判。新文化运动倡导引进西方先进的文化教育,对传统教育予以反思和重建,他们提倡民主,反对封建专制和伦理道德,要求平等自由及个性解放,主张建立民主共和国;提倡科学,反对尊孔复古思想和偶像崇拜,反对迷信鬼神,要求以理性与科学判断一切;提倡新文学,反对旧文学和文言文,开展文学革命和白

---

[1] 高叔平:《蔡元培全集》(第三卷),中华书局1984年版,第191页。

话文运动。陈独秀在《今日之教育方针》中，主张"用科学的现实生活来取代复古迷信"，"用民主主义的教育来取代专制主义的教育"[1]。李大钊则进一步指出：今天"吾人为谋新生活之便利"，必须力促"新道德之进展"，旧道德之"迅速脱演，虽冒毁圣非法之名，亦所不恤"。[2]在文学革命的推动下，胡适于1917年1月发表了《文学改良刍议》，首倡文学改良主张，提倡以白话文代替文言文，以白话文学代替仿古文学。同年2月，陈独秀发表了《文学革命论》，明确提出反对封建主义的文学，并把文学革命的内容与形式统一起来。他提出文学革命军的"三大主义"：推倒贵族文学，建设国民文学；推倒古典文学，建设写实文学；推倒山林文学，建设社会文学，真正举起了文学革命的旗帜。1918年5月，鲁迅发表的白话小说《狂人日记》，对吃人的封建礼教进行了血泪控诉和无情鞭挞，树立了把文学革命的形式和内容相结合的典范，开拓了中国新文学的道路。

在新文化运动推动下，"废除读经，恢复民国初年'养成健全人格，发展共和精神'"成为了当时国民教育的宗旨。积极推行学校教学内容和方法改革，在教育中推行白话文和国语，并对大学性质、办学原则、学校管理、系科设置、培养方式施行了一系列改革。新文化运动轰轰烈烈地开展，无疑为中国社会现实注入了新鲜血液，同时也给中国高等教育发展带来生机与转机。这一时期，广为传播的杜威"实用主义"和"自动主义"、"自律辅导主义"等教育思想，与中华文化、中国知识分子精神、中国教育传统存在着

---

[1]《青年杂志》第1卷第2号。
[2]《新青年》第6卷第6号。

一定的内在契合性,在"五四"运动的推动下,促使中国教育界发生了巨变。当时北洋政府一方面加紧学校教育实施严格监控,积极推行奴化教育;另一方面也悄然默许一些新学校发展建设的改革要求。在他们"宽容的允许"下,新教育社团如雨后春笋般出现,在全国范围内影响较大的有全国教育联合会、中华职业教育社、中华教育改进社等;新的教育运动主张学习欧美教育(特别是美国的教育),通过改革教育宗旨和方针、要求女子教育进步、采用白话文教学、出现新教学方法等系统地改革现有教育。与此同时,平民教育运动和平民教育思潮等不断涌现。"平民教育"成为了新文化运动中各家各派共同的倡导和理想,平民化教育促使工读教育、职业教育等真正走上教育舞台。针对教会学校和教会联盟试图更进一步夺取中国教育主权的情势,一场声势浩大的夺回中国教育主权的运动拉开了序幕。由此,1925年11月16日,北洋政府教育部颁布《外国人捐资设立学校请求认可办法》,明确规定严格限制外国人在中国的办学。

民国初期的高等教育,尽管北京政府统治时期战争不断、政局动荡,但文化环境相对宽松。受国内外各种进步教育思潮影响,在资产阶级进步力量和具有初步共产主义意识先进人士的推动下,在五四新文化运动的大力促进下,民国初年的高等教育,在举步维艰中向前迈出了坚实有力的一步,获得了一定发展。虽然步伐很缓慢,跨度也很小,但各类高等学校的数量、师生人数都有较明显的增加,这是无可辩驳的事实。[1]

---

[1] 董宝良:《中国近现代高等教育史》,第109页。

第三节 南京国民政府时期的高等教育

南京国民政府时期的高等教育，主要指 1927 年南京国民政府建立至 1937 年抗日战争全面爆发 10 年时期的高等教育。在这 10 年间，社会政局相对稳定，通过一批著名教育家和教育工作者的不断探索与努力，加之国民政府重视通过一贯教育宗旨及其教育措施的施行，教育投入有所增加，教育体制也日趋完善。战前南京国民政府时期的高等教育管理和教学制度在 10 年间稳步发展，在立法的基础上日益规范、趋于定型，在中国近代高等教育发展过程中具有独特的历史地位。[1]

一、南京国民政府时期的教育宗旨

随着国民党政府封建化中央集权制度的加强，在国民党实施教育制度和政策上，南京国民政府时期的教育始终贯穿着"三民主义"即"党义"这个主旨精神，推行了"党化教育"、"三民主义教育"，以钳制青年学生的思想，实现其统治目标。[2]

1."党化教育"的实施与废止

从南京国民政府成立到抗日战争全面爆发的这一时期，当局在教育上仿效资本主义国家的教育制度与管理办法并制定了相关教育政策法令。但同北京政府时期相比，不仅学校的类别、层次与数量

---

[1] 刘晓莉：《1927—1937 年南京国民政府高等教育发展的历史地位》，《平顶山师专学报》2004 年第 3 期。

[2] 李辉：《抗战初期国民政府教育政策变迁分析》，《社会科学论坛》2007 年第 10 期（下）。

有了较大的发展，教育制度与管理办法也日臻完善。1927年5月，为结束国内军阀混战、中央无权的局面，国民党政府开始逐步对政治经济文化教育领域进行控制。在南京召开的"五四"运动纪念大会上，蒋介石提出"一个党"、"一个主义"的政策，提出在教育领域要推行"党化教育"，并要求各省成立"党化教育委员会"，拟定"党化教育大纲"，"使学生受本党之指挥而指挥民众"，以"三民主义"感化"误入歧途之青年"。同年7月，国民政府教育行政委员会通过《国民政府教育方针草案》，进一步阐述了"党化教育"的涵义：在国民党指导之下，求得教育的"革命化"、"民众化"、"科学化"、"社会化"。[1]国民政府将"党化教育"看做是"今日教育上最重要的问题"，明令各地各级各类学校坚决执行。[2]1927年8月，国民党教育行政委员会制定了《学校实行党化教育方案》，其核心在于把教育方针建立在国民党的根本政策之下，按国民党的"党义"和政策精神重新改组学校课程，"把党的主义或主张，融合在教课中间，使他渐渐地浸灌于学生的脑筋里去。教育事业，由党的机关或人才去主持，使他们完全受党的指挥"[3]。

从地方教育行政部门制定实施"党化教育"的情况来看，江浙两省推行速度较快。浙江政府1926年通过的《浙江实施党化教育大纲》要求，以训练党员的方法训练学生，以党的纪律为学生的规约，建设新道德应从求新知入手，以训政时期国家的组织为学生的自治组织，以三民主义的中心思想确定学生的人生观，使学生以国民党所要求的思想为思想。由于国民党所提倡的"党化教育"集中

---

[1]《教育界消息》，《教育杂志》1927年第19期，第8页。
[2] 孙培青：《中国教育史》，第416页。
[3] 任鸿隽：《党化教育是可能的吗》，《独立评论》第三号1932年6月。

地体现了为党的专政服务、强化国民党对学校教育控制的本质原则，所以更多地被作为服务于政权稳定和社会治理的工具，这种把教育功能狭隘化的做法，出台后理所当然地遭到进步人士反对，国民党内部也产生了不同意见。部分人士认为"党化"二字含义"太过空泛"，解释不一，要求不一，各自为是，因此主张改变"党化教育"名称，用意义更为明确的名称来代替它。[1]1928年5月，大学院召开第一次全国教育会议，通过废止"党化教育"议案，决议以"三民主义"为教育宗旨来代替。

2."三民主义"教育宗旨

在第一次全国教育会议通过的《三民主义教育宗旨说明书》指出："三民主义教育就是各级教育行政机关的设施，各种教育机关的设备和各种教学科目，都是以实现三民主义为目的的教育。"[2]1929年4月26日，由南京国民政府正式颁行《中华民国教育宗旨及其实施方针》，同时配套公布了《三民主义教育实施方针》，对各级各类学校教育中如何落实"三民主义"教育宗旨作出了具体的规定。

1929年公布的《中华民国教育宗旨及其实施方针》指出：中华民国教育宗旨即"中华民国之教育，根据三民主义，以充实人民生活，扶植社会生存，发展国民生计，延续民族生命为目的，务期民族独立，民权普遍，民生发展，以促进世界大同"[3]。为落实和强化"三民主义"教育，1931年9月，国民党中央执行委员会通过了《三民主义教育实施原则》，分别对初等教育、中等教育、高等教育、师

---

[1] 熊明安：《中华民国教育史》，重庆出版社1997年版，第102页。
[2] 《全国教育会报告》，《大学院公报》第7期。
[3] 孙培青：《中国教育史》，第417页。

范教育、社会教育、蒙藏教育、华侨教育、派遣留学生八个方面的实施"目标"和"纲要"作出了具体规定。这是国民党政府制定的教育宗旨及其实施方针的具体化,也是国民党政府的基本教育政策。之后,国民党第四次全国代表大会对1929年与教育宗旨配套公布的实施方针进行了修订,并再次公布"三民主义"教育实施方针,使国家实施教育变得有法可依、有章可循,对国民政府时期教育的稳定发展及高等教育制度的完善产生了重要影响。然而,南京国民政府所确立的"三民主义"教育指导思想,其实质是以中国封建社会形成的仁义道德意识形态为教育指导思想,其根本目的还是为国民党政权实施中央集权制的教育体制创造条件,某种程度上歪曲了孙中山的"三民主义",违背了孙中山的"三民主义"原则,因此"党化教育"只是在名称上以"三民主义"教育代之,而其在教育中的精神实质还是继续被保留了下来。

3. 民间教育思潮的勃兴

相对于国民党提出的"党化教育"、"三民主义"教育思想的禁锢,面对中国向何处去的思索,在民族主义的驱使下,教育被具有启蒙思想的中国人作为一种救国手段,在继承前期教育思想成果的基础上,教育家们根据各自不同的阶级利益和生活经历,提出了反映一定阶级利益诉求和心理愿望的教育思想。此时,民间各派教育思想异彩纷呈,有关于教育方面的思想理论体系也纷纷涌现,出现了"百家争鸣"的景象。作为时代的产物,各种教育思想不仅吸收了当时不同学者及社会名流的思维成果,而且也得到了相当一部分人的认同和接受并逐步流行开来。在这一时期,受欧洲"新教育运动"及平民主义和实用主义学说的影响,部分教育家试图打破传统的形式主义教育桎梏，创立了以"生活教育"、"尊重个性"、"自发学习"等为主导的教育纲领并以改良的方式从事各种教育实验，由此拉开了中国现代教育思潮发展的帷幕。在此期间，比较具有代表性的如黄炎培的职业教育思想、晏阳初的平民教育思想、梁漱溟的乡村教育思想、陶行知的生活教育思想等。各种流派的教育思想虽独具个性，但在自己不懈求索和艰苦试验中，都不约而同地将教育的重心移向民间，尤其是倾注精力于占中国人口绝大多数的农民身上。这些教育思想，对于战前民国教育的勃兴及改革传统教育起到了积极的促进作用，也为今后现代教育的发展打下了坚实的思想和理论基础。

二、南京国民政府时期的高等教育制度

在"党化教育"、"三民主义"等教育思想的指导下，南京国民政府突出民族主义思想和传统伦理道德，强化国民党的政治要求。同时，为适应资产阶级发展工商业的实际需要，也兼采西方的教育学说，先后颁布了一系列法令、法规，提出了德、智、体、群四育并进的教育方针，在物质层面强调追求齐备的教育设施、科学的教育内容；在制度设计方面强调追求教育体制的完备、教育结构的优化、教育法制的强化；在办学观念层面追求合乎社会需要的新型人才观及效益观。在批判性地继承此前教育成果的基础上，战前南京国民政府时期的高等教育客观上得到了快速的发展。

在北洋军阀统治时期，教育行政只是各派军阀势力争夺地盘和权势的官僚机构。因此到国民政府在南京成立，"顾十余年来，教育部处北京腐败空气之中，受其他各部之熏染；长部者又时有不知教

育为何物也,而专鹜营私植党之人;声应气求,积渐腐化,遂使教育部名词与腐败官僚亦为密切之联想"[1]。为了改变教育机构被不断污染的状态,国民政府于 1927 年撤销了广州国民政府的教育行政委员会,仿照法国教育行政制度,在中央设置中华民国大学院主管全国教育,在地方上则试行大学区。

1. 大学院

大学院制是将全国最高的学术领导机关和教育行政领导机关合为一体的制度,其基本目标在于使"教育官僚化"转变为"教育学术化"。1927 年 7 月 4 日,国民政府仿照法国体制公布了《中华民国大学院组织法》。同年 10 月大学院正式在南京成立,蔡元培被任命为大学院院长。《中华民国大学院组织法》规定了大学院的性质、组织、机构、职能等内容,其中指出:大学院是全国最高学术教育机关,承国民政府之命,管理全国学术和教育行政事宜;大学院设院长一人,综理全院事务,为国民政府委员。下设秘书处、教育行政处、中央研究院、国立学术机关及各种专门委员会;大学院设有大学委员会,为最高评议机构,有权推荐大学院院长及审议全国教育、学术一切重大方案。[2] 该组织法公布后,于 1928 年先后经历了三次修改,增设副院长一职,加入行政组织条例。在 1928 年 4 月的第二次修改中,还将大学院改为国民政府直属机构,将其内部的二处改为了秘书处、高等教育处、普通教育处、社会教育处、文化事业处 5 处。由于大学院制度成立之日起便受到非议,各种冠以废止大学院制的议案层出不

---

[1] 孙培青:《中国教育史》,第 422 页。
[2] 李华兴:《民国教育史》,上海教育出版社 1997 年版,第 423 页。

穷。1928年8月，迫于各方压力，蔡元培提出辞呈，10月3日，院长由蒋梦麟接任。10月23日，国民政府改组成立行政院，设教育部专管行政事务，由蒋梦麟转任教育部部长，大学院制遂告终止。

大学院制的实施具有浓厚的理想主义色彩，试图把教育与政治决然分开，这注定是难以为继的。然而，大学院制虽然只保持了不到两年的时间，但通过改革旧制、网罗大批人才等措施，对国民政府时期的高等教育产生了重要的影响。1928年2月2日，大学院通令全国将春秋祀孔典礼废除，这在改革中国封建旧习方面起到了一定的作用。在人事任用上，大学院十分注意优秀人才的选拔。大学院副院长、各处处长、各大学区的大学校长等，均为国内著名学者和社会上德高望重之人，体现了"学者主政"的思想。另一方面，设立研究机构。1927年11月20日，中央研究院召集筹备会议，通过了中央研究院组织条例，设立了理化实业研究所、社会科学研究所、地质研究所、观象台4个研究机关，之后逐渐扩充为气象台研究所、天文研究所、物理研究所、化学研究所、工程研究所、历史语言研究所等。1929年9月9日成立的国立北平研究院，在大学院与大学区结束后，与中央研究院保存了下来，为国家的学术及科学事业的发展作出了突出贡献。

2. 大学区

大学区制是以所在地的大学作为当地的教育行政领导机关，以大学校长兼任教育行政长官，是使地方的学术研究与教育行政合一的制度。其目的在于使学术与教育相对超脱、独立于官僚政治的一种尝试。[1]与大学院相应，国民政府在江苏、浙江等省试行大学区制。

---

[1] 喻本伐、熊贤君：《中国教育发展史》，华中师范大学出版社1999年版，第501页。

这些试行省份取消了地方教育厅，将教育厅一切职权交由本省国立大学办理。大学区制的提出与获准，均稍早于大学院制。1927年6月7日，国民党中央执委会批准了蔡元培动议，准"以大学区为教育行政单元"。1928年国民政府颁布的《修正大学区组织条例》规定："按照全国现有省份和特别区，定为若干大学区，每区设大学一所，大学设校长一人，管理区里一切学术与教育行政事项"；大学区设有评议会、秘书处、研究院、高等教育处等，分别为该区学术教育的审议、行政管理、专门学术研究和各级各类学校管理服务，高等教育处管理本部门各学院及区内其他大学、专门学院及留学事宜。

在仿效法国体制的教育实践中，由于该机构设置"过重理想而忽视事实"，过于重视教育和学术研究而忽略行政管理，过于理想地将教育独立于政治及现实国情之外，"其结果因人谋不臧，反使学术机关官僚化，非但未能增高效率，且使行政效能日趋低落。尤其以大学统率中小学，忽略中小学实际需要，削减中小学教育经费，导致中小学居于附庸地位，而遭中小学界激烈反对"[1]。江苏大学区中等学校便联合发表宣言称："盖以现社会实情言之，则学术之空气未浓，而官僚之积习方深。以学术机关与政治机关相混，遂使清高学府，反一变而为竞争逐鹿之场。"[2]北平大学区实验引发的风潮影响更大，北平高校师生激烈反对当局欲将北京大学等9校合并为中华大学及以李石曾为校长的决议。1928年10月，大学院改为教育部，地方恢复教育厅制度，地方大学区的试验也终告结束。1929年6月国民党第三届执行委员会会议上，实行了前后两年有余的大学区制

---

[1] 雷国鼎：《中国近代教育行政制度史》，台北教育文物出版社1983年版，第334页。
[2] 上海《时事新报》，1928年7月1日。

被正式以决议形式废除,"成为一次忽略中国国情的失败的教育管理改革实践"[1]。

三、国民政府对高等教育的设置与控制措施

1. 高等教育的设置

为了政治需要,国民政府始终重视对高等教育的整顿和控制。1929年7月,教育部颁布了《大学组织法》、《专科学校组织法》,这是中国近代教育史上最早正式颁行的高等教育相关法律。[2] 随后,当局又相继制定颁布了《大学教员资格条例》、《中华民国教育宗旨及其实施方针》、《大学规程》、《专科学校规程》、《修正专科学校规程》、《大学研究院暂行组织规程》、《学位授予法》等一系列大学法令、法规,对大专院校的办学目标、学制和课程内容等作出了具体的规定,基本完善了近代高等教育制度。

依据这些法规,南京国民政府时期的全国大专院校被分为国立、省立、市立和私立4种。大学分为文、理、法、教育、农、工、商、医8个学院,具备了3个以上学院者,才能称为大学,否则只是独立学院。大学修业年限除医学为5年外,其他均为4年。大学及独立学院都必须设立研究所或研究院(研究院必须具备3个研究所)。专科学校分为工、农、商、医、艺术、音乐、体育等类,修业年限为2—3年。

1930年后,国民政府开始对高等教育的质量和内部学科专业结

---

[1] 孙培青:《中国教育史》,第422页。
[2] 朱宗顺等:《中国近代高等教育论纲》,《大学教育科学》2003年第1期。

构进行调整，使高等教育的发展更为符合社会需要。1931年6月，国民政府行政院执行《确立教育设施趋向案》，高等教育秉承"大学教育以注重自然科学及实用科学为原则"的精神，开始向注重实科的方向转移并调整重点。此后，理、工、农、医等学科学生数量逐年增加，而文、法、教育、商等学科学生逐年减少。1931年，全国103所专科以上高校共设187个学院，其中文法类占59%，实科类占41%；学生总数44167人，其中文科学生占74.5%，实科学生占25.5%。到1935年，文科学生占48.8%，实科学生占了51.2%。[1]

2. 国民政府对高等教育的控制措施

为有效加强对高等教育的管理，南京国民政府采取了建立训育制度、推行军事训练、明确课程标准、实施教科书审查等一系列严厉的行政和非行政措施"整饬学风"。其对学校的严格管理，有着保障学校正常教学秩序积极的一面，同时也体现了其排除异己、钳制其他进步思想以落实专制的一面。

（1）强化军事教育

1928年5月，国民政府大学院第一次全国教育会议决议全国专科以上学校一律增加军事教育课程。1929年1月，教育部颁发了《修正高中以上学校军事教育方案》，规定高中以上学校军事科每学年3学分两年共6学分。1934年5月，教育部会同训练总监部公布的《修正高中以上学校军事教育方案》和其他条例中规定的军训活动方式，其中大专院校的相关内容如下：专科以上学校每校成立军训大队，校长为大队长，下设中队、区队和分队；训练方式有平时训练与集

---

[1] 李华兴：《民国教育史》，第604页。

中训练；训练教学科目分为学科与术科，其下各有若干科目；专科以上学校的训练还要按班、排、连战斗系列组织；训练时间方面，大学第一学年每周学科2小时、术科1小时；每年暑期集中连续训练3周。军训还被作为完成学业和升学的必要条件，每学年军训成绩不及格者不得升级，军训总成绩不及格者，经补习或留级一次仍不及格，则令其退学。在战争频发、国难当头的时代，对大中学生进行国防、军事方面的教育是十分必要的，这对于增强学生的爱国情感和民族责任心都有着积极意义，同时在客观上也强化了对学生思想行为的控制。

（2）颁布课程标准

1928年起，国民政府即开始为制订大学课程的统一标准作准备。1929年颁布的《大学规程》第八条规定："大学各学院及独立学院各科除党义、国文、体育、军事训练及第一、二外国文为共同必修科目……"1931年颁布的《修正专科学校规程》中规定："各科专科学校以党义、军事训练、国文、外国文为共同必修科目……"经历了一系列规程的铺垫，到1938年，教育部拟订了《文理法三学院各学系课程整理办法草案》，它以规定同一标准、注重基本训练和注重精要科目为整理原则，为同年9月召开的第一次课程会议公布的文、理、法学院和农、工、商学院的共同必修科目表提供了依据。在一定意义上规范了学校的教育、管理工作，从而确保了各校的教育质量。

（3）建立教科书审查制度

1927年，当局规定从速编写和审查教科书并设立了专门的编审机构。《教科图书审查条例》规定：审查标准是"以不违本党主义、党纲及其精神，并适合教育目的、学业程度及教科体裁者，为合格";非经大学院审定,所有教科书都不得发行和采用;教科书在使用一段时间后须重作审核认定。1929 年,国民政府教育部公布了《教科图书审查规程》和《审查教科图书共同标准》,其中规定各级各类学校使用的教科书必须是经过教育部审查,同时还提出了教科书审查的政治标准、内容标准、组织形式标准、语言文字标准和印刷装帧标准。1933 年 4 月公布的《国立编译馆组织条例》和《办事细则》中详细规定了教科书的审定程序,再次强调了学校教科书编纂的国定制和审定制,并确定了教科书的初审、复审、终审的三审制,以及初审、复审发生争议时的特审制。教科书的严格审查制度,一方面加强了国民政府对教育的控制和管理,另一方面,也的确出版了为数不少的优秀教科书,对全国教科书编写、出版起到了积极的规范作用。

纵观 1927 年到 1937 年南京国民政府 10 年间的高等教育,尽管依然存在种种弊端,如还不同程度存在着封建教育思想束缚、高校区域布局不均衡、高校学生总体入学率不高等,然而,南京国民政府通过一系列法令、规程,使高等教育事业发展有法可依,走上健全稳定有序的轨道。在具体改革措施方面,针对当时凸显的积弊与问题,采取切实有效的措施,裁并一批不合格院校,提高大学质量;调整院系结构,注重实科发展,适应社会经济之发展;教育经费自 30 年代初期后,稳中有长。据统计,从 1928 年至 1936 年,全国大专以上学校从 74 所增加到 108 所,在校生人数从 25198 人增加到 41922 人,毕业生人数从 3253 人增加到 9154 人,经费数由 1790 余万元上升到 3927 余万元。[1]

---

[1] 刘晓莉:《1927—1937 年南京国民政府高等教育发展的历史地位》,《平顶山师专学报》2004 年第 3 期。

美国著名学者费正清在看待这 10 年的国民政府成就时作出如下结论:"国民党从南京建立政府到全面陷入漫长的毁灭性的战争,仅被给予 10 年时间。为建立一个全新的全国性政府,为扭转一个半世纪以来殃及国家的政治分裂和民族耻辱的逆流,10 年时间委实太短暂了,即使条件理想,新政府所能做的也不过只是着手政治、社会及经济改革而已。"[1] 这也从一个侧面反映了南京国民政府顺应近代高教发展潮流所做工作的积极意义。

第四节 苏区革命根据地高等教育

随着第一次国共合作的破裂,中国共产党发动领导了多次武装起义,建立起农村革命根据地和各级苏维埃政权,逐步开创了"工农武装割据"的崭新局面,并举办了以革命教育、干部教育为特色的高等教育,为革命斗争培养了大批人才。

一、中国共产党成立初期的高等教育

早在 19 世纪末,马克思主义便开始传入中国。20 世纪初,一些流亡日本的中国知识分子,通过各种刊物,开始传播和评介马克思和恩格斯的学说。1911 年后,国内的出版社也开始陆续刊文介绍马克思和恩格斯的学说。[2] 十月革命后,马克思主义作为社会变革的理

---

[1] 〔美〕费正清、费维恺:《剑桥中华民国史 (1912—1949)》(下卷),中国社会科学出版社 1994 年版,第 184 页。
[2] 金祥林:《中国教育思想史》(第三卷),华东师范大学出版社 1995 年版,第 278—280 页。

论在中国真正得以传播,并被中国共产党人运用到最初的教育实践之中。自1921年建党之后,中国共产党为进一步深入传播马克思列宁主义和培养革命干部,在极端困难的情况下,先后创办了各类高等教育机构,从事文化学术活动。

1921年8月,毛泽东在长沙利用船山学社的旧址和经费创办了湖南自修大学,其办学目的为"努力研究致用之学术,实行社会改造的准备"[1]。学校的招生要求与其他一般大学基本一致,在培养上,综合古代书院讲学和现代学校两者之长研究各种学术,"使文化普及于平民,学术周流于社会"。课程开设文、法两科,文科有:中国文学、西洋文学、英文、伦理学、心理学、教育学、社会学、历史学、地理学、新闻学、哲学等;法科有:法律学、政治学、经济学等。"本大学学友为破除文弱之习惯,图脑力与体力之平均发展,并求知识与劳力两阶级之接近;当注意劳动,本大学为达劳动之目的,还有相当之设备,如园艺、印刷、铁工等。"[2]

1922年10月,中国共产党在上海与国民党老同盟会会员于右任合作创办了上海大学,最初只设有文学与美术两科,后改建为社会科学院、文艺院和附属中学三部分,分设有中国文学系、英国文学系和社会学系,美术科仍旧不变。邓中夏、瞿秋白、张太雷、恽代英、萧楚女、任弼时等大批共产党人曾任教于此,学校办学的目标直指认识社会与改造社会。在课程设置上,注意吸收外国进步文化和批判地继承中国古代文化遗产,强调学习外语,特别是俄语。除开设一般大学的相关专业课程外,还专设了马克思列宁主义理论课

---

[1] 《新时代》创刊号发刊词,1923年4月15日。
[2] 《新青年》第一号,《湖南自修大学组织大纲》。

程，并重视对劳动、农民、妇女等问题的研究。

这一时期由中国共产党人领导创办的高等学校还有：1921年在上海创办的平民女校高等班，1924年7月由彭湃首先在广州主持的农民运动讲习所，1925年由吴玉章在重庆举办的中法大学及1926年5月由邓中夏担任首任院长的劳动学院等。这些在特定历史条件下创办的学校，后来先后被政府当局以各种借口查封或强令停办、解散。如湖南自修大学于1923年被查封，上海大学于1927年被查封，农民运动讲习所于1926年6月因国共合作破裂而停办，中法大学则于"四一二"事变后被强令解散。这些学校虽然存续时间有限，但在传播马克思列宁主义、培养革命斗争所需要的政治斗争干部和武装斗争干部方面作出了积极贡献，并在一定意义上推动了革命向前发展。[1]

二、苏区革命根据地高等教育

1. 根据地文化教育总方针的提出

苏区革命根据地建立后，为提高军队和广大群众的文化与觉悟，培养急需的革命干部，苏维埃政权确立了"教育为工农大众服务、为国民战争服务、为建立和巩固发展服务"的宗旨，并把教育的主要力量放在了干部教育，尤其把培养军事干部放在首位。

苏维埃革命根据地多处于偏僻乡村，其经济与文化都处于极端贫乏的状态。工农民众与红军战士多数都是文盲，但革命斗争需要广大群众和红军要有文化并逐步提高觉悟，从而建立与巩固红色政

---

[1] 熊明安：《中国高等教育史》，第552页。

权。基于艰苦而又紧迫的革命环境，苏维埃政权在《中华苏维埃共和国第一次全国工农代表大会宣言》中提出了相应的教育方针："工农劳苦群众，不论男子和女子，在社会、经济、政治和教育上，完全享有同等的权利和义务。"《中华苏维埃共和国宪法大纲》还明确规定："中华苏维埃政权以保证工农劳苦民众有受教育的权利和目的。在进行国内革命战争所能做到的范围内，应开始施行完全免费的普及教育，首先应在青年劳动群众中施行并保障青年劳动群众的一切权利，积极地引导他们参加政治和文化的革命生活，以发展新的社会力量。"[1]

一系列教育规范的制订，为苏维埃文化教育总方针的正式提出提供了充分的准备。1934年1月，毛泽东在第二次全国苏维埃代表大会上明确阐述了苏区文化教育建设的总方针："在于以共产主义精神来教育广大劳苦民众，在于使文化教育为革命战争与阶级斗争服务，在于使教育与劳动联系起来，在于使广大中国民众都成为享受文明幸福的人。"这一教育方针的提出，反映了中国共产党对于马克思列宁主义教育思想和苏联教育经验的理解与吸收，并紧密结合了中国土地革命战争时期党在农村反封建、反围剿的两个中心任务；坚持了教育与生产劳动相结合，有利于发展生产支援战争；倡导了工农大众的教育普及和教育权利平等。这既总结了整个苏区教育实践，也为它的进一步发展和以后抗日战争、解放战争时期革命根据地的教育事业，奠定了理论基础。[2]

---

[1] 中央教育科学研究所编：《老解放区教育资料》（一），教育科学出版社1981年版，第27—28页。
[2] 孙培青：《中国教育史》，第478页。

2. 根据地的特色高等教育

1927年之前的共产党教育建设的重点，主要在于为领导群众争取教育权和改良教育制度。而在苏区革命政权建立后，根据地高等教育主张"干部教育第一、国民教育第二"教育政策，强调对于干部和师资的重视。干部教育分属红军、党团行政系统和教育三大系统，分设有军事、党务行政、农业、戏剧文艺等大科目，师范教育也分设高级、初级、短期师范学校和小学教员训练班四大类。各类专门学校注重理论与实际相结合，在教授学员理论与专业文化知识的同时，还积极地培养学员的实践能力，快速地为军事、行政、农业、教育等领域提供可用之才和有力保障。

（1）干部教育

马克思共产主义大学 1933年3月，由苏区中央局与全总执行局联合在瑞金叶坪所建，直属苏区中央局，首任校长为任弼时。作为一所党校性质的学校，学校分设高级训练班，党、团、苏维埃训练班，工会工作者训练班。高级训练班主要培训各省省委、省苏维埃政府和省总工会派来的高层干部，学员名额初定为40名，学习时间为6个月；党、团、苏维埃和工会工作者训练班共设4班，每班学员50名，学习时限为4个月。此外，学校还专设新苏区工作人员训练班，主要训练苏区和白区工作人员，学员名额为80名，学习时间为2个月。各班开设的课程分为理论课和文化课两类。理论课主要开设有《马克思列宁主义原理》、《党的建设》、《工人运动》等。文化课主要开设有《历史》、《地理》、《自然科学常识》等。[1]

苏维埃大学 1933年8月16日，苏维埃人民委员会第四十八

---

[1] 熊明安：《中国高等教育史》，第556页。

次会议通过了创办苏维埃大学的决定。苏维埃大学分设正、副教员，正教员负责各科教学工作，副教员则主要协助正教员搜集教学资料、编写提纲、负责教学的日常管理等工作。苏维埃大学主要任务定位于培养政治、经济、文化教育等社会多方面的建设干部，为取得战争胜利而努力提高干部各项素养和能力。学校以学员的文化水平为依据，分设普通班和特别班。普通班是为文化水平不高的学员而设，是预科，主要内容是为学员进行文化补习，学习期限不定。特别班是本科，其分设土地、国民经济、财政、农村检查、教育、内务、劳动、司法8个专业；学习内容主要分为理论、实际问题和实习三部分；学制不少于半年。

中国工农红军大学 于1933年11月由原红军学校与苏维埃大学军事政治部合并而成。成立之初，学校分设高级指挥科、上级政治科、指挥科、参谋科4科，主要培养营团以上军事政治干部。此外，学校还设教导队、高射队、测绘队3个大队。专任教员16人，均由中央负责人兼任，首批学员600余人。中国工农红军大学的教育内容主要为红军在执行军事任务、政治任务时所必需的知识。红军大学派学生轮流到前方参加战斗指挥团的工作；若有前线指导员、政治委员或参谋等受伤，学校则会派学生去代理，待到战斗结束，有新的人员补充，学生才能返回学校继续学业。红军长征后，红军大学改名为"干部团"，1936年长征到达陕北后，又改名为"中国抗日红军大学"。

（2）师范教育

注重苏区文化教育，必然要努力提高高等师范教育的水平。苏区先后建立了中央教育干部学校、中央列宁师范学校和各种师资训练班。1934年初，中央教育人民委员会把培养教育工作干部和师资的学校分为高级师范学校、初级师范学校、短期师范学校和小学教员训练班四类。高级师范学校的办学任务：一是培养目前实际急需的初级及短期师范学校教员、训练班教员及社会教育与普通教育的高级干部。二是用马克思主义唯物辩证法的教育方法，来批评传统的教育理论与实际，培养中小学的教员，以建立苏维埃教育的真实基础。三是利用附属小学与成人补习学校，进行实习，以实验苏维埃新的教育方式。高级师范学校的学习内容主要是政治理论和教育文化的专门知识，学习年限为一年，由于战争的需要会有所缩短或延长，但最短不得少于 6 个月。

客观而言，这一时期国统区和苏区高等教育的任务，主要是为了补给两党在政治上的需要。国民政府方面的高等教育面对的是具有良好文化基础的城市学生，占有基础优势，同时也一直强调在办学中积极向西方学习，创办或主政高等学校的也大多是从欧美归国的知识分子，这也必然带来许多西方的思想和传统，在一定程度上推动了我国高等教育的质量和学术的繁荣。然而由于这一时期当局亦提出了"党化教育"、"三民主义"教育宗旨以及军事训练、教科书检查等教学制度，桎梏了学生的创造性思维；加之"大学院"、"大学区制"等理想化教育制度与社会实际情况的重大冲突，造成国民政府时期高等教育发展在探索中艰难前行。与此相对应，中国共产党苏区的高等教育基于特殊的政治、经济、文化环境，不仅在教育方针上坚持教育制度与民众文化水平低下的现实情况相契合，更在具体的教育体制上坚持理论学习与实践训练相结合，基本实现了有规划、有重点地培养各级干部人才。因此，这一时期的苏区高等教育有了长足发展。然而在这一时期，党内出现了"左"倾思想：教条主义分子不顾实际情况，认为苏区教育的基本原则应当是共产主义教育，急于超越资产阶级民主革命阶段，机械地照搬苏联教育经验，将资产阶级领导的民主革命和无产阶级领导的社会主义革命任务混淆起来，从而造成了教育认识上的混乱。表现在实际的教学中为"急于求成"，忽视国民教育及专门教育的培养，教育实践较为盲目，这也在一定程度上影响和阻碍了苏区高等教育的发展。

第二章　抗战时期中国高等教育的迁变

1937年7月7日,卢沟桥事变爆发,日本全面发动侵华战争。随着战事失利,短短几个月间,中国的平、津、京、沪相继失守,华北、华东、华南大片国土迅速沦陷,给中国原本就孱弱的高等教育事业带来空前灾难。为躲避兵燹,保全中华民族文化教育血脉,中国的教育、文化重心随之被迫由东部沿海向西南、西北、中南、华南等地区转移。这一时期,中国亦迎来继近代以来"西学东渐"之后的再次"西渐"。

第一节　抗战时期国统区高等教育的思想及其主张

一、抗战时期中国高等教育面临的局势

日本对于中国的窥觊与侵略早而有之。1931年9月18日夜,日本突然炮袭沈阳,并同时向吉林、黑龙江发动进攻,策动了震惊中外的"九一八"事变。1932年,东北全境沦陷,日军在东北建立了伪"满洲国"殖民统治政权,并在东北全境建立起一套殖民地奴化

教育的组织机构，严密控制教育主权，大肆摧残中国的民族文化与爱国思想，肆无忌惮地推行其奴役东北人民的愚民政策及殖民地奴化教育。"九一八"事变的发生，引发了社会各界对于"政府不抵抗主义"的批驳，也引发了中国思想文化界对于国难教育问题的讨论，使中国举国上下形成了爱国抗日的文化氛围，揭开了中国国难教育的序幕。[1]

随着全面抗战的爆发，中国军队与日军进行了数次重大战役，战线延长，兵力分散，战争陷入胶着状态。1937年8月7日，南京国民政府召开最高国防会议，研讨和确定抗战大计。经过讨论，会议通过了以"持久消耗战"为中国抗战的最高战略：在军事上"采取持久战略，以空间换取时间，逐次消耗敌人，以转变优劣形势，争取最后胜利"[2]。同年8月18日，蒋介石发表了《敌人战略政略的实况和我军抗战获胜的要道》，指出对付日军速决的办法之一就是要"持久战、消耗战"，"因为倭寇所恃的，是他们强横的兵力，我们要以逸待劳，以拙制巧，以坚毅持久的抗战，来消灭他的力量"。[3]此后，"持久"和"消耗"成为中国抗战作战指导的基本战略方针。这一计划虽然对贯彻持久战主旨的部署和指导缺乏周密的考虑和相应部署，但毕竟已考虑到敌我军事力量对比的实际，是在敌强我弱，既要阻止日军的强大攻势、消耗其主力，又要保持中国军队主力的情况下制定的，这样的作战原则客观上是有利于中国长期抗战的。

日本侵华战争对中国造成了全面的破坏。经济上，日本侵略者将目光投向东部沿海的工业地带和金融中心，并用大批作战飞机进行狂

---

[1] 王炳照、阎国华：《中国教育思想通史》（第七卷），湖南教育出版社1994年版，第346页。
[2] 蒋纬国：《抗日御侮》（3），台北黎明文化事业公司1979年版，第101—111页。
[3] 张其昀：《先总统蒋公全集》（1），台北中国文化大学出版社1984年版，第1073页。

轰滥炸，使沿海工业区处于一片战火之中。据当时上海工部局统计，迁入内地的工厂仅427家，而完全毁于炮火者达905家。另据上海社会局调查，上海被害工厂损失总额在8万亿元左右。[1] 国民政府虽调动大批军队抵抗日军，但由于仓促应战致使节节败退、损失惨重。仅1937年和1938年两年，国民党军队伤亡即达1084739人。[2] 与此同时，战争造成了民国时期规模最大的向西部地区的人口流动潮。据统计，抗战时期难民总数在6300万人以上，占战前全国人口的近14%。[3] 为消除中国人民的民族意识和固有文化，割断中国文化教育血脉，日本政府认为，中国的"各级学校均为反日集团，所有知识青年均系危险分子"。[4] 为此日本采取了各种手段破坏中国的文化教育设施，对于中国高校的摧残和破坏尤为凶残和惨烈。

中国高校遭受战火的损毁始于1937年的中日抗战之前。早在"九一八"事变发生后，日本侵略军便对东北各高校进行了疯狂的摧残破坏和血腥镇压，命东北各级学校一律停办，且新建一批伪满高校。接踵而至的全面抗战使得中国教育陷于混乱之中，"各地之机关学校，均以变起仓卒，不及准备……损失之重，实难数计"[5]。据统计，到1938年8月，战争开始仅一年，到1939年底，战前的108所高校，被破坏者达94所，[6] 物质损失达4000余万元，精神损失，更不可胜计。日本帝国主义这种狼毒计划的目的，无非是要摧毁我

---

[1] 陈真、姚洛：《中国近代工业史资料》（第一辑），上海三联书店1957年版，第78页。
[2] 赵呈光：《抗日战争时期国民党政府的养战》，中国人民抗日战争纪念馆文丛1990年版，第105页。
[3] 洪涛、刘金声：《中国近现代城市的发展》，中国城市出版社1998年版，第247页。
[4] 杜元载：《革命文献》（第58辑），台北"中央"文物供应社1972年版。
[5] 教育部教育年鉴编纂委员会：《第二次中国教育年鉴》，商务印书馆1948年版，第8页。
[6] 吴家莹：《中华民国教育政策发展史》，台北五南图书出版公司1990年版，第347页。

们文化抗战的力量，彻底摧毁中国的文化机关，特别是已经成绩卓著、规模宏大的大学。而在将来受他们统治的中国人，都要变成没有民族文化和国家思想的奴隶、臣属和顺民，永远沦落到"哀莫大于心死"的精神状态里面，永远不能从文化的种子当中培养出复兴民族的事业。[1]

在全面抗战后的轰炸中，南开、复旦、同济、中央、中山等19所大学在日军的轰炸下，校舍被毁，师生伤亡，损失极为惨重。1937年7月29日，日本飞机连续轰炸了天津四个小时，主要目标为南开大学，继而又将军车开进学校，将尚未炸毁的楼房泼上汽油烧毁，使得南开大学的秀山堂、木斋图书馆、芝琴楼女生宿舍和教授楼俱被夷为平地，主要建筑六毁其四，大批珍贵图书亦被劫掠。就在这天下午，日军横行于清华大学校园。随后的两个多月中，日机轰炸了中国61座城市，并"有意识地以大学等文化教育设施为破坏目标"[2]。8月25日，日本宪兵进入北京大学，强行闯入校长室搜查。9月3日，大批日军开进北大校园，红楼成为其宪兵指挥部。9月中旬，日本宪兵队再度搜查清华的校长办公室等处，随后3000多名日军进驻校园，新体育馆被改作厨房，图书馆成了厕所，土木系及气象台的图书、实验仪器、打字机等全部被日军装载而去。[3] 日军"轰炸湖南大学时，以27架飞机，分三队侵入长沙岳麓山上空，密集投弹四五十枚。其中有许多是燃烧弹，致使湖南大学图书馆全部被炸毁，科学院被炸毁，学生宿舍被炸毁3栋，剩下的只是残垣断壁，

---

[1] 杜原载：《抗战时期之高等教育》(《革命文献》[第60辑])，台湾"中央"文物供应社1973年版，第3页。
[2] 〔日〕石岛纪之著、郑玉纯等译：《中国抗日战争史》，吉林教育出版社1990年版，第61页。
[3] 杨立德：《西南联大教育史》，成都出版社1995年版，第1—2页。

全校精华付之一炬"[1]。

在袭击中，清华校舍损失约 350 万元，加上图书设备的损失和南迁长沙后校舍再度被炸的损失，总计达 605 万元。北大校具、图书、仪器的损失达 60 万元。南开大学被炸被掠的损失，也在 375 万元以上。[2] 除平、津、沪三地，其他沿海各地的高等院校也未能幸免于难。如：山东大学损失青岛房舍 2912580 元，校具仪器 223753 元，图书 181764 元，连同在济南的农学院校产 287584 元，共计 3605681 元。厦门大学损失建筑物、地产 972700 元，图书仪器 80907 元，机器、校具、古物 189595 元，总计 1243202 元。广州中山大学死伤及失踪者共 12 人，损失 2 万元。杭州的浙江大学损失校舍 130 万元，图书仪器及其他设备 26 万元，总计 156 万元。[3] 对于战时高校整体的损失，有统计表明，从 1937 年 7 月到 1938 年 10 月，全国战前的 108 所高校被轰炸破坏的达 91 所，占高校总数的 84%，其中被破坏较严重的 25 所高校不得不暂时停办，继续维持的仅有 83 所。教师由战前 7560 人减至 5657 人；职员由 4290 人减至 2966 人；学生由 41922 人减至 31188 人；财产损失达 3360 多万元。[4] 至于战争所造成的师生员工之死伤及大批图书资料和古文物损失，则更是难以估量。

日本侵略者凶残地破坏中国高等教育机构的事实，引起了中国国内各界的极度愤慨。中山大学校长邹鲁表示："敌人轰炸之弹愈烈，吾人之敌忾愈炽。"1937 年 8 月 31 日，中央大学校长罗家伦向

---

[1] 陈礼记：《这一年的中国教育》，《教育通讯》1983 年第 40 期，第 13 页。
[2] 延安时事问题研究会编：《抗战中的中国文化教育》，上海人民出版社 1961 年版，第 29—31 页。
[3] 顾毓琇：《抗战以来我国教育文化之损失》，《时事月报》第 19 卷第 5 期，1938 年 10 月。
[4] 毛礼锐：《中国教育史简编》，教育科学出版社 1984 年版，第 527 页。

日内瓦"知识合作委员会"陈诉。11月1日，浙江、交通、暨南等大学校长致电正在比利时开会的九国公约各国代表，要求对日本摧残中国文化，施以制裁。[1]11月5日，中国著名教育家蔡元培、胡适、罗家伦、张伯苓、蒋梦麟、梅贻琦等102人发表联合声明，揭露日军破坏中国教育机关的罪行，指出日本对中国大、中、小学的破坏，实为"诚所谓中国三十年建设之不足，而日本一日毁之有余也"[2]。为了避免更为严重的损失以求得生存，继续发展战时高等教育事业，在极端困难的条件下，广大高校爱国师生在中国大地上举行了一场举世罕见的全国性流亡迁徙大行动。这场运动前后持续了八年之久，几乎与抗日战争相始终，其规模之大，历时之长，在中国历史上是史无前例的，具体情况另有专述。

二、抗战教育思潮的兴起与实施

现代战争已不单是纯粹军队或政府的事业，而是全体民众和整个国家的事业，从而战争的对象也包含全民的生命空间，战争的意义，也变成国力的比赛和争取民族生存的持续。"全民战争既然是整个国家民族力量的总决赛，自然也可以说是全民族文化力的冲突"。[3]相对于数月内沦陷的大片国土以及国民的惨痛情绪，在中华民族面对生死存亡之际，思想界、文化界、教育界在民族意识、民族情绪极为高涨的情况下显得异常活跃，他们围绕如何进行战时文化和教

---

[1] 中央教育科学研究所编：《中国现代教育大事记》，教育科学出版社1988年版，第371—377。

[2] 高平叔：《蔡元培全集》（第七卷），中华书局1989年月版，第191页。

[3] 杜原载：《抗战时期之高等教育》（《革命文献》[第60辑]），第2页。

育,是否废弃正规教育制度,实施战时教育等问题进行了激烈的争论。这次讨论,虽然只持续了半年多时间,但涉及范围广泛、参与人数众多,其对于是否坚持正规教育路向的讨论与检视,为国民政府教育政策的制定和实施提供了舆论准备。

1. 国统区的抗战教育思想
(1)"战时教育要适应抗战需要"的思想

战时教育要适应抗战需要思想的核心在于倡导战时教育应该废弃正常教育而专办应付战时需要的各种训练班,即从学制、教学目标、内容、方法上做全面变革以应抗战急需。一些教育界人士出于"国难日亟"的强烈爱国心情,受"亡国论"、"速胜论"以及"焦土抗战"等思想影响,认为一切是为了战争,教育也不能例外,非常时期应实施战时教育政策,主张废弃正规教育,取消原来的学制系统,以短期培训的方式,迅速造就战争人才。他们提出:"变更教育制度,以配合抗战需要,谓高中以上学校与战事无关者,应予改组或停办,俾员生应征服役,捍卫祖国。初中以下学生未及兵役年龄,亦可变更课程,缩短年限。"[1] 他们强调:"大学在炮火的炽炼中,变为抗战的累赘,需要予以廓清。"[2] 在他们看来,维持正常教育就是坚持"亡国教育",就是"把许多有用青年,那些国家精锐的知识分子,桎梏起来,有意无意地把他们束缚着,而不使之动员起来",这一方面削弱了抗战的力量,另一方面却也是帮助敌人,增加敌人对我们进攻的力量。"[3]

---

[1] 教育部教育年鉴纂编委员会编:《第二次中国教育年鉴》(第一编),第 8 页。
[2] 欧元怀:《抗战十年来中国的大学教育》,《中华教育界》1947 年复刊第 1 卷第 1 期。
[3] 李实:《反对流亡教育》,生活教育社编:《战时教育论集》,生活书店 1938 年版。

在战时教育争论中，许多爱国民主人士提出了自己鲜明的观点。陶行知在《全面抗战与全面教育》中提出："抗战与教育有什么关系呢？教育应该配合抗战，教育在战时就是战时教育。"[1] 该思想具有强烈的战时色彩和反奴化教育意义，他要求把教育开办到敌人的大后方，甚至可以办到炮火连天的战场上去。他曾以极大的热忱呼吁：在抗战期间，教育"要真干而不可假干，要穷干而不可浪费的干，要合干而不可分裂的干，要快干而不可慢慢的干，要大规模干而不可小干"[2]。另一位民主人士李公朴认为，战时毕竟不同于平时，战时教育"绝不是把学校教育取消了，平时教育就不要了；也不是把学校都摆在战区里，或是让青年学生都上前线去；更不是仅仅教青年学生每天去与老百姓谈一谈天，或在原来的课程中减少几小时的普通课程增加几小时的战时常识；教育不要完全忽略当前的需要；学生自然也不要以为参加救亡工作，就把学校的课本完全丢开"[3]。他号召："'把战场变成课堂，把课堂变成战场'，一切教育，都必须一致地战斗化。"[4] 他宏观地提出了战时教育应遵循的原则，为战时教育的具体实施提供了一定的理论指导。1938年2月，生活教育社等十几个团体和百多名教育界人士发起成立全国战时教育协会，宣言提出战时教育任务，除尽量使教育适合战时需要外，并应从根本上建立以中国社会为本位的新教育。

在持战时教育要适应抗战需要观点的人士看来，战时教育与平时教育有着本质的不同，战时教育"是一种适应战时体制或状态，

---

[1] 陶行知：《陶行知全集》（第3卷），湖南教育出版社1985年版，第327—328页。
[2] 同上书，第404页。
[3] 《抗战教育的理论与实践》，《李公朴文集》，云南人民出版社1987年版，第764—767页。
[4] 李公朴：《抗战教育的理论与实践》，读书生活出版社1938年版，第8页。

而促进民族中成员身心发展,借以培养战时所需国力的工具,推动民族解放和社会改革的工具"[1],应把战时的大学办成"抗战人才供应所"、"救亡干部训练所",战时大学应该是"民族革命先锋战士的产生地"。他们主张将"大学专科之关于文法商教育各科者,与普通中学及师范学校,分别或合并而为民众教育人员或民众指导人员养成所。其关于理、工、医、农部分及中等职业学校,得斟酌战时社会或军事之实际需要,分别或合并而设立多数之各种技术训练班"。他们指责维持现状者,称之为"为了名誉、金钱、地位而曲解原来失态的教育",因而主张现有大学必须以研究抗战学术、抗战人才为目标;以学习抗战、实践抗战为任务;以支持全面抗战、发动全民动员为宗旨,"一方面培养民族革命战争的共同情绪,另一方面,各院系必须抓着各自特殊的使命","以养成社会的技术的抗日战士"。[2]这些教育思想在战事越加惨烈的情况下,某种程度越切合了战时教育的要求,具有一定的代表性。

(2)"战时教育平时看"的思想

持战时教育平时看的人士认为,大学的使命是高深学问研究和专门人才的培养,战时也莫能例外。胡适曾提出:"国防教育不是非常时期教育,是常态的教育。"[3]重庆大学校长胡蔗华认为:"现代战争是参战国整个民族知识的比赛和科学的测验,大学的使命是高深学问研究和专门人才培养,纵在战时,仍不能完全抛弃其责任,否则不妨直截了当改为军事学校。"武汉大学校长王星拱甚至表示:"尚有一个学生能留校上课,本人绝不离校……至于学生最近要求

---

[1] 吴景宏:《战时高等教育问题的总检讨》,载《中国现代教育史》,第236页。
[2] 梁瓯第:《战时的大学》,战时文化出版社1938年版,第89—90页。
[3] 中国社会科学院近代史研究所编:《胡适日记》(下册),中华书局1985年版,第571页。

变更课程，乃绝不可能之事。此实有事实上之困难，即如学生所谓抗战教育之课程，院长亦无法办到，各教授亦无此种学识，无法授课。"[1] 对于鼓励学生投笔从戎，许多学者不以为然，他们认为："无计划地使青年尽上一士兵贡献，那无疑是大学生等于中学生，未免浪费过多。"因为"一个大学生去当兵，其效果尚不及一个兵；反之，在科学上求出路，其效果有胜于十万兵"，"若学生都参战，教育本身动摇"，而且"无作战经验，冒失地跑上前线，岂但送死而已，还妨碍整个军事"，"即令学生确能胜任，然在他人也能做时，为何一定要学生去？"[2] 国立中央大学校长罗家伦1938年在《抗战的国力与文化的整合性》一文中指出："近代的战争，不是单纯的武力战争，而是文化的战争。""支持文化的教育，从纵的方面讲，自小学中学大学以至研究院，缺少一段就无从实施。从横的方面讲，无论文法教理工农医商，都有一套整个配合，缺少了一件都配不起一个整个国家的机构"，[3] 在他看来，文化一旦中断就很难继续了。"所以有人以为战时中学小学甚至大学都可以停办，是不对的"，他力争战争期间各式学校不是要停办，而是要本着"敌人能允许我们还读一天书，我们就得加倍努力多读一天书"的精神，"夺取时间"，"夺取知识"，"夺取修养"，"夺取训练"。[4]

对于这些认识，部分有识之士也提出了更为切实的阐述。教育部高教司司长吴俊升认为："教育为百年大计，只应对于战时需要，作若干临时适应的措施，不应全般改弦易张，使有关百年大计的正规教育

---

[1] 王星拱对记者的谈话，载《大公报》1937年12月5日第3版。
[2] 金以林：《战时大学教育的恢复和发展》，《抗日战争研究》1998年第2期，第52页。
[3] 罗家伦：《抗战的国力与文化的整个性》，载《新民族》第一卷第七期，1938年4月10日。
[4] 罗家伦：《抗战的国力与文化的整个性》，载《新民族》第一卷第十一期，1938年5月9日。

中断。"[1] 陈诚战时先后任武汉卫戍总司令、第九战区司令长官、湖北省政府主席、三民主义青年团书记长等职务，虽不是教育中人，但对战时教育有着深入的认识，他谈道："今天，学界中有许多人，以为抗战形势这般吃紧，人人都应该亲赴前线作实际杀敌工作，高喊'离开学校'、'抛开课本'的口号"，应该说用心是好的，不能算错，但此论"一叶障目，不见泰山"。他指出："要知道教育是千年万年的大计，所谓'百年树人'，一个国家，要建国，要强盛，就要培养无量数的人才，以为领导，以为中坚。"能否培养出"无量数的人才"，是抗战建国的关键所在。从这个角度讲，"教育是立国的根本，尤其当国家临到存亡断续的关头，成为绝对的需要，这是一个国家最强韧、最可靠的生存力量"。所以他告诫学生要"坚定意志，安心向学"，"做学生的也就要安心求学，方使前方后方，井然有序。倘使做军人的反到后方读书，做学生的反到前方作战，这还成什么样子！"同时，他恳切要求学生"务必精勤不赖，精研学术，首先在知识上战胜敌人"。[2]

相对于上述彻底改革与维持原状两种较为对立的观点而言，还有观点调和折中地认为要"既不以维持原状为然，也不以短期训练为足，而需以远大的目光，作标本兼治的筹划"，以期"标本兼顾，双方并进"。所谓治标，就是"应目前迫切的需要，而设施各种暂时的办法，谋补救因抗战而发生的种种事实上的困难并以增加抗战力量"。所谓治本，就是"对于整个教育事业，加以整理、充实、调整、改进、扩充，为根本远大之谋，以期应付长期抗战，适应建国需要"[3]。

---

[1] 吴俊升:《战时中国教育》，薛光前编:《八年对日抗战中之国民政府》，台湾商务印书馆 1978 年版，第 110 页。
[2] 陈诚:《抗战建国与青年责任》，军事委员会政治部 1938 年印，第 120—121 页。
[3] 陈礼江:《论战时教育》，《教育通讯》（第七期）1938 年第 2 期。

（3）国民政府关于抗战教育的思想

随着论争的深入开展，旧教育的弊端日益暴露，要求战时改革教育的呼声日涨。国民政府在异常严峻的形势面前，反复权衡，担心因这场争论引发的教育改革会危及整体上的政治、军事部署，因此决定动用行政手段结束这场纷争。国民政府认为抗战既属长久，各种直接和间接的人才都不可缺少，而抗战后的建国事业更需要大量的有识之士，而当时中国大学生比例只占国民总数的万分之一，与英美等发达国家相差甚远。因此，"为自力更生抗战建国之计，原有教育必得维持，否则后果将更不堪"。况且就当时兵源而论，以我国人口之众，尚无立即征发此类大学生之必要。基于以上分析，国民政府决定以"战时教育须作平时看"为办学方针，"适应抗战需要，固不能不有各种临时措施，但一切仍以维持正常教育为其主旨"[1]。总体来看，针对是一概打破所有的正规教育制度还是保持正常教育系统而采用非常时期的方法，当局对于战时教育有了更为理性的考虑。

1938年3月，新任国民政府教育部长陈立夫在《告全国学生书》中明确指出："教育之任务，为在德智体各方面培养健全之公民，使其分负建国之艰巨任务，故青年之入校修业，自国家立场观之，读书实为其应尽之义务使青年而有废学之现象，实为国家衰亡之危机。"[2] 陈立夫还谈到："在理论上无所谓战时教育，因为平时教育实际上包含着战时准备"；"应注重乡土教育"；"男女教育尤应有别"。[3] 他的战时教育方针，尽管冠有"战时"二字，却体现了"战时教育

---

[1] 教育部教育年鉴纂编委员会编：《第二次中国教育年鉴》，第10页。
[2] 陈立夫：《告全国学生书》，《教育通讯》创刊号1938年3月26日。
[3] 中央教育科学研究所编：《中国现代教育大事记》，第386页。

平时看"的精神，他反复强调："战时教育的方针，仍是一贯的正常教育方针，仅仅是更明显、更切实些。决非病急乱投医的医药杂技，而是针对教育上已暴露与必要暴露的缺点，加以根本治疗。"1938年4月，在国民党召开的临时全国代表大会上，通过了《中国国民党抗战建国纲领》、《战时各级教育实施方案纲要》，提出了三育并进、文武合一、工农业需要并重、教育与政治目的一贯、家庭教育与学校教育密切联系、自然科学应国防与生产之急需、社会科学以求适合国情、以科学方法加以整理发扬本国固有文化精粹、各级学校教育力求目标之明显九大办学方针。[1] 同年5月，独立出版社出版了《战时教育论》一书，该书的出版代表着国民政府抗战教育思想的初步形成。该书论及了当时教育的缺点与危机，并对战时教育提出了要求。要求提倡战时教育，对教育竭力维护；在战事稍松之时，政府对教育应"作通盘详细地计划"。

针对战时教育的争论，蒋介石的看法是"平时要当战时看，战时应当平时看"。他谈道："我们这一战，一方面是争取民族生存，一方面就要于此时期中改造我们的民族，复兴我们的国家。所以我们教育上的着眼点，不仅在战时，还应当看到战后。我们要估计到我们国家要成为一个现代的国家，那么我们国家的知识、能力应该提高到怎样的水平？我们要建设我们国家，成为一个现代的国家，我们在各部门中需要有若干万专门的学者，几十万乃至几百万的技工和技师，更需要几百万的教师和民众训练的干部，这些都要由我们教育界来供给的。"[2] 蒋介石这一表态也结束了这场旷日持久的争

---

[1] 中国第二历史档案馆编：《中华民国史档案资料汇编》（第五辑），江苏古籍出版社1997年版，第13页。

[2] 吴家莹：《中华民国教育政策发展史》，第399页。

论，事实上也决定了当局采纳了"战时教育平时看"的思想。教育部在详加考虑后认为：抗战既属长期，各方面人才直接间接均为战时所需要。我国大学本不甚发达，每一万国民中仅有大学生一人，与英美教育发达国家，相差甚远。为自力更生抗战建国之计，原有教育必得维持，否则后果将更不堪。

战时教育作为特殊战时环境之下基于长远打算和对教育自身规律的尊重而制定的抗战时期方针，其教育思潮的论争曾席卷朝野，具有显著的反奴化特性，为战时正常教育体系的维持提供了制度保证，对于解决非常时期的国难教育发挥了积极的作用。思想和文化界人士与国家共济维艰并专注教育，对于传统的文武分离、重文轻武、三育厚此薄彼的教育产生了强有力的冲击，并为保存大学文化教育科学性和联系性、实现文化改造价值、推进中国的现代化进程等方面作出了积极贡献。许多大学虽然一再迁徙，但学校的生活秩序和学术环境并未出现根本性的改变，自由研究之风、尊重学术之品质在大学内仍为主流，大学教育的特质精神在这段时间也逐渐地显现出来。国民政府"战时需作平时看"、"以不变应万变"的战时大学教育方针，虽然排除了许多进步学者提出的适时改革不合需要的教育机构、教育内容、教育方法的提议，在一定程度上亦有复古气息过浓、拒绝改革等因素，但在抗战这一特殊情势下，国民党教育政策与其政治统治趋于集权与独裁相表里，实现了以国家力量掌握教育、掌控教育决策权的目标，但事实上抗战时期高等教育不因战争而停辍并出现人才断层，各级教育反而在数量和质量上都取得了不同程度的成效，这也体现了战时教育在战争发展不平衡性及长期性并存的情况下，对于统一战时教育思想、稳定教育界局势是有较强针对性的，也是符合抗战及战后实际需要的。

2. 国民政府战时教育的发展概况

汹涌澎湃的战时教育思潮，对抗战时期教育的影响巨大而深远。国统区八年抗战期间的教育，并没有因战争的推进而大起大落，或是中断，相反，各级教育还取得了奇迹般的发展。

（1）高等教育的发展

在战时教育思想的引领下，全国公立、私立高等学校大多迁移到大后方继续办学。私立武昌华中大学校长韦卓民就此曾谈道："高等教育机构的迁入内地并不是一种灾难。他们是迁移到了文化落后的地区。知识和技术意念的普及帮助了内地的迅速现代化。由于这些高等学府的迁入，促使落后地区的学校在教学水平和效率上都获得改进。大专院校的师生大都是在沿海大城市中长大的，有机会和本国落后地区的生活接触，使他们能于亲身体会的经验中重视祖国所面临的问题。许多教授由于环境所迫，要去应付新的问题，而这些答案绝非仅为西洋人使用的课本中所能觅得，更非彼等携归的欧美各大学课堂中所讲所做的笔记。简单而欠精确的设备也非全然无益，基于此理，教学也许更有兴趣而且更有实效。"[1] 所以，在抗战期间的高等教育，无论是内涵上还是外延上，都得到了较大发展。抗日战争前的1936年，全国公私立高等学校共108所，教师7560人，在校学生总数为41922人。[2] 而到战后的1947年，全国公私立高等学校共129所，增加了21所；在校学生总数为135738人，是战前的3倍多。专门培养师资人才的高等师范院校也有了更为明显的发展，据1947年统计，独立师范学院11所，大学中的师范学院4所，

---

[1] 韦卓民：《抗战时期的中国教育》，见台湾《湖北文献》第54期。
[2] 中国第二历史档案馆编：《中华民国史档案资料汇编》（第五辑），第296页。

师范专科 13 所。尤其是师范学院的单独设置,战前仅北京师范大学 1 所,在校生 944 人;从校数上看,战后是战前的 11 倍;从在校生数上看,战后是战前的 16.8 倍(15891 人)。[1]

然而,客观来看,虽然抗战期间高等教育得到了很大的发展,但发展快的主要是投资少、时间短、见效快的专门学校。[2]1945 年与 1936 年相比,综合性大学非但没有增加,反而减少了 4 所,独立学院则增加了 41.7%,专科学校也增加了 22 所,增长了 73.3%。居于抗战需要,当局倚重"实用科学",注重"专才教育",因而,学生增长快的主要是教育和师范,其次为商科、工科、法科、医科等,1936 年教育科学生占 7.35%、商科占 7.73%、法科占 19.68%,1945 年这三者分别占了 14.02%、11.61%、21.28%。而文科和理科发展较为缓慢,由于当局采取了限制文理科招生的政策,文科学生的比重则明显下降,文科生由 1936 年的 19.95% 下降为 1945 年的 11.93%,理科生则由 13% 下降为 7.76%。[3] 这也从抗战时期教育争论可以清楚地反映出来,虽总体上为战时教育还是平常教育之争,但在另一方面,却也毫无例外地涉及了大学教育和培养目标的"文实之争"、"通专之争"。在国家民族危急关头,抗战时期高等教育发展虽有诸多偏颇之处,但碍于战时特殊的教育机制和原因,此时高等教育所取得的成效无疑是历经千辛万苦换来的,是值得肯定的。

(2)中等教育的发展

在中等教育方面,全国中等教育并未因为大片河山落入敌手而就此停辍,而是理智地妥善安置好了从沦陷区逃到后方的中学生,

---

[1] 喻本伐、熊贤君:《中国教育发展史》,第 508 页。
[2] 杨东平:《艰难的日出:中国现代教育的 20 世纪》,第 101 页。
[3] 郑登云:《中国高等教育史》(上册),第 256 页。

为他们继续完成学业提供了保障。为保证他们有学上、有书读,当局教育部破例在后方办起了一批国立中学,如国立四川中学、贵州中学、山东中学等。许多中学生逃难到后方,与家庭失去了联系,在经济上无法得到家庭支持,国民政府为使他们学业不致中断,推出了贷金制,而且学生的衣食住行完全免费或部分免费。陈诚在湖北实施计划教育,凡湖北籍学生,无论在湖北本省读书还是在外省读书,均给予一定补助,毕业后回湖北参加建设。这些非常时期的非常举措,直接促使许多中学生艰苦努力地学习,以报答国家对自己的关怀爱护。很多在抗战中接受中学教育的学生回忆,当时的中学教育并未因战时环境而降低教学水准,恰恰相反,教学水准还有较大幅度的提升。据统计,抗战前中等学校数量最高年为1936年,有中等学校1956所,班级共11393个,学生总人数为482522人。1937—1938年抗战初期,中等教育各方面的数据有所下降,随着抗战的深入,中等教育各方面指标又有了明显的回升,到1941年反超1936年的水平,此后逐年递增。仅学校数量而言,1941年2060所、1942年2373所、1943年2573所、1944年2759所,1945年日本无条件投降,中等学校飙升至3727所,在校学生数也逐年攀升。到1945年在校学生总人数达1262199人。[1]

（3）小学教育的发展

随着战区的日益扩大,沿江沿海各省区教育均遭日军蹂躏,小学校多在敌人到达之前数小时,教员携其教具避难偏僻乡村。这种播迁流徙之情形,使得小学教育损毁过半。为使小学教育得以维持,国民政府实行新县制,同时将义务教育与民众教育合流,推行国民

---

[1] 李华兴:《民国教育史》,第631—634页。

教育制度，实施"管教卫合一"、"政教合一"和"三位一体"的新县制教育制度，将乡镇一级的乡镇长、中心小学校长、壮丁队长定为一人担任，将保一级的保长、国民学校校长、壮丁队长定为一人担任；同时，小学教师分掌乡镇保的经济、文化、卫生、警卫等项建设事业，以小学为中心实行"自治"。这些办法对小学教育得以维持发挥了一定作用。据统计，抗战前小学教育各方面的数据最高年为1936年，小学达320080所，在校小学生人数18364956人。在日军大举进攻的前几年，小学数和在校学生数均锐减，1937年小学校数减至229911所，学生人数减至12847924人；1938年218758所，小学生12281837人；1939年218758所，小学生12669976人；1940年后，小学校数和在校学生数全面回升：1941年224707所，小学生15058051人；1942年258283所，小学生17721103人；1943年273443所，小学生18602239人；1945年269937所，小学生21831898人；1946年290617所，小学生23813705人。[1]

（4）学前教育的发展

战时，学前教育实施了"幼稚教育，应使保育与教导并重，增进幼儿身心之健康，使其健全发育，并培养其人生基本的良好习惯。施教对象应推广及于贫苦儿童"的教育方针。1939年12月24日，教育部公布了我国学前教育史上的一个重要法规——《幼稚园规程》；1943年教育部对规程予以修正，经呈奉行政院令，改为《幼稚园设置办法》。为解决战时难童的收容、教养问题，1938年3月10日，国共两党及社会各界知名人士在武汉发起成立中国战时儿童保育会，在全国各省市、香港和南洋群岛设分会20多个，在各

---

[1] 教育部教育年鉴编纂委员会编：《第二次中国教育年鉴》，第1455页。

战区设立儿童保育院53所，总共收容难童3万多名。1936年，全国共有幼稚园1283所，1988班，在园儿童79827人。抗战爆发后，开始受影响较大，1937年仅有839所，1180班，46299名儿童。到1942年，幼稚园数只剩592所，1398班，51740名儿童。但到1945年，幼稚园数迅速攀升到1028所，2889班，在园儿童达106248名。幼稚园数虽然稍低于1936年，但班级和在园儿童数则远远超过1936年的数据。[1]

第二节　抗战时期国统区教育宗旨及方针政策

为落实"战时需作平时看"的特殊教育方针和原则，是时政府一面全力救济战区退出之专科以上学校员生，使其参加抗战建国工作；一面又全盘整理大学院系之课程内容，加强并适应后方各省高等教育之特殊需要。[2] 此时，教育部采取各种临时措施，除继续执行战前的规定之外，对部分教育政策和法规进行了调整和改革，制颁了一系列调整性的教育法规，教育立法由此进入应急调整阶段（1937—1945），这段时期的教育立法共560多件。[3] 其所制定并实施的一系列文化战略，有着明显的统一化、实用化、中国化及战时性倾向，同时又表现出中国近代教育制度和思想自身变化发展的显著性特征。具体而言，主要表现于以下几个方面：

---

[1] 中国学前教育史编写组编：《中国学前教育史资料选》，人民教育出版社1989年版，第360页。

[2] 杜原载：《抗战时期之高等教育》（《革命文献》[第60辑]），第1页。

[3] 中央教科所教育史研究室编：《中华民国教育法规选编1912—1949》，江苏教育出版社1990年版，第747—769页。

一、倡导人格教育，强化训育管理

国民政府强调恢复民族固有道德，倡导对青年学生施以人格教育。在当局看来，非常时期大学的使命，首先在于民族文化的广大、传播与提高；民族自信心的陶冶、弘扬和发展；民族意识的培养，深刻化和普遍化。其次，在于综合世界文化的精华，研讨世界学术的奥妙，传授现代高深知识和技能，以便符合抗战建国的迫切需要。再次，大学还要开发学生的心灵和智慧，启发学生的理性，训练学生思想的技术和研究的方法。革命的高尚和健全人格的养成，应该是一般大学教育最终的目的。[1]反观战时大学的人格教育及道德传续是不容乐观的。"一般以贩卖知识制造学位为主要任务的大学，常常忽略了精神的陶冶和人格的养成，误解作育人才的宗旨，只勉强做了一点传播知识的工夫，从而一般知识分子道德水准的低落，遂为有心人所深忧。"[2]部分人士还认为，中国几百年来革命事业之未成功，社会公共事业的败坏，乃至于这次日寇的敢于大举侵略，汉奸伪组织变节软化之徒，都可从人格堕落、民族道德之不振作来解释。这些遗臭万年的"民族罪人"，其中一大部分都是十年或二三十年前的大学生，过去大学所给予他们的一点知识，何曾能够料到今天他们拿这点知识来为非作歹？！"我痛心疾首于这种出卖国家民族利益的过去大学生，我们更不得不承认'高尚人格的养成，应该是大学的最终目的'，中国将来的命运有许多地方实系于现在大学道德教育的实施上面。"[3]

---

[1] 杜原载：《抗战时期之高等教育》（《革命文献》[第60辑]），第7—11页。
[2] 同上书，第12页。
[3] 同上书，第11页。

抗战爆发后，鉴于民国前期高等教育发展混乱失序的局面，当局开始着手加强对教育领域的整顿，强调对学生进行中国传统文化和传统道德的教育，以培养既能忠孝国家又能抵御外敌的具备正确意识形态的技术精英，这也成为国民政府后期在人才培养上的指导理念。[1] 蒋介石还就教养卫、术德兼修、文武合一等问题做过多次演讲，他指出：在抗战期间要扩大教育效果，办教育必须有非常的精神。"为适应抗战需要，符合战时环境，我们应该以非常时期的方法，来达到教育本来的目的；运用非常的精神，来扩大教育的效果。"[2] 1938年1月，教育部长陈立夫在《教育与建国之要道》一文中谈道："教育既以作成人才，借求民族之独立、民权之普遍与民生之发展，故其中心工作实即教人以如何为管、养、卫三者以成于国而已。德、智、体三育并重训练中，由于德育之训练，时人人能自治复能治事，是为管之教；由于智育之训练，使人人能自养复能养人，是为养之教；由于体育之训练，使人人能自卫复能卫国，是为卫之教。德、智、体三育之综合训练，使人人能自信复能信道，是为道之教；在自身有立志，为国家行主义，是又教育工作之尤中心也。"[3] 由此，为实现训育目标，当局制定了一系列具体政策、制度、方案和纲要。1938年公布的《青年训练大纲》指出：第一，在信仰方面，必须"信仰并服从领袖"，"时时刻刻心领袖之心，行领袖之行"。第二，在培养德性方面，要"发挥忠孝仁爱信义和平诸美德"，"实现领袖礼义廉耻之意义"，要"体会力行"国民党"党

---

[1] 刘献君、房保俊：《近代中国高等教育理念的变迁及启示》，《中国高教研究》2009年第9期。
[2] 《蒋委员长言论类编——教育文化言论集》，正中书局1941年版，第210页。
[3] 陈立夫：《教育与建国之要道》，《教育短波》，第1124—1125页。

员十二守则",要遵照"军人读训"的精神"自省自立"。第三,在体育锻炼方面,要"学习军事技能"。第四,在生活训练方面,要"军事化","重秩序,守纪律"。第五,在服务方面,要"在政府指导下"参加各种社会服务活动。[1] 而在1939年教育部颁发的《训育纲要》中,明确规定在青年学生中要树立"格物、致知、正心、诚意","齐家、治国、平天下","亲慈子孝,兄友弟恭,夫妇和顺,邻里敦睦","明礼义、知廉耻"等传统道德观念。其目的在于使青年学生的"一言一行,莫不合乎忠孝仁爱信义和平八德,礼义廉耻四维"。[2]

在具体的训育过程中,当局一方面在高等学校建立区党部、三青团、训导处;另一方面把三民主义、军训、体育设为当然必修课程。另外还制定了《战时各级教育实施方案纲要》,规定发展教育的具体政策,其中在训育方面制定了"三育并进"、"文武合一"、"教育目的与政治目的一致"的方针,并明确规定"订立各级学校训育标准,并切实施行导师制,使各个学生的品德修养及生活指导与公民道德之训练上,均由导师之负责,同时可重立师道之尊严"及"对于管理应采严格主义,中等以上学校一律采军事管理方法,养成清洁、整齐、确实、敏捷之美德、劳动服务之习惯与负责任、守纪律之团体生活"等要点。[3] 于此,中等以上学校均设有训育处或训导处,大学设训导长一人,独立学院、专科学校设训育主任一人。并设训育员协助训导长或训育主任工作,这些人必须是国民党员,他们负责"导师之分配"、"学生之分组"、"学生思想之训导",并"指

---

[1] 教育部编:《教育法令汇编》(第四辑),正中书局1939年版,第17—18页。
[2] 中央教科所教育史研究室编:《中华民国教育法规选编(1912—1949)》,第164—182页。
[3] 熊明安:《中华民国教育史》,第195—196页

导"学生课外的体育活动、卫生营养及军事管理,负责"学生团体之登记与指导",以及党部或三青团委托事项。对学生的奖惩亦由训育主任提请校长决定。[1]

这一时期所确立的训育管理原则,是为适应战争而进行的应急措施,在一定意义上是切合当时特殊时代背景的,也有着一定的战时性、变革性、建设性特征。然而由于当局过于鼓吹封建道德和复古主义保守思想,其极端的政治目的性、偏重传统的保守性也决定了其倡导的教育有着延续专制、拒绝改革、努力为其统治服务的一面,这对于大学生的人格发展是不利的,同时也压制了高等教育中生命力之所在的创造性精神的发挥。

二、迁移并调整院校,统一科系设置

1. 统一调整高等院校布局

为保障大学的正常办学,从 1937 年 9 月开始,国民政府教育部先后颁发了《战争发生前后教育部对各级学校之措置总说明》、《战区内学校处理办法》、《各级学校处理校务临时办法》、《总动员时督导教育工作办法纲领》等法令,规定战区各学校"于战事发生或逼近时,量予迁移,其方式以各校为单位或混合各校各年级统筹支配暂行归并或暂行附设于他校","暂行停闭之学校,应发给学生借读证书,证明学生姓名、性别、年龄、籍贯、科别、年级等项,以便学生自由择校借读"[2]等。与此同时,国民政府成立了全国战时教育

---

[1] 《第三次全国教育会议决议议案提要》,《教育通讯》(第二卷)第 44、45 合期。
[2] 教育部教育年鉴纂委员会编:《第二次中国教育年鉴》(第一编),第 8 页。

协会，负责全国各地学校和研究所的迁建工作，对大学院校进行了有目的的调整。

一方面，采取了集中、联合办学的方法施行办学调整。通过战时联校，待搬迁完后又采取并校的方式，将搬到同一地点的同一性质的院校系进行合并，以期使各自的优良传统和学科优势得以发扬和互补，形成新的特色，国立西南联合大学和国立西北联合大学便属于此类。此外，如国立浙江大学、国立中央大学等也在调整中成为享有盛名的大学。这样的调整方式，可将各大学有限的人力物力集中起来，大大加强了教育力量，增强了教学效果。同时也拉近了各高校和科研机构之间的距离，为他们相互之间的交流创造了条件。[1]

另一方面，针对战前不合理的高等院校区域布局，根据"谋教育行政与国防及生产建设事业之沟通与合作"的建教合作原则，将内迁大学教育与内地教育的开发有机地结合起来。国民政府采取内迁院校与地方政府合作设立新的学院或系科，有力地支援了内地高等教育的发展。如于战时成立的集文、理、工、医一体的综合性大学贵州大学便属新建。西南联大在1938年迁入云南后，鉴于云南师资奇缺的现状，于迁滇当年便应云南省教育厅商请增设师范学院。西北联大在内迁至陕西不久即将其医学院和师范学院划分出来，扩充成为了独立的西北医学院和西北师范学院，并在兰州设立了西北技艺专科学校等便属此类。此外，设立国立中正大学（江西）、国立英士大学（浙江）以填补高校内迁后这些地区高等教育的空缺。

---

[1] 罗永萱：《抗战时期国民政府大学教育政策述评》，《北华大学学报》（社会科学版）2004年第1期。

2. 统一高校行政机构及各学系设置

为强化高等教育管理，国民政府教育部于1939年5月制定了《大学行政组织补充要点》、《独立学院及专科学校行政组织补充要点》，统一高等学校的行政机构及其职责。对大学、独立学院及专科学校的行政组织机构的名称设置、人员配备、职权范围与工作方式都作出了具体的规定。此外，还制定了《各级教育实施方案》、《师范学院规程》、《修正师范学院规程》，对师范学院的设立、培养目标、组织、课程、训导、学生待遇、毕业服务、考试成绩和其他有关问题作了具体规定。对高等学校各级行政负责人的设置与任聘方面，规定大学设校长一人，综理校务。国立大学由教育部聘任，省立、市立者，由省市政府报请教育部聘任；各学院各设院长一人，综理院务，由校长聘任；各学系各设主任一人，办理该系教务，由院长商请校长聘任；设教务、训导、总务三处，分设教务长、训导长及总务长各一人，教务长及总务长均由教授兼任。师范学院设院长一人，独立师范学院院长由教育部聘任，师范学院由校长推荐两人，呈请教育部择定一人聘任；专科学校设校长一人，综理校务。独立学院或专科学校设教务、训导、总务三处，各设主任一人。大学研究院设院长一人，由校长兼任。各研究所及所属各部各设主任一人。

1939年，针对高等院校院系名称纷杂不一的状况，教育部公布了《大学及其独立学院各学系名称》，对文、理、工、农、法、商、教育、医学等各学科内设系科进行规范：文学院设中国文学、外国语文、哲学、历史学及其他各学系；理学院设数学、物理学、化学、生物学、地质学、地理学、心理学及其他各学系；法学院设法律、政治、经济、社会学及其他各学系；农学院设农艺、森林、畜牧、兽医、桑蚕、园艺、植物病虫害、农业化学、农业经济及其他各学系；工学院设土木工程、水利工程、机械工程、航空工程、电器工程、矿冶工程、化学工程、纺织工程、建筑工程及其他各学系；商学院设银行、会计、统计、国际贸易、工商管理、商学及其他各学系；教育学院仍设教育原理、教育心理、教育方法及其他各学系；医学院不分系。规定还提出：凡各校单独设置某院之一、二学系，而该院并未单独成立者，得附设于相近之学院，两门以上合并组成之学系，由各校院就合组情形拟定名称并呈教育部核定，各学系遇到必要时，可再分组。

三、实施战时救济制度，制定各类学习优惠办法

为了保证战时高校的生源、师资及师生教学等基本条件，国民政府采取了许多紧急的处置办法来进行救济。虽然这些战时救济在民生凋零、物价飞涨情况下，难以满足师生的需要，但作为战时的一项教育救济制度，对于保障战时高等教育仍有着积极的意义。

1. 统一规定了教师待遇与休假、进修制度

一是加大教师薪俸待遇。教育部 1940 年 8 月公布了"大学及独立学院教员聘任待遇暂行规定"，规定了大学及独立学院教员的月薪标准，将高等学校教师中的助教、讲师、副教授的薪俸分为七级，教授的薪俸分为九级，并规定了大学及独立学院初任教员自最低级起薪为原则。[1]1941 年 10 月，"大学校长、独立学院院长及专科学校校长待遇及公费支给标准"还规定了国立大学校长自简任五

---

[1] 教育部教育年鉴编纂委员会编：《第二次中国教育年鉴》（第五编），第 28 页。

级至一级，省市立大学校长自简任七级至二级支薪。二是核发食粮代金。在"非常时期改善教职员生活办法"中规定，教育部办学校教职员每月可以报领 2 市斗 1 升的代金，并对家属代金情况也作了规定。次年 10 月，教育部又制定"国立学校教职员战时生活补助办法"，对斗米代金和战时生活补助进行了具体的规定。三是发放学术研究补助费。用于购置图书、仪器、文具，以供参考研究之用。1943 年，每月教授发放 500 元、副教授 380 元、讲师 250 元、助教 130 元，这项补助费随物价的上涨而逐年提高。[1] 四是设立久任教员奖金。规定凡在专科以上学校服务满 20 年以上的教员，每人每年发给 3000 元奖金，服务满 10 年以上的发给 1500 元奖金。五是颁布"设置专科以上教员奖助金办法"。以奖励有成就的教师从事研究著述，并减轻战时的生活困难，此项奖助金分甲乙两种：甲种奖励研究成果，乙种资助家境困难或生活上有特殊需要的教员。六是设置兼课钟点费。规定了按时数计算钟点费的计算方法及规定应担任应授课程数或职务外兼课钟点的发放标准。七是规定了教员休假与进修制度。规定在国立专科以上学校连续任教 7 年以上，成绩显著的教授，给予离校考察或研究半年至一年的机会，薪俸照发。但也规定在此期间不得再兼有其他有薪给的职务，在考察和研究期间，须得提供研究考察计划、考察研究结果详报教育部。

2. 统一学生救济管理办法

一是实行贷金制。国民政府规定："公立中等以上学校学生之籍隶战区，经济来源断绝者均可申请，毕业后再将服务所得缴还学

---

[1] 教育部教育年鉴编纂委员会编：《第二次中国教育年鉴》（第五编），第 30 页。

校。"贷金分全贷、半贷两种，主要是膳食贷金，但对一些连基本的衣物、书籍及其他杂物都无力供给的学生也有名额极少的零用贷金或特别贷金。按照《贷金暂行规定》，凡领取贷金的学生，除寒暑假应按照规定为学校服务外，平时每周至少有 3 小时为学校服务。领取贷金的学生如学业操行评价为甲等则免于偿还本学期贷金，而如果留级的则停发贷金。学生贷金自毕业三年开始偿还学校，每年至少偿还其薪金收入的 5%，偿还期限至多为 20 年。由于战争的持续进行，收回贷金的计划难以实现，当局进而索性改为实行公费。据统计，抗战期间"专科以上学校学生获得此种贷金或公费者每年常在五万人至七万人左右"，约占当时在校生总数的 80%。[1]

二是实施公费生办法。从 1943 年起，实行了"非常时期国立中等以上学校及省市立专科以上学校规定公费生办法"。规定凡师范、医药、工各系科学生享受甲种公费待遇，免缴学膳费，并领取其他补助费；理学院各系学生以 80% 享受乙种公费生待遇，即免学膳费；农学院科系学生以 60% 享受乙种公费生待遇；文、法、商学院则以 40% 享受公费生待遇。此外，还规定了私立专科以上学生公费生名额略低于国立和省立学校，而国立大学和独立学院研究生则一律享受公费生待遇，凡来自沦陷区（包括侨生）家境贫寒的学生，或原籍在蒙古、西藏、新疆的学生，尽先给予公费待遇。这些办法一直沿用至抗战胜利后才再次修改。[2]

三是设立了登记处、接待处。专门负责学生的接待和介绍借读，以及根据学校路途的远近给予旅费津贴等。当时教育部还成立了一

---

[1] 陈立夫：《战时教育行政回忆》，台湾商务印书馆 1973 年版，第 58—59 页。
[2] 教育部教育年鉴编纂委员会编：《第二次中国教育年鉴》，第 24 页。

个"战地失学失业青年招致训练委员会",抢救和接转内移的战区青年。它负责供给战区青年食宿,甄审他们的学历和资格,然后分发入学或介绍就业。据统计,从1940年到1945年,经招训会招致后分发到各高校入学的学生就有15987人,其中大学6532人,专科9455人。[1] 抗战时期高校学生能够完成学业,国家高等教育不至于中辍,一定程度上依赖此种救济。

四、改革教育制度,完善教学管理

1. 实施统一招考制度

为了革除战前全国大学入学各高校单独命题自行招考,缺乏统一招生标准,各校学生入学水准差异极大的弊端,1938至1939年,教育部分别制订并公布了《国立各院校统一招生办法大纲》和《公立各院校统一招生委员会章程》,规定教育部设统一招生委员会,全国分为15个招生区,实行统一考试科目、统一命题、统一阅卷、统一录取标准以及统一分发等措施,招考工作一律由统一招生委员会规定。规定学生入学考试分为笔试和口试,考试科目分3种进行,均为7科。其中公民、国文、英文、本国史地4门为共同必试科目。对于毕业考试,实行学生在4年内所学3门主要科目的总考。随着统一招考制的逐步改进和完善,接受和参与统一招考的院校逐渐增多。1941年后,统一招考制因战事暂停举行,改由各大学或地区采取单独招生、联合招生、委托招生、会考、升学联合考试等方法,由教育部制定一些原则性的规定、办法,提出一些统一的要求。与

---

[1] 教育部教育年鉴编纂委员会编:《第二次中国教育年鉴》,第10—11页。

统一招考制度相关，教育部1938年还制定了一套免试、保送办法，规定各省市可保送高中毕业会考成绩优秀学生前列的15%和国立各中学高中毕业成绩平均在80分以上学生免试入学，由教育部审核后依照各生志愿分发学校。1939年教育部修改保送办法，将国立中学毕业生的免试升学办法取消，并压缩高中毕业会考成绩优秀学生免试升学名额为10%。[1]

2. 实施成绩考核与升留级制度

1940年，教育部制定了专科以上学校学生学业成绩的考核办法，规定临时考试每学期至少举行一次，学生平时听课笔记、读书札记和练习、实习、实验报告等作为平时成绩，与临时考试分别合并计算。学期考试于期末严格进行，不得提前。学期考试成绩与平时成绩合并计算，作为学期成绩。学期成绩不及格科目在40—60分之间者有一次补考机会，在40分以下者不得补考，应令其重修。如不及格科目学分超过该学期所学总数三分之一的，应令其留级；超过二分之一的，应令其退学。毕业考试实行总考制，要求最后一学期考试科目在四种以上，其中至少有两种包含全学年课程，并须通考以前各学年所学专业主要科目三种以上，不及格者不得毕业。1941年11月，教育部又颁布专科以上学校学籍管理规则，对考试及升留级作了一些补充规定：专科以上学生的成绩分操行成绩与学业两项。留级生与非留级生凡学期成绩不及格科目的学分数超过该学期修习学分总数的二分之一以上者，应令其退学，不得补考。毕业考试不及格的科目，可以补

---

[1] 钟健：《改善大学招生的演讲》，《教育杂志》第31卷第8号，1941年8月10日，第16—20页。

考，补考仍不及格，令其重读。毕业考试及格的，由学校发给临时毕业证明书，经报教育部核准后，再发给正式毕业证书。此外，还规定农、工、商学院自第二学年起，须实习若干时期，没有实习证明者不得毕业。国民党政府还对专科以上学校的学生采取学业竞试和设置奖学金的办法，规定竞试分为甲乙丙三类：甲类竞试国文、英文（法文或德文）、数学三科。乙类竞试的主要科目，各院校一年级学生自由报考该年级制定的科目。丙类竞试毕业论文，各院校四年级学生一律参加。甲乙两类竞试，分初试与复试，每年各举行一次。初试由院校举行，复试由教育部主办。丙类分初选和复选，初选由各院校进行，复选由教育部主办。凡经初试或初选取录的学生，为初选生。[1]

3. 统一大学课程设置标准

战前，大学课程都是各校自订，各校科目相异，程度不齐，在授课内容上"咸努力于依照某种舶来之思想，以改造中国之教育制度，而中国几千年来之传统文化，则认为不合时宜"[2]的弊端。为改变这种状况，教育部于1938年先后公布了"大学各学院共同必修课表"。在具体的课程整理过程中，规定统一标准，注重基本训练，注重精要科目，并确定了全国各院系必修和选修课程一律纳入教育部规定范围；中国历史为必修课，在语言类学科中，中国文与外国文具有同等地位，同属基本工具科目，能阅读古文典籍和写作语法通顺的文章是学习国文的基本要求，达不到标准不能毕业；各科教学，除由教师上课讲授外，自习讨论与习作或实验并重；各大学仍采用

---

[1]　熊明安：《中华民国教育史》，第284页。
[2]　《抗战时期之大学教育》；《革命文献》（第60集），第192页。

学分制,各学科学习分量,得以学分计算;各科目须确实规定学生习作或实习次数等九点整理要点。1938年9月,教育部召开第一次大学课程会议,公布《文理法三学院各学系课程整理办法草案》,提出规定统一标准、注重基本训练、突出精要科目三条整理原则,又先后公布了大学文、理、法学院和农、工、商学院的共同必修课目。1944年8月,教育部召开第二次课程会议,修订并公布了文、理、法、师范学院的院系必修课目表。[1]

战前的大学教材,大多直接选用外国成书,各地各自为政,同一学科的教材,在不同的大学更是五花八门,优劣不齐,不仅造成教育上的浪费,而且不能满足抗战建国的需要。基于这一情况,教育部决定根据整理好的科目来编辑一套大学教材。为此,国民政府于1939年成立了编辑委员会,附设于教育部(1942年改隶为国立编译馆),聘请各科专家49人为编辑委员,与国立编译馆共同负责编辑大学教材。从1940年开始,编辑大学教材的工作全面展开。当时编辑方法分为公开征稿、特约编著和评选成书三种。经过初审、复审、校订等手续,到1947年底时,教育部完成出版的书籍42种,正在印刷的51种,退回作者修改的29种,审校中的17种,特约专家编著的157种。至此,课程标准、教材标准得到统一,中国大学课程无中国特色、无中国教材的局面得到改变。

五、统一教员资格审查和评聘标准

抗战前,国民政府便曾试图统一教员资格,并颁布了《大学教

---

[1] 毛礼锐、沈灌群:《中国教育通史》(第五卷),山东教育出版社1988年版,第293页。

员资格条例》，但实际上等于一纸空文，各校始终都是根据自己的传统和学术地位来聘请教员。1940年10月，教育部颁布了《大学及独立学院教员聘任待遇暂行规程》，将教员分为教授、副教授、讲师、助教四级，并对其资格、待遇、审定办法与升等年资进行了详细的规定，对于学术上有特殊贡献，而其资格不合于教授或副教授规定者，经教育部学术审议委员会四分之三以上通过者亦可聘任为教授或副教授。这些措施使那些有资历、有特殊成绩、有著作的助教、讲师能按规定晋升为副教授和教授，打破了以前以"留洋回国"为标准的既定规定，极大地调动了教师的积极性，提高了学校的教学质量和科研水平。为强化教师管理，教育部还要求各校教员将其资格送审，以后各校都将按照教育部审订的这一资格等级来聘任，并按这一等级来发放相应的薪俸等。同时教育部还规定，专科以上学校教师，由校长依照教育部审查合格的等级聘任，并需要检验所得的审查合格证书。从1940年开始办理教员审查到1947年10月止，教育部审查合格的专科以上教师，共28批，其中教授共有2563人、副教授1205人、讲师1962人、助教2497人、共8227人。[1]

六、配合抗战需要，积极服务抗战

1. 成立战时服务组织

为使战时服务组织得当，调度有方，当局创设了一些组织机构，办理各项高教事宜。1938年7月，国民参政会通过的《各级教育实施方案》规定："教育部应约请中央有关经济建设各机关如：财政

---

[1] 熊明安：《中华民国教育史》，第277页。

部、经济部、交通部、内政部、军政部等组织中央建教合作委员会，共同商定建教合作办法"[1]，为此成立了中央建教合作委员会，陕西、甘肃、浙江等地还成立了省建教合作委员会，规定其任务是：加强"与国防及生产建设之联络"，负责"毕业生服务之分配"及"各方需要技术人员种类及数量之调查登记"等。[2]1940年3月，军委会成立"国民政府军委会战地失学失业青年招致训练委员会"，1944年独立设置，办理接待包括高校失学青年在内的失学失业人员。至1945年，该会分发专科以上学校学生15977人从军。[3]众多失学青年纷纷要求政府救济，教育部就此问题，下令各省教育厅设立战区学生招待处，将前来登记的失学学生，按其志愿，或转到可办行的高校借读，或介绍到一些部门工作。当时军医署、后工署、公路处、航空委员会、资源委员会均接纳过此类失学学生参加工作。中央军官学校、替官学校、航空学校、炮校也从中招收了一批学生。另外，教育部呈准军事委员会成立青年战地服务训练班，待招收的学生毕业后，将他们分配到各部队担任训政、民众训练等工作。此外，为给战时教育提供舆论支持，1937年9月25日，《战时教育》旬刊在上海创办，同年10月30日，《战时大学》周刊在上海创办。

2. 教学科研服务社会

为紧密配合抗战，服务抗战，国民政府在大学教学科研等方面特别重视与社会实际的紧密结合，尤其是加强工、农等实科类的教

---

[1] 《国民参政会文件汇编》，民团周刊社1938年编。
[2] 教育部编：《教育法令汇编》（第四辑），第6—7页。
[3] 沈云龙：《第二次中国教育年鉴》（六）十三·战区教育，台湾文海出版社有限公司，第1373页。

学和科研，顺应时势地培养应用型技术人才以满足抗战和开发西部的需求。在课程设置上，教育部指令各高校开设了许多有关抗战教育实用学科、专修科和有关的专业技术课程。如理科设毒气化学、精制炭油、火药学；工科设兵器学、筑城学、防空学；医科设战时救护、军事看护、绷带法；农科设移民屯垦、粮食管理；文科设孙吴兵法、历史战争史料、民族运动；法商科设战时经济学、战时财政、战时政府等。[1]此外，积极开设航空工程、电讯管理、运输管理、气象等系科和轮机、航海等适用于战时急需的专修科。据统计，各高校为响应当局指示，开辟有关抗战需要的各种科目30余种，公私立各大学附设汽车、采矿、机械、化验、卫生、统计等专修科45种、77科，皆属战时需要设立之学科。[2]为了满足国防建设需要，部分高校则根据自己的学科优势增设了不少课程。如西南联大的工学院就增开了航空工程学系和电讯专修科，土木系和机械系增开了堡垒工程、军用桥梁、军用结构、兵器学。[3]中山大学就在工学院的土木工程系增开了军用土木工程、军用工程学，电机工程系增开汽车驾驶及修理法、飞机修理、兵器概论，文学院中文系增开抗战文艺、历代抗敌诗选，史学系增开抗战史料、中国近百年史、近七十年中日交涉史等。[4]再如金陵大学，经济系设有交通经济、战时财政两门课程，历史系设有日本史、边疆问题概论两门课程。在科学研究上，各大学配合抗战进行了许多军事问题的研究。如1939年，各大学就曾研究解决军政部函送的有关业务问题20项，

---

[1] 陈立夫：《全国高等教育概况》，台湾商务印书馆1973年版，第102—106页。
[2] 陈觉玄：《中国大学教育往何处去》，《大学》，1944年1月3卷1期，第28页。
[3] 清华大学校史编写组编：《清华大学校史稿》，中华书局1981年版，第359—361页。
[4] 梁山：《中山大学校史》，上海教育出版社1983年版，第90—91页。

城塞局送来的工程问题 4 项，军医署送来的毒气预防等问题。1940年冬，各大学又应军政部的要求研究山芋、茅根、汾酒能否制成汽油的问题。[1] 清华大学也曾与航空委员会、军事委员会、资源委员会、中央研究院、化学研究所及实业部地质调查研究所相配合，先后设立了农业、航空、无线电、金属、国情普查 5 个特种研究所，直接为军事服务。[2]

3. 制定从军办法

国难当头，青年学子的爱国热情高涨，部分学生弃笔从戎，奔赴到抗日战争的最前线。他们有的参加了国民政府组织的青年军，有的直接投奔陕北和中原等解放区参加中共领导的抗日斗争。1940年 3 月，军委会成立"国民政府军委会战地失学失业青年招致训练委员会"，1944 年独立设置，办理接待包括高校失学青年在内的失学失业人员。1940 年至 1945 年，该会分发专科以上学校学生 15977 人从军。[3]1944 年 5 月，教育部颁布了《高中以上学校学生志愿从军办法》，规定已参加正规军队以及志愿从军者，除由原校"保留学籍"外，对取得功勋者，"除由军事机关依法叙奖外，并由教育部核发奖章或奖状"；对于殉职者，"除应受政府规定之荣誉外，应由原校在校内建立碑碣，以留纪念"；特别是"志愿从军学生之姓名及服役事迹，在中央由教育部编入抗战史料，教育年鉴或教育史内，在地方由各省市教育机关搜集编入省、市、县志内，以资历宣扬，具

---

[1] 《抗战时期之大学教育》，《革命文献》（第 60 辑），第 192、201、207 页。
[2] 清华大学校史编写组编：《清华大学校史稿》，第 377—389 页。
[3] 沈云龙：《第二次中国教育年鉴》（六）十三·战区教育，第 1373 页。

有特别功勋者,由教育部呈请行政院明令褒扬"[1]的规定颁行后,广大青年学子纷纷参军参战的热情更加高涨。

4. 推行劳动服务办法

各大学积极参加战时后方服务,学生们在课余协助后方各部门主管机关承担了包括宣传、警卫、纠察、交通、救护、救济、防空、消防、募集与慰劳等项任务。抗战爆发初期,国民政府就将全国医药专科以上学校组织成"医教救护团",有组织地实施军队救护工作,并特别规定医学院五、六年级学生和专科四年级学生,应一律优先应调服务。各医学院或大学医学系为救护、医治伤病员作了大量的工作。他们建立许多红十字临时救护医院,收治在前线抗战受伤的伤病将士和受难同胞。一些医学院校还积极研制战时急需的医疗器材和药品,满足了抗战对医疗救护方面的需求。同时,各内迁高校还与广大爱国民众一起掀起了捐款献物、共赴国难的热潮。从1939年7月起,又对所有医药专科以上学校的学生,全部征调从事军医工作。数年之内,这类大学毕业生不下3000人。从1941年起,国民政府又因美国空军来华及中国远征军出国作战,多次展开了对翻译人才的征调。到战争结束时,此类学生已达3600人左右。同时,国民政府也大量展开了对工科与法科学生的征调。1941年,因川、赣两省建筑军用机场,征调大学工科四年级学生前往工作。从1943年度起,每年征用全国学校各级工程学科毕业生的10%为军事工程人员。从1944年度起,每年征用法律学系毕业生的15%为军法人员。[2]

---

[1] 浙江省教育厅编:《中等教育法令汇编》,1944年编印,第132—133页。
[2] 《抗战时期之大学教育》,《革命文献》(第58辑),第25、62页。

七、抗战时期的留学教育

抗战爆发后，中国的留学教育形势发生了很大的变化，激于爱国义愤，战前派遣的近半欧美留学生（有 2500 名左右滞留海外）纷纷回国，旅日的 6000 余名留学生几乎全部毅然回国，投入抗战。据不完全统计，抗日战争爆发的第一年，归国效力的留学生总数约 8000 人。[1] 战时回国的留学生在教育、科技、文化等战线发挥了积极作用。总体而言，进入教育界的为数最多，大大充实了抗战时期的师资队伍。从流向上来看，战时的归国留学生除大部分前往大后方外，也有不少人转赴延安。

从战时国民政府的留学政策而言，在抗战初期和后期亦有很大的不同。抗战初期，由于经费严重紧缺，外汇尤其匮乏，国民政府实行了严格限制的政策。在 1938 年 4 月通过的《战时各级教育实施方案》，首次提出要把留学纳入国家教育的整体计划体制中来考虑，改变战前的盲目性和无序性，对自费留学亦表示加以限制，引导其适应国家教育的发展。其中第十三条规定："改订留学制度，务使今后留学之派遣，成为整个教育计划部分，而于私费留学亦加以相当统制，革除过去分歧放任积弊。"[2] 此时，特准的外汇奖学金或补助费者，仍可出国，但专业有了具体的限制。1938 年 6 月，国民政府教育部与财政部会商拟订了《限制留学暂行办法》，从学习科目、服务年限、工作和研究实绩等方面对公费、私费出国留学作了限制。其中规定凡选派公费留学生及志愿

---

[1] 孔繁岭：《抗战时期的中国留学教育》，《抗日战争研究》2005 年第 3 期。
[2] 第二历史档案馆编：《中华民国史档案资料汇编》（第五辑）第 15 页。

自费留学生，研究科目一律以军、工、理、医各科有关军事、国防为目前急切需要者为限。并规定留学生资格需公私立大学毕业后，曾继续研究或服务二年以上，著有成绩者。并规定现在国外留学生，未领留学证书者，请求外汇时，教育部一律不予证书，其愿即行回国经驻外大公使馆证明属实者，得呈请教育部发给回国旅费外汇证明书。[1] 此后，国民政府于1939年4月通过了《修正限制留学暂行办法》，实行了更为严苛的留学政策，其中第一条规定："在抗战期内，公费留学生，非经特准派遣者，一律暂缓派遣；自费留学生，除得有国外奖学金，或其他外汇补助费，足供留学期间全部费用，无须请购外汇者，一律暂缓出国。"第六条规定："已在国外之公费生，所习科目非军、工、理、医有关军事国防之科学，而出国已满三年者，应令即行回国，但出国未满三年，而成绩不佳者，得令提前回国。"第七条规定："已在国外之自费生如成绩不佳，应令提前回国。"[2]

抗战后期，为培养战时人才并以备战后之需，解决战争初期实行留学限制政策所带来的人才专业结构的失调及文、哲科人才严重缺乏的现状，国民政府鉴于国际形势好转，实行了突破限制，较大幅度增加出国留学派遣数量，并把重点放在培养高级技术专精人才和业务管理人才上的留学政策。1943年4月，教育部拟订了《留学教育方案》和《三十二年度教育部遣派公费留学英美学生计划大纲》。其中教育部《留学教育方案》规定："修订限制留学办法为战时留学办法"，"留学生之派遣，以适应实业计划实施之需要，培植

---

[1] 王春南：《抗战时期的中国留学教育》，《南京大学学报》1993年第4期。
[2] 第二历史档案馆编：《中华民国史档案资料汇编》（第五辑），第865—866页。

高级技术专精人才及业务管理人才为主要方针，同时顾及国家各项建设之需要，并造就高等教育师资"。计划从1943年至1947年，由教育部每年选派公费留学生1000名，自费留学生每年亦1000名，在5年之内，公费自费留学共1万名。[1]1943年10月，《教育部国外留学自费生派遣办法》出台，规定"自费留学生派遣人数"，"暂以六百名为最高额"。[2]次年4月，教育部又颁发《大学教授、副教授自费出国进修办法》，规定在抗战期内，除研究社会学科者外，"现任各大学教授、副教授，其资格曾经本部审查认可，并任职满5年以上，所教授或研究之学科确有出国进修之必要，而自行筹足经费者，准予出国进修"，进修时间"以两年为限，并应如期返国服务"。[3]

八、确立沦陷区教育指导原则

国土的占领和对中国文教机构的损毁并未使日本放松对中国民族文化的清洗。"九一八"事变之后，尤其是全面抗日战争爆发后，侵华日军一方面对沦陷区各阶层群众灌输奴化思想，在统治区内大肆推行汉奸文化，对中国民众实施思想控制和殖民地奴化教育，另一方面又与中方争夺民众，特别是青年学生，试图摧毁中国人民的民族意识和爱国热情。日军在破坏与摧残沦陷区原有教育的同时，开始建立它的殖民地教育体系。1932年3月1日，由日本一手扶植的伪"满洲国"政权成立，在中国东北一带沦陷区实行的教

---

[1] 王焕琛：《留学教育——中国留学教育史料》，台湾编译馆1980年版，第2084—2087页。
[2] 第二历史档案馆编：《中华民国史档案资料汇编》（第五辑），第872—873页。
[3] 同上书，第875页。

育方针为:"重仁仪礼让,发扬王道主义,对于人民生活方面,力谋独立安全;交谊方面崇尚自重节义;而对于世界民族,以亲仁善邻共荣,以达于世界大同。"[1]企图利用中国的封建思想来调和东北青年对日寇入侵的仇恨心,使之在行动上化敌为友,和侵略者讲仁仪礼让,从而达到使东北年轻一代驯服于日本统治的目的。日本于1933年开始对教育进行所谓调整,在高等教育方面,则代之以为强化伪政权的统治培养军政警宪的养成所或专门学校,如"资政局训练所"、"政法学校"、"中央陆军训练处"、"警察学校"等。在教学内容方面,凡是不利于日本侵略的教材一律予以废除,据统计,被废除的教材达156种。在其教材内容中,却充满了歌颂日本侵略者,歌颂所谓"王道乐土",以及伪帝溥仪的所谓"诏书"、"赦谕",其他汉奸们的所谓"声明"、"宣言"等颠倒黑白、认敌为亲的奴化青年的滥调。[2]

在文化教育领域同样以恢复"固有的文化道德"为名提倡尊孔读经,争夺对传统文化进行解释的话语权。1937年5月,伪"满洲国"政府公布了《学制纲要》并明确"以咸使体会日满一德一心不可分之关系及民族协和之精神,阐明东方道德,尤致于忠孝之大义,涵养旺盛之国民精神,陶冶德性,并置重于国民生活安定上所必须之实学,授予知识技能,更图保护身体上之健康,养成忠良之国民为教育方针"。[3]把这一时期方针与1932年初期相比,"重仁仪礼让",变成"忠孝大义","亲仁善邻共荣"变成了"日满一德一心","达于大同"变成"养成忠良之国民",其殖民地性质更加典型化了。此

---

[1] 《满洲教育》第1卷第1号,1934年1月。
[2] 李桂林:《中国现代教育史》,吉林教育出版社1991年版,第271页。
[3] 《满洲教育》第3卷第6号,1937年6月。

后，无论"临时政府"还是"维新政府"，其实质都是"汪伪政权"办理的殖民教育。1938 年 5 月，临时政府公布了所谓伪维新政府教育宗旨："维新政府之教育以恢复中国固有之道德文化，吸收世界之科学，养成理智精粹、体格健全之国民为宗旨。"[1] 企图以传承国民教育正统自居，然而与之对应的是，在 1938 年 7 月 19 日，日本内阁会议通过《从内部指导中国政权的大纲》即明言："对于抗日思想泛滥的现状，必须一面以威力为后盾，打开局面，一面提高国民经济，收揽人心，恢复东方文化，确立指导精神，恩威并施，以促进一般汉民族的自发合作。"[2] 故而，这也决定了伪政府所谓的正统教育方针徒有虚名。

民族危亡的焦虑压倒了对自由民主的诉求，民族主义成为一种强势的思潮。在与日军争夺沦陷区的斗争中，国民政府本着"在沦陷区域之各级教育应利用种种方法使其继续维持，以适应抗战需要，而延绵文化之生命"的目的。1938 年底国民政府拟定了《沦陷区教育设施方案》，并筹组了"教育部战区指导委员会"，作为进行沦陷区教育的领导机构，将沦陷区分为 50 个教育指导区，选派"意志坚强，思想端正，具有牺牲精神及教学经验"的教育指导员 28 人分赴平、津、苏、皖等地，从事战区教育指导工作。1939 年又正式成立了"教育部战区教育指导委员会"，并确立了四项指导原则：（一）利用各种方法，继续维持战区各级教育；（二）联络战区教育界忠贞人士，并设法组训之，使其为抗战而努力；（三）联络忠贞

---

[1] 中国第二历史档案馆编：《伪维新政府一九三九年度之傀儡剧》，国民政府教育部档案五（2），1940 年 3 月，第 635 页。

[2] 复旦大学历史系编：《日本帝国主义对外侵略史料选编（1931—1995）》，上海人民出版社 1975 年版，第 272—273 页。

于国家被逼服务敌伪中小学教师以消灭"奴化教育"之效能,进而提倡民族国家意识;(四)招致失学失业青年受训,分别辅导就学就业,以免敌伪利用。[1]

抗战时期国民政府所实施的一系列教育宗旨及方针政策,有着显著的价值倾向和价值目标。它一方面符合了高等教育的内在规律,使得这一时期的高等教育得以保存和连续发展而不致中辍;另一方面出于阶级特性,国民政府竭力维护自己统治地位的主流教育,这也在一定程度上必然抵制了高等教育中虽合乎历史潮流却有害于其统治的民主教育思想。国民政府价值取向和价值目标的这两层含义,导致了方针、措施的双重效果:前者使高等教育在质量上提高,在数量上发展了;而后者则抑制了相关高等教育方针、措施的充分开展,使得方针、措施流于形式化、表面化。

第三节 抗战时期中国高等教育的区域布局

高等教育在空间上的布局一般受制于政治、经济、文化和人口等诸多因素,由于高等教育的发展与地区经济发展存在相互促进的关系,因此如何实现高校区域合理布局,必然成为国家发展教育的政策选择。[2] 随着战时的一系列调整,西部等后方区域的高等教育获得了极大的发展,从而初步改变了战前中国高等教育区域布局极不合理的状态。

---

[1] 教育部教育年鉴编纂委员会编:《第二次中国教育年鉴》(第一编),第9页。
[2] 王荔等:《抗战时期大学内迁与高等教育的布局调整》,《云南师范大学学报》(哲学社会科学版)2010年第4期。

一、抗战前中国高等教育的区域布局状况

抗战前，中国西部广大地区的政治、经济、文化教育较之东南沿海地区，还存在较大差距。1927—1937 年间，是一个较以前军阀混战时期相对稳定的一段时间，由于政权相对统一，经济与社会得到了一定程度的发展，这一时期的高等教育明显获得了新的进展。截至 1930 年，中国共有大学 39 所，学院 17 所，专业学校 23 所。在大学和学院中，有 15 所是国立院校，18 所是省立院校，23 所是私立院校。[1]1931 年，全国 103 所专科以上高校共 187 个学院，学生总数 44167 人。[2] 据统计，1928 年全国公私高等学校有 74 所，学生 25196 人。1936 年大学达到 108 所，学生增至 41922 人。[3] 由于经济、文化、历史等方面原因，战前中国高等院校区域布局极不合理。无论是国立、私立还是教会学校，绝大部分集中于华北、华东、东南沿海沿江的沪宁杭与平津等几个主要城市以及若干通商口岸、富饶地区，仅北平、天津、上海三市就占 46 所，在校学生则占全国总数约三分之二。这些地区是我国资本主义工商业开发较早的工业和经济中心，而在相对落后的广大中西部地区，特别是云、贵、陕、甘、川等边远省份，教育尤为落后，高等院校则分布较少。这种现象有其历史和复杂的政治经济原因，但与政府缺乏高等教育均衡发展的政策也不无关系。

据 1931 年国民党政府统计：在全国高校地域分布中，上海有 22 校，北平有 15 校，广东、河北两省各 8 校，湖北、山西各 6 校，江

---

[1] 周予同：《中国现代教育史》，第 229—234 页。
[2] 李兴华：《民国教育史》，第 604 页。
[3] 教育部教育年鉴编纂委员会编：《第二次中国教育年鉴》，第 1400 页。

苏 5 校，浙江、江西、福建各 4 校，湖南、广西、云南、河南、山东、辽宁各 2 校，安徽、四川、新疆、甘肃、吉林、察哈尔各 1 校。其余热河、绥远、陕西、贵州、青海、宁夏、西康、西藏、黑龙江、内蒙古 10 省则无一专科以上学校。同一年，专科以上在校学生为 44130 人（外籍 37 人除外），其籍贯人数以江苏省最多为 6647 人，内蒙古最少为 2 人。福建全省人口估计为 1000 万，有专科以上学生 2609 人，平均每百万人口有学生 261 人，居全国第一位。其次为辽宁 197 人、江苏 95 人、山西 195 人、广东 180 人、河北 137 人、吉林 133 人、安徽 88 人、黑龙江 88 人、广西 79 人、察哈尔 67 人、江西 66 人、山东 65 人、四川 60 人、湖南 50 人。不足 50 人者有湖北 49 人、绥远 49 人、河南 40 人、陕西 31 人、甘肃 26 人、新疆 25 人、云南 24 人、宁夏 17 人、西藏 14 人、热河 13 人、贵州 12 人、青海 11 人、西康 7 人、内蒙古 3 人。[1] 总体来看，中国高校主要集中于东部沿海地区，截至 1934 年，上海有 24 所高校，在全国 110 所高校中占 21%，居于首位。北平 17 所，占 15.5%，位居其次。在省立高等学校中，河北的高校数最多，以 9 所居于首位（占 8.2%）；广东以 8 所位居第二（占 7.2%）。四川有高校 4 所，湖南、广西各 2 所，新疆、陕西、甘肃和云南等边远省份，各省只有各类学校 1 所，通常是 1 所省立大学或技术专科学校，而贵州竟一所也没有。[2] 由上可见，此时高等教育地域布局之极端不平衡。

针对中国大学过分集中、地理分布不合理的问题，1931 年国联教育考察团来华考察教育后，于 1932 年提交考察报告《中国教育之

---

[1] 毛礼锐、沈灌群：《中国教育通史》（第五卷）第 294—295 页。
[2] 〔美〕费正清、费维恺：《剑桥中华民国史（1912—1949）》（下卷），中国社会科学出版社 2006 年版，第 390—392 页。

改进》中文版，很快就在国内引起极大的反响和争议。其中关于主张整理大学、合理设置大学的呼声不断。1932年11月，时任教育部部长朱家骅在"九个月来教育部整理全国教育之说明"中指出，"院系铺张与骈置一事，实为充实内容调节发展中亟须解决者……同一区域内设置同类学院须视其是否超过需要，如为超过需要即为骈设，应予限制"，"除改订大学组织法外，对于骈设院系，力争取缔裁并，尤拟修改大学规程，设法规定，以示限制"。[1] 这一提议体现于1936年5月5日国民政府颁布的《中华民国宪法草案》中，明确将高等教育的区域分布与教育公平问题并举。然而，真正有切实的解决措施和行动主要始于抗战期间，由于当局根据时局作出了内迁的战略部署，并在组织机构和经费上采取了一系列措施，力图将教育的发展纳入统一的管制之下，而战争的威胁也使得大学依赖政府的程度加强，这就为政府调控高校的布局提供了契机。[2] 1938年1月，陈立夫对高校设置提出了明确的要求："对于各级学校教育力求目标之明显并谋各地之平均发展……在设置地区上，过去往往集中于都市，以致成为地区上畸形的发展，边区及内地有求过于供的现象，沿海及交通便利的都市，则学校林立，师资人才因分散于各校而不能集中，物力设备因学校过多而不免苟简，而且投考入学的学生人数是一定的，学校太多，则为了维持经费之故，学生程度因入学试验不能一致严格，而无形降低，尤其是战时学校集中易于受敌人的破坏。所以今后当力顾地区上的平均发展，以便提高内地边

---

[1] 教育部编：《第一次中国教育年鉴》（丙编）"教育概况"，1933年，第15—16页。
[2] 王荔等：《抗战时期大学内迁与高等教育的布局调整》，《云南师范大学学报》（哲学社会科学版）2010年第4期。

区的文化水准。"[1]

在1936—1937学年我国的108所高校中,有42所综合性大学(国立13所、省市立9所、私立20所),36所独立学院(国立5所、省市立9所、私立22所),30所专科学校(国立8所、省市立11所、私立11所)。按规定,综合性大学可辖文、理、法、工、农、商、医、教育(师范)八个学院,凡具备三个以上学院的称为大学(但这三个学院必须包括理学院或农、工、商学院之一;不足三个学院的学校为独立学院),共有师生5.4万人。在108所高校中,因校舍遭受日寇占领、轰炸、破坏,大多数师生不愿意做亡国奴而被迫迁移者,达94所,占80%以上;其中一部分合并或解散。留在原地者仅有14所,主要是一些有西方背景庇护的教会学校如北平的辅仁、燕京、协和医学院,上海的圣约翰、沪江、震旦大学等,以及在上海尚未卷入战火的"孤岛"外国租界地区的大同、光华、交通大学等。粗略估计,抗战八年,内迁高校累计达100余所,搬迁次数超过200余次之多。1937—1938学年,我国高等院校数目下降了16%,减为91所,在校学生下降26%,减为31188名,几乎下降到1929年的规模。

从抗战前中国高等教育的区域布局分布可以看到,抗日战争前我国高等学校的区域分布是极不合理的,也极不平衡,这种布局是既有的政治、经济、文化、人口和地理区位等多种因素共同作用的结果,既不利于我国中西部地区政治、经济、科技文教事业的发展,也阻碍和制约了其近代化进程。同时,高校云集在东部沿海沿江等工业和经济发达地区,这些地区又在以后的抗日战争中成为日寇对

---

[1] 杜元载:《革命文献》(第58辑),第23页。

我侵略的重点目标。因此我国高校的这种不平衡布局对大规模的抗战是极为不利的，无疑会使我国初步形成的高等教育文化事业遭受到战争的巨大破坏，也平添了即将到来的大规模抗战的艰巨性和复杂性。[1]

二、抗战期间中国高等教育的区域布局情况

抗战爆发之后，随着大批高等学府和一些科研院所的纷纷西迁，西部的各内迁地除少量的原有地方高校外，一时间高校猛增。战前中国高等院校布局极不合理的局面因抗战期间高校的大规模内迁而有所改变，从而使国统区高等学校的分布开始出现了较为均衡的局面。"使我西南西北僻边远省份之文化水准迅速获得提高，此不仅使我国学术文化得以维系发皇，同时更达成地域文化之大融合，增进组之互信与团结，其影响至深且久。"[2]具体的迁移分布如下：[3]

抗战期间陪都重庆增加的内迁高校主要有：交通大学、中央大学、复旦大学、三江大学分校、上海医学院、北平朝阳学院、江苏省医政学院、上海沪江大学、吴淞商船专科学校（后改名重庆商船专科学校）、东吴大学法学院、武昌中华大学、湘雅医学院、国立艺术专科学校、中央政治学校、中央工业专科学校、南京国立药学专科、南京戏剧学校、上海立信会计专科学校、两江女子体育专科学

---

[1] 刘韦：《抗日战争期间我国高校内迁研究》，安徽师范大学硕士学位论文，2006年5月，第4页。
[2] 杜原载：《抗战时期之高等教育》（《革命文献》[第60辑]），第2页。
[3] 唐正芒：《抗战时期的高校西迁述论》，《云梦学刊》2002年第5期。

校、武汉医药技士专门学校、文华图书馆专科及南开大学经济研究所计22所。

抗战期间四川增加的内迁高校主要有：迁往成都办学的中央大学医学院及农学院畜牧医药系、燕京大学分校、北平朝阳学院、上海光华大学分校、金陵大学、齐鲁大学、华西协和大学、北京协和医学院护士学校、上海民治新闻专科学校。此外，迁往四川其他地方的高校还有武汉大学（乐山）、江苏省蚕桑专科学校（乐山）、国立艺术专科学校（璧山）、江苏省立教育学院（璧山）、交通大学分校（璧山）、同济大学（宜宾、南溪）、山东大学（万县）、蒙藏学校（后改为国立边疆学校，万县）、上海法学院商业专修科（万县）、中央工业专科学校（万县）、山东药学专科学校（万县）、山东医学专科学校（万县）、东北大学（川北三台）、南京佛学院（江津）、正则艺专（江津）、武昌艺专（江津）、南京戏剧学校（川南江安）、山西工农专科学校（金堂）、国术体育专科学校（北碚）、东亚体育专科学校（泸县）计29所。

抗战期间云南增加的内迁高校主要有：迁往昆明的北京大学、清华大学、南开大学（三校合组西南联合大学）、国立上海医学院、国立国术体育专科学校、国立艺术专科学校、国立同济大学、私立北平中法大学、国立中正医学院；此外，迁往云南其他地方的还有国立中山大学（澄江）、私立武昌华中大学（大理）、中央政治学校分校（大理）、广州协和神学院（大理）计11所。

抗战期间贵州增加的内迁高校主要有：浙江大学（遵义、湄潭）、国立交通大学唐山土木工程学院（平越）、国立交通大学北平铁道管理学院（平越）、大夏大学（贵阳、赤水）、湘雅医学院（贵阳）、军政部南京军医学校（安顺）、江苏省医政学院（贵阳）、之江大学分校（贵阳）计8所。

抗战期间广西增加的内迁高校主要有：国立同济大学（桂东贺县）、私立武昌华中大学（桂林）、国立国术体育专科学校（桂林、桂南龙州）、无锡国学专修馆（桂林、北流）、江苏省立教育学院计5所。

抗战期间陕西增加的内迁高校主要有：由北平大学、北平师范大学、北洋工学院合组西安临时大学（含河北女子师范学院，后合组西北联合大学，先后迁西安、汉中、南郑）、东北大学（先后迁北平、开封、西安、川北三台）、山西工农专科学校（西安）、焦作工学院（西安，后又迁甘肃天水）、山西大学（宜川）、河南大学（宝鸡）计9所。

此外，原本在西部地区创办的高校后又再迁移的主要有：四川大学（由成都迁峨嵋）、云南大学（理、工、农学院分别由昆明迁至嵩明、会泽、呈贡）、贵阳医学院（迁重庆）、贵阳师范学院（迁遵义）、西北师范学院（由陕南城固迁兰州）、广西大学（由桂林先后迁桂东融县、黔南榕江）、桂林师范学院（先后迁桂北三江、贵州平越）、贵州农工学院（后改为贵州大学，工学院迁安顺，后迁遵义）、广西军医学院（先后由南宁迁桂西田阳，后改为广西省立医学院，再迁桂林，又分路迁昭平、贺县、融县和三江）、陕西省医学专科学校（由西安迁南郑）、国立中央艺术专科学校（由成都、南充迁乐山）计11所学校。

抗战之前，西部地区教育连中小学也处在风雨飘摇之中，职业教育、社会教育、高等教育更是寥若晨星，无从谈起。据统计，战前西南高等教育机构不及全国的5%。[1] 云南、广西等省的高等教育

---

[1] 袁源：《抗战时期高校内迁对西南教育的影响》，《贵阳金筑大学学报》2005年第3期。

至为落后，专科以上学校仅有 1—2 所，而陕西、贵州等省高等教育甚至还是空白。即便是地居要冲、得风气之先的四川，至战争开始时，也仅有国立四川大学、重庆大学、省立教育学院、私立华西协和大学 4 所。由于战时特殊时代背景与历史使命的需要，西南地区逐渐成为政治中心，昆明、成都的高等教育也获得较快发展。大量内迁高校云集西部办学，广大的西南、西北地区高等教育得到了快速的发展，全国的教育重心也转移至此，为广阔的西部注入了新鲜血液，为内迁地的现代化发展提供了千载难逢的历史机遇。[1] 但是我们也必须看到，随着抗战胜利后内迁高校的陆续复员，全国性的高等教育布局不合理，资源分配不均衡的状况并没有得到实质性的改善，这也在很大程度上体现了这一时期全国高等教育区域布局的暂时性及不稳定性特点。

第四节　抗战时期中国共产党领导下的抗日民主根据地高等教育

1937 年 9 月 22 日，国民党中央社发表了国共合作宣言，以国共合作为基础的抗日民族统一战线正式宣告形成。为适应革命战争需要，中国共产党除巩固陕甘宁边区外，还深入敌后陆续建立了晋察冀、晋冀鲁豫、晋绥、山东、华中、鄂豫皖、东江、琼崖等抗日民主根据地，实施了教育为革命战争和政治斗争服务的抗战教育政策，

---

[1] 莫宏伟：《论高校内迁对西南地区教育近代化的影响》，《贵州民族学院学报》(哲社版) 2003 年第 3 期。

采取了"干部教育重于社会教育"的新制度，通过实行新制度、新课程，用革命方法创办了许多类型的学校，不仅为战争和建设培养了大批人才，也把新民主教育推向蓬勃发展的新阶段。

一、抗日民主根据地高等教育的方针政策

1. 国防教育政策的实施

与国统区实行"战时教育平常看"的教育宗旨相对应，中国共产党实行了较为彻底的国防教育政策。1938年11月29日，《新华日报》发表了《使教育学术为神圣抗战而服务》的社论，提出"目前教育学术的总方针"是"必须着重加强国防力量之培养，增进抗日救国人才造就，彻底实行国防教育政策"，认为需要培养大批的国防工业和军事技术人才，为此"学校教育无论自然科学、社会科学，均须以少而精为原则，以速成而能实用为原则"；"真正用孙中山先生争取民族独立、民权自由和民生幸福的理想去教育中国青年一代，激发他们为民族独立自由解放而奋斗的牺牲精神"。[1] 就抗战时期文化教育的方向，毛泽东在《论反对日本进攻的方针、办法和前途》中指出：只有实行坚决抗战的方针，采取一整套坚决抗战的方法，才能达到一个驱逐日本帝国主义，实现中国自由解放的前途，坚决抗战的办法之一就是实行"国防教育。根本改革过去的教育方针和教育制度，不急之务和不合理的办法，一概废弃"[2]。

早在抗战全面爆发之前，中国共产党就提出了国难教育思想。

---

[1] 杨东平：《艰难的日出：中国现代教育的20世纪》，第97—98页。
[2] 《毛泽东选集》（第二卷），人民出版社1968年版，第320页。

1936年6月1日发表的《抗日救国初步政治纲领》指出："推行国难教育的范围，不专限于学生，而要普及工农兵学商；国难教育的方式，不应该是形式化，机械化，千篇一律的军事训练，而必须能够多方面的适应每一个人的社会本质和职业任务；国难教育的作用，积极的在提高民众的抗敌情绪，训练民众抗敌技术，消极的须消灭种种一切的汉奸理论，如唯武器论，物质对比论等。"1937年8月洛川会议通过的《抗日救国十大纲领》除强调"以抗日救国为目标"这一方针外，还要求要"实行普及的义务的免费的教育方案，提高人民民族觉悟的程度，实行全国学生的武装训练"。1938年，中共中央作出了《实行国防教育政策，使教育为民族自卫战争服务》的决策，"教育为长期抗战服务，教育与生产劳动结合"成为中国共产党在抗日战争时期在抗日民主根据地执行的教育方针。至此，为抗战服务已成为中国共产党高等教育方针的主导思想，向干部和工农群众提供高度政治化教育，以期通过教育和宣传，用共产党的理论动员和组织人民也成为中国共产党教育的重点。

2. 确立为长期新民主主义革命服务的教育目标

"任何阶级或政党兴办教育，毫无例外旨在培养为本阶级或政党服务的人才。"[1]抗战时期的民主革命根据地教育所规定的教育发展目标，也不外乎与中国共产党在抗日战争时期所确立的新民主主义革命的总任务相一致，即对外推翻帝国主义的压迫，对内推翻封建地主阶级的统治。主要任务在于实行"民族的、科学的、大众的"

---

[1] 李桂林主编：《中国现代教育史教学参考资料》，人民教育出版社1987年版，第69—70页。

文化教育方针。1937年5月，毛泽东明确指出："政治上、军事上、经济上、教育上的国防准备，都是救亡抗战的必需条件，都是不可一刻延缓的。"[1]不仅强调教育事业在抗战的重要地位和不可忽视的作用，而且规定了教育必须为抗战服务这个基本方针。1937年8月，中国共产党在《抗日救国十大纲领》中，提出了"改变教育的旧制度、旧课程，实行以抗日救国为目标的新制度、新课程"[2]的抗日教育政策。实行抗战教育，使教育为抗战服务成为抗日民主根据地实施各项教育政策的总方针，也是根据地各级各类学校的行为指南。实施国防教育，造就抗战所需的各种人才，是抗日民主根据地各高等学校的首要任务。

革命战争时代需要培养具有革命性的人才。1944年5月，延安大学确定了其教育方针："本校以适应抗战与边区建设需要，培养与提高新民主主义革命即三民主义的政治、经济、文化建设的实际工作干部为目的。"[3]强调教育不但在于专门技术和知识的获得，且更注意学员的伟大品格。毛泽东在为陕北公学题词时更为明确地回答了共产党创办并领导的高等学校的培养方向问题，即"抗战教育的目标那就是要造就一大批人，这些人是革命的先锋队。这些人具有政治的远见；这些人充满斗争精神与牺牲精神；这些人是胸怀坦白的、忠诚的、积极的、正直的；这些人不谋私利，唯一的为着民族社会的解放，这些人不是狂妄分子，也不是风头主义者，而是脚踏实地富有实际精神的人们。中国要有一大群这样的先锋分子。中国

---

[1] 《毛泽东选集》(第一卷)，人民出版社1952年版，第247页。
[2] 《毛泽东同志论教育工作》，人民教育出版社1958年版，第34页。
[3] 中央教育科学研究所编：《老解放区教育资料》(二)上，教育科学出版社1986年版，第394页。

革命任务就能够顺利地解决"[1]。这种革命性的教育目标最终又聚焦于政治素质方面，即革命信念、革命目的、革命情操、革命意志、革命精神的人才培养的素质标准也反映了抗日民主根据地的高等教育培养目标。

3. 力行教育与生产劳动相结合的教育方针

居于残酷的战争环境及后方急需补充和提高干部素质，根据地高等教育根据需要缩短学制。延安大学各学院学制定为行政学院 2 年、鲁迅文艺学院 2 年、自然科学院 3 年、医药学系 1—2 年。陕北公学初办时学习期限为 2 到 4 个月。抗大的学制一般是半年或 1 年，只有抗大第八期学习时间最长，历时 3 年多。这些学校的学制，比通常意义上的 4 年制或 3 年制都要短。在教学活动中，课程设置少而精，突出理论性和实用性的结合，要求各校在课程的设置和教材的选编方面要选择最必需和最主要的。中共中央在《关于延安干部学校决定》中，对课程设置曾提出明确的要求：凡带专门性质的学校，应以学习有关该项专门的工作的理论与实际的课程为主。不须补习文化的学校，则专门课应占 80%，这就要求各校根据自己的教育目的和教育时间来设置必要的课程。[2]

抗日民主根据地的各高校重视教学实践，适时地组织学员参加抗日民主根据地的社会活动。学员们纷纷下乡、下部队、下基层，在文艺宣传、妇女工作团、征粮工作团和生产运动等实践活动中锻炼自己，积累素材，开展工作。在具体的教学中，生产劳动是教育

---

[1] 皇甫束玉：《中国革命根据地教育纪事》，教育科学出版社 1989 年版，第 129—130 页。
[2] 申绥改：《论抗日民主根据地高等教育的特点和地位》，华中师范大学硕士学位论文，2003 年 3 月，第 14 页。

计划的重要组成部分。如延安大学规定，学员除了学习外，生产劳动还应占学习时间的20%。[1]抗大设有"生产劳动委员会"，1939年开垦荒地17000亩，生产粮食100多万斤。[2]延安大学在1943年12月至1944年5月半年的时间内，由于生产劳动所得的经费数额占开支总数的一半以上，由于发展了生产事业，许多学校都已做到了半自给。各高等学校通过生产劳动不仅使学校在经济上自力更生，减轻人民群众的负担，更重要的在于它是实现知识分子与工农相结合，理论与实践相结合的重要途径。

4. 培养民主习惯，坚持党的领导和群众路线的教育政策

在根据地高等教育办学中，强调坚持党的领导和群众路线。1941年，中共中央在《关于延安干部学校的决定》中明确规定各校分别由中央部门来领导，如延大、鲁艺、自然科学院直属中央文委，并由中央宣传部协同各主管机关对各校课程、教员、教材及经费进行统一的计划、检查与督促。在加强党对于各级各类学校领导的同时，中共中央又强调走群众路线，"从群众中来，到群众中去"，实行领导与群众相结合。反映在学校管理中，各校充分发扬民主，注意调动广大师生的积极性，学校领导经常采取各种形式，倾听师生的意见，集中群众的智慧，总结经验，改进工作。许多学校还规定教师和学生的代表参加校务会，共同商讨管理学校大事。在教员工作中，提倡教员在教学中要向学生学习，要经常了解学生的思想、经验、情绪和要求，不断地改进自己的工作。[3]

---

[1] 中央教育科学研究所编：《老解放区教育资料》（二）上，第396页。
[2] 陈元晖：《老解放区教育简史》，教育科学出版社1981年版，第223页。
[3] 曲士培：《抗日战争时期解放区高等教育》，北京大学出版社2005年版，第6页。

抗日民主根据地的各高等学校采取了灵活多变的教学模式，力求实现教与学的统一。教学遵循的基本原则：一是少而精。"精"不是深，而是要求更适合于"理论与实际联系"、"学用一致"的原则，"少"教是为了学员"多"懂得一些，能"多"运用于实际中；二是理论联系实际。各高校在强调理论和实际联系的同时，坚决要求纠正过去那种不注重领会其实质而注重了解其形式，不注重应用而死读书的错误方向。[1] 各高校的教员还特别注意运用启发式教学，坚决废止"注入式"教学。针对学员程度参差不齐的情况，"因人制宜"地利用座谈会、讨论会，互相启发，集体研究。学员对学校有什么意见或建议，可以公开地向当局提议或以不记名意见书投到学校设立的意见箱里，学校也不断地征求吸收研究学员的意见，作为改进教育教学的参考。从教育计划、学习方法，直到日常生活、课外活动，都是经过民主讨论来执行。在这种民主自由的氛围下，教员与学员之间形成一种新型的民主平等关系，也促成了广大师生民主意识和民主习惯的形成。

5. 学校生活军事化的教育政策

为了适应抗战需要，各高校都非常重视军事的训练与学习，不但以革命的理论武装学员的头脑，还要以军事的知识和技术来武装学员的头与身体。[2] 讲授战略、战术等军事知识的军事课和严格的军事训练，是各院校学员的必修课程。他们一律按照军事编制，往往以临战的姿态进行严格的军事训练，并时常在深夜演习紧急集合和

---

[1] 申绥改：《论抗日民主根据地高等教育的特点和地位》，第16页。
[2] 同上书，第20页。

夜行军。敌后抗日根据地的高校生活更是完全战斗化、军事化、八路军化，学员甚至每天打起背包，随时准备参加战斗。"抗大"的军事教育，除了经常举行战斗演习、实弹射击之外，还不断地举行行军与野营演习。行军演习有战备行军、非战备行军、向敌、背敌和侧卫行军、派次行军、常行军、急行军、强行军。陕北公学学生在生活上也完全是军事化，起床、睡觉、集合、点名、出操，完全是军人样子的生活。女大学员入校后，每天从早4点半起床到晚8点熄灯，其间出操、吃饭、学习、休息，学习生活一律实行军事化。这种紧张而艰苦的学习环境磨炼了学员吃苦耐劳的品格，也培养了他们的乐观主义精神。

二、抗日民主根据地高等教育发展概况

特殊的战争环境和战争的紧迫需要，不允许抗日民主根据地创办4年制或3年制定型的学制教育，而必须实行新制度、新课程，以大学、学院、公学或干校为名，办新型的短训班式的革命高等学校。这一时期，办学影响较大的高等学校有：

中国人民抗日军政大学 它是1937年1月20日经国民政府批准设立的隶属于边区政府的一所为培养军事和政治干部而创办的学校，其前身为土地革命战争时期的中国工农红军大学。1938年底，抗大开始在山东、晋察冀、淮北、苏北、苏中、鄂豫皖、太行、太岳等敌后根据地设立了12所分校，1945年抗战胜利后挺进东北组成东北军政大学。"抗大"的课程设置有：社会科学、政治经济学、中国问题、哲学、战略战术、炮兵、测绘、地形、筑城、射击、救护、群众工作等。八年抗战中，"抗大"总校共办了8期，培养了1万多

名党政干部，加上各分校，共为国家培养了 20 多万优秀的抗日军政干部。

陕北公学 陕北公学于 1937 年 7 月成立于延安，是一所专为来延安求学和参加革命的青年学生开办的学校。陕北公学初设 5 个队，1938 年 1 月以后，学员迅速发展，两三个月陆续成立了 16 个队。[1] 之后，在陇海铁路和西安的关中分区设立了陕北分校。1939 年 7 月并入华北联合大学挺进敌后，1940 年 9 月该校又在延安续办，1941 年 9 月，陕北公学全部师生并入延安大学。陕北公学设置的课程有社会科学概论、抗日民族统一战线与民众工作、游击战争与军事知识、时事演讲等，在课程设置上是七分政治、三分军事，学校生活也实行军事化。陕北公学存续四年来，共培养了 1300 多名抗战干部。

鲁迅艺术学院 鲁迅艺术学院成立于 1938 年 4 月，是中国共产党为培养艺术工作干部而创办的一所综合性艺术高等专门学院。学院学制为 9 个月，先入校学习 3 个月，后赴各根据地实习 3 个月，再回校理论提高 3 个月。1939 年夏天，鲁迅艺术学院并入华北联合大学并开赴华北前线。同年 11 月，留在延安的部分师生恢复鲁迅艺术学院。1940 年后学制延长至 3 年。1943 年并入延安大学，成为该校下属的"鲁迅文艺学院"。"鲁艺"第一期设戏剧、音乐、美术三系，后又增设了文学系，合称为专修部，为"鲁艺"的主体教学单位，另设有普通部及研究部，并设有创作及演出的"鲁艺"实验剧团、"鲁艺"音乐工作团及"鲁艺"美术工场等。"鲁艺"办学五年来，前后招收五期学员总计 901 人。

中国女子大学 为培养妇女干部和吸收敌占区的爱国女青年参

---

[1] 成仿吾：《战火中的大学》，人民教育出版社 1982 年版，第 42 页。

加抗日救亡工作,中国女子大学 1939 年 7 月于延安成立。学校初建时,有学员 1000 余人。学校按照文化程度分编为普通班、高级班、陕干班和特别班。1941 年 9 月中国女子大学并入延安大学。女子大学课程分必修课和选修课,政治理论课为必修课,讲授社会发展史、政治经济学、马列主义、中国革命基本问题、哲学、妇女问题、世界革命战略、医药卫生常识等。选修课主要是结合妇女特点和妇运需要,对学员进行专门技能的培养,包括会计、速记、缝纫、新闻、音乐、文学、戏剧等。

华北联合大学 1939 年夏,陕北公学、鲁迅艺术学院、安吴堡战时青年训练班、延安工人学校四校合并成立"华北联合大学",10 月中旬在阜平县城南庄开学。初设社会科学、文艺、工人、青年四部,后改为社会科学、文艺、教育三个学院。1942 年在紧张而激烈的反扫荡斗争中缩编,仅保留教育学院直至抗战胜利。1945 年恢复社会科学、文艺两院的设置,1946 年又成立外语学院,1948 年与北方大学合并为华北联合大学。华北联合大学汇集在整整 6 年的时间里,先后在华北联合大学毕业的共 80 多个队(班),学生达 8000 余人,连同经过华北联大培养一个时期即分配工作的干部,人数逾万。[1]

延安自然科学院 为培养既通晓革命理论又懂自然科学的专业技术人才,1940 年 9 月,中国共产党在延安设立第一所理工科高等学校——延安自然科学院。延安自然科学院设有物理、化学、生物和地矿四个系,学制三年,设有机械实习工厂、化工实习工厂和化学实验室、生物实验室等机构。机械实习工厂先后组成了车工、钳

---

[1] 晋察冀边区教育阵地社:《在斗争中成长的华北联合大学》,《抗战时期边区教育建设》(上册),1946 年 5 月。

工、铸工、锻工、木工、翻砂、铆工和土法炼铁等工场,它还满足了延安地区工业和卫生等部门在机械维修配件和工具、模具等方面的需要;化工实习厂先后制造了肥皂、火柴、砂糖、玻璃等;机械实习厂先后制造了医疗器械、纺织机械配件和日用品。物理和化学系的同学到炼铁厂进行生产实习,生物系的同学参加边区生物调查和实验农场活动,地矿系的同学参加煤田地质的调查和测量。[1]1943年延安自然科学院并入延安大学。

延安大学 延安大学于1941年9月由陕北公学、中国女子大学、泽东青年干部学校合并而成。学校初设社会科学院、教育学院、法学院三院,英文、俄文两个专修科。1943年4月,鲁迅艺术学院、延安自然科学院、民族学院和新文字干部学校并入。1944年5月,行政学院也划归延安大学。据1944年6月统计,延安大学有教职工575人,学员1302人。[2]延安大学在教学上强调学用结合,边学边做,教学民主,自学为主,教授为辅。延安大学的教育计划规定在校学习与实习并重,校内学习占60%,校外实习占40%。[3]在课程设置上,除各院特种必修课外,一般必修课有:中国政治、中国经济、根据地情况及政策、敌伪研究、中国通史、国际问题、三民主义、思想方法论、国文等。

除上述学校外,抗战期间由中央直属的学校主要有:中共中央学校、安吴堡战时青年训练班与泽东青年干部学校、马列学院与中央研究院、八路军医科大学、八路军军政学院与军事学院。陕甘宁边区直属学校有:陕甘宁边区党校、行政学院。晋察冀边区的直属

---

[1] 胡琦:《关于创办延安自然科学院的经过》,《中共党史资料》1982年第1辑。
[2] 《抗日战争时期解放区高等教育》,北京大学出版社1985年版,第120页。
[3] 中央教育科学研究所编:《老解放区教育资料》(二)上,第396页。

学校有：抗日军政大学第二分校、白求恩卫生学校、定襄学院、河北抗战学院、抗战建国学院、军政干部学校、冀中人民自卫军干部学校、冀中"五一"学院。晋绥边区的直属学校有：晋绥抗战学院、晋西青年干部学校、行政干部学校、财经干部学校、晋西民运干部学校、抗日军政大学七分校等。晋冀鲁豫边区直属学校有：抗日军政大学总校、抗大六分校、筑先抗战学院、太行抗战建国学院、晋东南鲁迅艺术学校、晋冀鲁豫边区行政干部学校。山东抗日根据地直属学校有：山东抗日军政干部学校、抗日军政大学一分校、山东财政经济学校、山东抗战建国学校、胶东建国学校。鄂豫边区的直属学校有：新四军豫鄂挺进纵队随营军事学校、中国人民抗日军事政治大学第十分校、鄂豫边区党校、洪山公学。淮南、淮北、皖中抗日根据地直属学校有：新四军教导总队、皖东北抗日军政干部学校、抗日军政大学第四分校、抗日军政大学第八分校、抗日军政大学十分校、江淮大学、淮北苏皖边区行政学院。苏南、苏中、苏北抗日根据地的直属学校有：抗大第五分校、抗大第九分校、鲁迅艺术学院华中分院、苏中公学、华中局党校、华中卫生学院等。浙东抗日根据地直属学校有：浙东抗日军政干部学校、浙东鲁迅学院。华南抗日根据地直属学校有：军政干部学校、琼崖抗日公学、琼崖抗日军事政治学校。

  抗日民主根据地高等教育是新民主主义教育的重要组成部分，既有专门培养高级军事干部的学校，也有实施国防教育培养地方抗战干部的学校，培养少数民族干部的学校，培养青年运动干部的学校。客观而言，根据地高等教育虽然在专业化、学术研究、学制划分、课程设置等方面的系统化和规范化上与现代大学的要求有一定差距，但作为特定环境之下的产物，根据地高等教育又切实解决了教育与政治、经济的关系，满足了军需民食，支援了战争，贯彻了教育与生产相结合，初步改变了重脑力劳动、轻体力劳动的传统观念，改变了旧中国教育的性质，创造了与国统区完全不同的新的教育体系。它不仅宣传了抗战思想，为战争和建设培养各类人才，而且使整个干部队伍的构成、知识层次、工作能力和水平都发生了飞跃，从而为抗战的胜利提供了人才智力支持和胜利保证。

第三章 抗战时期内迁云南的高等教育概况

抗战爆发后，云南居于特殊的地域特征与历史使命所需，接纳了内地许多工业企业、研究机构及高等学校，云南由此在这一特殊时期获得了文教事业的极大发展，其中最引人瞩目的便是高等教育在原有基础上获得更大突破，高等教育的面貌也由此焕然一新。

第一节 抗战时期中国高校的内迁概况

一、国民政府对于战区高校迁移的战备举措

"七七"事变后，国民政府着手进行高校内迁工作，先后颁制了《总动员时督导教育工作办法纲领》、《战区内学校处理办法》、《社会教育机关临时工作大纲》、《各级学校处理校务临时办法》等高校迁移、安置的应对之策："各省市教育厅局，于其辖区内或境外较安全之地区，择定若干原有学校，即速加以扩充，或布置简单临时校舍，以为必要时收容战区学生之用。""除要求非战区学校收容学生、维持课务、短期休课和暂时停闭外，开始把战区学生迁地入学放在重要位置考虑

了。""在战争迫近时,各级教育务持镇静,以就地维持课务为原则;较安全地区的学校,设法收容战区学生;对于战区内学校之经费,得为财政紧急处分,酌量变更用途。"[1]

1937年9月29日,国民政府教育部颁发《战争发生前后教育部对各级学校之措置总说明》,对战区高校内迁正式作出决定:"本部因责令比较安全地域各校,预定战事发生收容战区学生计划。"其中对平津、上海及其他比较危险地域内的各级学校的迁置与避难规定了具体的办法和措施,如"平津专科以上学校教职员学生为数极众……先在长沙、西安等处设立临时大学各一所……派员分赴长沙、西安积极筹备,期能早日开学。……至于图书仪器,则除利用平津各院校业经迁出之设备外,并正一面另行设法补充"。关于上海专科以上学校,规定:"国立同济大学迁往浙江金华,业已觅定校舍,不久即可开课;令准私立复旦、大夏两大学联合迁往内地,在江西及贵州设立校舍。"又规定其他比较危险地域内各级学校"应尽力设法在比较安全之县区或乡村布置开课,且应于开课前完成最低限度之避难设备,而尤注重于房屋倒塌、火灾及机关枪扫射等普通危险"[2]。1938年,国民党临时全国代表大会颁布了《中国国民党抗战建国纲领》,强调"对于全国各级学校之迁移与设置,应有通盘计划,务与政治经济实用方针相呼应"[3]。此外还规定:学校在受"轻微袭击时应力持镇静,必要时可作短时停闭,激烈战事时可暂停或迁移"。这些教育战备举措,对于罹难院校和流亡师生的迁移和安置,在一定程度上起到了重要的组织保障作用。至此,除少数几所公立高校由

---

[1] 中央教育科学研究所编:《中国现代教育大事记》,第372—374页。
[2] 中国第二历史档案馆编:《中华民国史档案资料汇编》(第五辑),第4—10页。
[3] 教育部教育年鉴纂委员会编:《第二次中国教育年鉴》(第一编),第9页。

国民政府教育部指定地点迁校外，大多数高校成立选址委员会，自行到大西北、大西南各省择定校址。

对于高校的内迁，开始时是存在严重分歧的，但最后，国民政府还是决定采取高校内迁这一应急措施，这正是针对当时突变中发生混乱，以及"废弃平时的正规教育，实施为抗战服务的战时教育"呼吁而制定的。从1937年7至8月起，各高校开始史无前例的大迁移。当时迁移范围有三类，除部分教会及私立大专院校仍留在沦陷区外，一部分迁入上海租界及港澳，一部分在原省区内迁移，大部分则迁至西南、西北大后方。1938年，国民政府还特别成立了全国战时教育协会负责全国各地学校和研究所的迁建工作，并对高等教育的实施目标、系科调整、课程设置、教材编辑作了新的部署。在内迁过程中，有些大学只变动一次校址，而一些大学则由于战局变化而迁移了三四次之多，有的则更多。在极其艰难的情况下，广大内迁院校与地方高校一道，弦歌不辍，坚持办学育才，使战前高校布局严重不合理的状况略有改变，在中国教育史上谱写了悲壮的篇章。

二、高校内迁的路线及方向

1. 内迁的时间、阶段和数量

抗战时期高校西迁曾有过三次高潮，因战争局势的局部突变而出现的小规模或个别学校的迁移则绵延不绝。这次内迁贯穿于八年抗战始终，若以各高校迁入的最初地点为准，大致可分为三个时期：[1]

---

[1] 徐国利：《关于"抗战时期高校内迁"的几个问题》，《抗日战争研究》1998年第2期，第130—132页。

第一次大迁移时期为1937—1938年间。这一时期，从抗战爆发平、津、沪等地失守至1938年广州、武汉相继失守。到1938年8月底，中国108所高校中遭到战争破坏的有91所，其中全部毁者达10所，25所因战争而被迫暂时停办。随着日军疯狂地攻城略地，国民政府根据战况确定受战火兵燹危害最严重和最直接的高等院校首先内迁，并选定了在长沙、西安等地组建临时大学。总计这一时期内迁高校共约75所，占1938年底我国高校总数的77%。这次高校西迁是抗战时期三次大迁移中规模最大、任务最繁重、工作最艰辛、损失也是最为严重的一次。

第二次大迁移时期为1941—1943年间。随着太平洋战争爆发，华南各地岌岌可危，使得原避居于英美在华租界中的高校及在香港的高校或被迫停办或迁往西南诸省。这一类学校以私立高校为主，大都迁往重庆。而美英在华所办教会高校被迫停办或迁往内地，主要迁往成都和福建等地。同时，日军为配合太平洋战场在中国战场上采取了相应的军事行动，使得滞集于浙、赣、闽、粤、湘等地的一些高校被迫再次迁移，但仍以坚持在省内迁移为主。这一时期迁移高校总计20所。

第三次大迁移时期为1944—1945年抗战结束。由于国民党正面战场豫湘桂战役的大溃退，日军迅速占领了豫、湘、桂三省的大部和粤、闽、鄂三省的部分地区并兵临贵州独山。结果迫使广西、贵州的一些高校和早先云集在湘西、粤北的大批高校急迁至四川、黔北，而云集在福建、江西、粤北等地的高校也再次在省内迁移。这一时期共迁移高校26所。此次迁移基本上属于再次迁移。

除上述三次内迁高潮外，由于战局不断变化等原因，八年抗战期间高校的迁移几乎从未间断，零散迁移或再次迁移的高校还有近50所。

由于在抗战中许多学校经历了多次迁移，且大多跨度于三个大的阶段性迁移之中，故而我们在统计上主要以迁移次数而计，而非单纯地以学校数计，这也就造成迁移学校总数大于当时实有高校数的情况。

2. 内迁的路线、方向

在内迁过程中，不同地区高校内迁的路线和方向有很大差异：

一是以平津为中心的华北高校，内迁线路和方向大体向南和西南。南下经过郑州或徐州后向西进入陕西，如北平大学、北平师范大学和北洋工学院三校迁入陕西，合组西北临时大学；河北省立师范学院迁入西安继续办学等。向南经过湖南或广州进入西南地区，如北大、清华和南开，三校经长沙合组长沙临时大学，再迁云南昆明后合组为西南联大；北平朝阳学院先迁湖北，后迁四川成都和重庆。

二是沪宁苏杭地区的高校内迁方向和路线大体向西和西南。有进入江西中南部，后迁入湖南、云南、贵州和四川，如同济大学、浙江大学、西湖艺术学院等；有沿长江水路西上，经武汉后入四川的，如上海复旦大学、光华大学、南京中央大学和国立药学专科学校等；还有向西南或向南迁入浙西、浙南或闽西北的，如暨南大学、之江大学。不过像福建厦门、福州地区的高校迁移基本是至闽中、闽西山区，如福建省立医学专科学校。还有江西的高校迁向赣中南地区，如江西省立工业专科学校。

三是以广州为中心的华南高校内迁路线和方向大体向北进入粤北山区，向西或西南进入粤西或粤西南山区，少数高校从粤西进入广西、云南。迁移主要有三个方向：有因暂避战祸而南迁香港后又回迁广东的，如私立广东光华医学院、私立岭南大学等；也有进入广东北部山区，或进入广东西部、西南山区的院校，如广东省立艺术学院、私立广州大学；还有部分高校迁入广西，再西迁进入云南，如国立中山大学。广西的高校大多数都是在本省境内迁移，如广西省立军医学校。

四是以武汉为中心的华中地区高校，包括暂时迁入湖北的华北和华东地区高校，主要是往南和西两个方向迁移。迁移路线基本为溯江而上鄂西，或继续西入西南地区；福州、厦门等地区的高校基本上是向西进入闽中、闽西山区；江西省在抗战期间新建了不少高校，这些高校主要在赣中、赣南一带游移。具体而言，有的院校沿湘江南下，经广西进入云南，如私立武昌华中大学；有的院校则先迁至鄂西，再西迁至重庆和四川腹地，如私立武昌艺术专科学校。湖南的大多数高校则主要迁往湘西，如湖南大学，也有部分院校向南迁入贵州，如私立湘雅医学院。

3. 内迁地高等教育中心区的形成

随着大量内迁高校的迁入，西部高等教育发展极不平衡、也极不合理的状况得到了迅速改变，我国高等教育的重心开始向西部倾斜，开始形成了以西南地区为中心并向周围各地区产生辐射作用的战时大后方高等教育圈。总体来看，存在以下四个中心区：[1]

第一中心区是以重庆、成都、昆明、贵阳等为中心区的西南三省，这是战时高校内迁最大集中地。该地区共接受内迁高校64所，占内迁高校总数的47%。由于西南远离战局，加之重庆是战时国统区的政治、经济、文化中心，以此为基础，当时的重庆、成都、昆明成为高校云集的三大中心，成都的华西坝、重庆的沙坪坝、江津

---

[1] 徐国利：《关于"抗战时期高校内迁"的几个问题》。

白沙坝和北碚及云南的昆明因高校云集、人才荟萃、学术交流活跃遂成为了大后方著名的高等教育中心区。

第二个中心地区是以广西、湘西、湘南、粤北、粤西等为中心的中南地区南部山区。共接受了37所迁移院校，占内迁高校总数的30%。在这些主要内迁地中，广西、湖南接受外省高校较多，桂林、桂东的融县、湘西的沅陵是内迁高校的主要聚居地。湘西沅陵曾先后迁入北平艺专、杭州艺专、江苏医政学院、南通学院等。广东内陆山区基本上接受本省高校，粤西的罗定、粤北的曲江、连县是高校的聚集地。

第三个中心地区是以浙江内陆山区、赣中南和福建内陆山区为中心的华东南部丘陵地区。共有33所高校迁至该地区，占内迁高校总数的27%。该地区主要接受了本省沿海和沿江中心城市迁移的高校及小部分苏沪高校，其中江西省接受高校较多。赣中的吉安，赣南的泰和、赣县，闽西的永安、长汀，浙江的金华等，都是高校迁移较为集中的地方。

第四中心区是以陕西、关中为中心的陕甘地区，内迁高校9所。在西北地区，西安曾迁入院校6所，即一度合组为西北联合大学的北平大学、北平师范大学、天津北洋工学院和河北省立女子师范学院，以及东北大学、山西铭贤学院。陕西的三原、宝鸡、武功，也都曾有晋、豫等省内迁院校歇脚，陕南的城固、汉中一带，曾有西北联大及其再度改组的西北工学院、西北大学、西北医学院、西北师范学院等校，是一个小小的内迁院校集中地……[1]

除上述四个中心地区外，鄂、豫、皖、晋等省份共有20个县市

---

[1] 侯德础：《抗日战争时期中国高校内迁史略》，四川教育出版社2001年版，第74页。

接收了 21 所外地高校。由于考虑到许多院校为多次迁移，故而在统计上也主要以各区域内内迁高校的数目划分，并已将各高校不同地域中心的迁移重复考虑在内。

第二节　内迁云南高校的地域分布

抗战前，云南的近代高等教育取得了一定程度的发展。然而及至战时，云南仅有云南大学及云南法政专门学校两所高等院校。相较于东部沿海一带，云南的高等教育不仅数量偏少，而且过于集中分布于云南昆明一地，云南其他地区高等教育一直都是空白。随着沿海高校的大量内迁，云南高等教育布局发生了根本性的变化。

一、抗战时期云南的重要战略地位

云南素为西南边防要区，山川雄伟，气候和煦，人民亦敦厚朴实，"隐然具有复兴民族之素质，且天然资源蕴藏丰裕，人力苟尽，则资源开发，必能充实国本，而一洗以往之贫困"，然而"交通堵滞，风气晚开，驯致一切设施均形落后，推其极则强邻窥觎，群思染指，而边陲阽危矣"。[1] 近代以来，云南成为国外势力窥伺的目标。云南位于东亚大陆与中南半岛和南亚次大陆的结合部，对内北通巴蜀，东连黔桂，对外与越南、老挝、缅甸三国交界，与泰国、印度的距离仅两三百公里。云南虽沿边而不沿海，却可通过越南、缅甸

---

[1] 杜原载：《抗战时期之高等教育》，《革命文献》（第 60 辑），第 222 页。

和印度进入印度洋。独特的地理位置使得云南在战略上处于陆权与海权交接之处，从地域特征来看，既是拱卫中国内地的盾，又是指向中南半岛的矛。从传统政治地域来看，介于法国所属印度支那和英国所属印度、缅甸两大殖民地之间，是英、法殖民主者入侵中国的"后门"。[1]19世纪，随着英国入侵缅甸和法国入侵越南，云南就成为这些国家开辟入侵通道的主要对象和殖民主义势力范围。抗战爆发后，云南成为中国正面战场的大后方和战略基地。1941年9月，日军占领越南北部并进逼滇越边境，云南又成为抗战的前沿阵地。太平洋战争爆发后，云南成为世界反法西斯战争东方战线太平洋战场和中国抗日战场的结合部。1942年5月，日本占领缅北和滇西怒江以西的中国领土，云南作为抗战的最前线，开始滇西抗战。1944年5月，居于"二战"形势，云南又是中美英三大盟国在中印战场上对日反攻的重要组成部分。[2]

云南昆明作为重要的交通枢纽，其滇越铁路、滇缅公路、驼峰航线及中印公路是中国与盟国联系的四条主要国际管道，是盟国援华物资和中国出口物资的主要集散地。滇越铁路从云南通往越南海防，战前月运量仅3000吨左右，随着战事推进，1938年月运量达到9000吨，年运量由1937年的3.3万多吨上升到1938年的5.1万多吨。[3]1938年12月1日，全长958公里的滇缅公路贯通，成为内连贵昆公路，外接缅甸铁路的陆上国际通道，月运量在1941年后在1万吨以上。1942年5月，由中、美、英三大盟国开辟的由中国通

---

[1] 〔英〕伯尔考维茨著，江载华、陈衍译：《中国通与英国外交部》，商务印书馆1959年版，第124—125页。
[2] 孙代兴、吴宝璋：《云南抗日战争史》，云南大学出版社1995年版，第77页。
[3] 陈修和：《抗日战争中的中越国际交通线》，全国政协《文史资料选辑》（第7辑），中华书局1960年版，第5页。

往印度的"驼峰"航空线,飞跃了视为"空中禁区"的"世界屋脊"喜马拉雅山山脉,航程 1100 多公里,其月运量在 1943 年 12 月突破 1 万吨,最高月运量在 1945 年 7 月达到了 71042 吨。于 1945 年 1 月 19 日通车的中印公路以印度东北边境的雷多为起点,穿过缅北野人山区,进入滇西后与滇缅公路衔接,1945 年 2—8 月,有 368 支车队通过中印公路,向中国运送了 8 万多吨物资和 1 万多辆汽车。[1] 这些国际通道粉碎了日军切断交通、断绝外援、困死中国的图谋。

自 1916 年首倡护国运动之后,"云南其政治地位,在全国受到尊重,是西南地区国民政府军政势力直至抗日战争期间都未能进入的地方。出于正义以及对强权独裁的抵制,云南地方当局对战时流亡昆明办学的西南联大,不仅表示欢迎,而且主动承担起保护其安全实施教育的责任……"[2] 从 1929 年起,龙云开始执掌云南军政大权。抗战开始后,龙云积极响应,派出部队参加抗战。龙云主政云南长达 17 年,他在拥兵自重的同时,亦努力革新,使云南的政治、经济和文化等各方面建设都取得了重大进步,工农业生产也走出了战前长期徘徊不前的局面。龙云治下的云南,执行了较为开明的政策,政治氛围相对较为宽松,民主气氛日益浓厚。在文化教育方面,龙云在全省推广"新教育"运动,加大对教育经费,特别是边疆少数民族教育经费的投入,改善当地教育条件,大力发展中小学教育,使云南这个边陲省份在文化教育方面取得了长足发展。在战备上,龙云从 1933 年开始在全省实行了积谷备荒制度,1933—1937 年,全省储备积谷 286 万

---

[1] 〔美〕查尔斯·F. 罗曼纳斯、赖利·桑德兰:《在中缅印战区消磨的时光》,华盛顿 1959 年,第 317 页。
[2] 西南联合大学北京校友会编:《国立西南联合大学校史:一九三七年至一九四六的北大、清华、南开》,北京大学出版社 2006 年版,第 79 页。

余石，[1]合2145万多公斤。1944年，为支援中国远征军在滇西反攻，又动用积谷220万石，合1650万多公斤，[2]这对于弥补战时粮食缺口发挥了重要作用。此外，云南还与中央政府合作开发云南资源，欢迎外来工商企业、大专院校、科研院所在滇新创业，鼓励本省私人投资兴办工商企业，争取海外侨胞来云南投资，尽力安置流落到云南的侨民。对国立大专学校实行了与军粮和公务员用粮同等待遇的平价公米。从1940年开始，龙云于9所在滇大学设立"龙氏奖学金"，其中8所为迁滇高校，奖励名额为500个，其中西南联大占了200个，中山大学占了147个，继而又设立"龙太夫人奖学金"，这些奖学金在一定程度上鼓舞了时局艰难形势下高校师生的士气。

二、内迁云南高校的基本布局

1935年7月，国民政府在对日整体战略中提出："以川黔陕为中心，甘滇为后方。"[3]据此，国民政府通过了《确定国民经济建设实施计划大纲案》，正式提出了国防后方建设的问题。战时云南由此成为以陪都重庆为中心的西南大后方最为重要的战略基地之一。抗战初期，云南人口不到2000万，随着内地军政机关、厂矿、学校及大批难民涌入，云南外来人口不到一年便增加了30万—40万。同时中央军第一、五、九、十一、二十集团军相继进驻云南，加上指挥、训练和后勤等部门，驻滇军队达60万—70万人。美国陆、空军的军

---

[1] 郑崇贤：《滇声》，香港有利印务公司1946年版，第11页。
[2] 方国瑜：《抗日战争滇西战事篇》附《保山纪事》，载《云南文史资料选辑》（第19辑），云南大学出版社1997年版，第71—77页。
[3] 涂文学、邓正兵：《抗战时期的中国文化》，人民出版社2006年版，第193页。

事和技术人员 2 万余人。战时入滇的外来人口总数超过 100 万人，[1]云南也由此被推到了"以一隅而荷全国重任的位置上"，"昆明一时百业俱兴，空前繁荣起来"。[2]

  鉴于史料分述较多，在迁滇高校的研究中，发现一些材料未能将一些学校迁移的时间、地点、次数等叙述明确，加之战时高校在迁移中的合并、分离、改组及新建较多且复杂，故在一定程度上影响了统计和认定的精确性。在认定迁滇高校的概况时，我们把在内地设分校；原校部一部分转入内地与他校合办；战时一度被毁、停办，后又到内地复校或设分校；内迁后因故停办或并入他校及编制保留在他校的一并统计在内，其"校名"亦均使用该高校迁移前的校名。据考证，唐山工学院确实有筹迁昆明的计划，由国民党中央党史委员会编纂的《革命文献》及云南教育史志资料编纂委员会编写的《民国教育大事记》等许多文献都有该校筹迁云南的记载，然而经考证，该校由于种种原因实际并未迁入。唐山工学院在战时初迁于湖南湘潭、湘乡等地，1938 年 12 月，学校再次迁移的计划确有迁滇、迁黔两个方案，而最终迁黔意见占了上风，经过多方联系，学校将新校址选在贵州平越（今福泉县），后又迁至重庆璧山，故我们并未将此类筹迁而实际未迁入的院校统计在内。中央政治学校内迁云南大理，虽属于分校性质，然而由于当局教育部曾有过备案，故此我们在内迁高校的认定中也将之涵盖进去。由此，抗战期间迁滇高校实际有 11 所，这些学校相继分布于昆明、大理、澄江、昆阳、禄丰、蒙自等地办学。一些高校迁滇较短时间后便复员或另迁它处

---

[1] 徐康明：《云南在对日战争中的战略地位和作用》，载云南大学历史系编：《云南文史资料选辑》（第 19 辑），第 206 页。
[2] 孔庆福：《抗战时期西南的交通》，云南人民出版社 1992 年版，第 238 页。

继办。在这些迁滇高校中，在滇办学达一年以上、影响较大的计有国立西南联合大学、国立中山大学、国立艺专、国立同济大学、国立中正医学院、上海医学院、私立中法大学及私立武昌华中大学计8所。各内迁学校简况如下：

1. 国立西南联合大学。由国立北京大学、清华大学和私立南开大学三校联合组成，1937年8月首迁长沙，成立长沙临时大学，1938年迁入云南昆明，更名为国立西南联合大学，设有文、理、工、法商、师范五个学院，校务委员会主席为蒋梦麟、梅贻琦、张伯苓。在滇时间为1938年4月—1946年5月。

2. 国立中山大学。1938年首迁广东罗定，1938年冬经广西迁往云南澄江。设有文、法、理、工、农、医、师范七院，校长邹鲁。1940年4月再迁广东坪石，1944年秋迁广东连县，后又迁广东仁化、兴宁、梅县。在滇时间为1938年11月—1940年8月。

3. 国立同济大学。1937年12月首迁上海市区，1937年9月二迁浙江金华，1937年11月三迁江西赣州，医学院迁赣中吉安。1938年7月四迁广西贺县八步镇，1938年11月五迁昆明，设有医、工、理三院。1940年10月六迁四川宜宾和南溪。在滇时间为1938年11月—1940年10月。

4. 国立中正医学院。1937年12月初迁吉安，二迁江西永新，1938年11月三迁昆明白龙潭，校长王子玕，1940年四迁贵州镇宁，后又迁返永新、泰和，1945年转迁福建长汀。在滇时间为1938年11月—1940年8月。

5. 上海医学院。1939年夏部分师生由上海西迁昆明白龙潭，校长颜德庆，1940年12月，师生分两路迁往重庆乐山。在滇时间为1939年夏—1940年12月。

6. 国立艺术专科学校。杭州艺专在抗战爆发后首迁浙中诸暨，二迁赣东贵溪，1938年迁湘西沅陵并与早前到达的北平艺专合并为国立艺术专科学校。1938年10月到达昆明，次年又迁至云南呈贡，校长腾固。1940年由昆明迁往四川璧山，1943年夏迁重庆。1945年复校。在滇时间为1938年10月—1941年8月。

7. 中央政治学校。在大理县设立分校，设有职业、简师、初中等学校，校长汪懋祖。在滇时间为1938—1940年。

8. 私立中法大学。1939年初到昆明，于1939年秋年正式在昆明开学上课，校长徐廷瑚，1946年8月北返复员，在滇时间为1939年7月—1946年8月。

9. 私立武昌华中大学。1938年7月从武昌辗转首迁广西桂林，1939年2月分批迁云南大理喜洲，设有文、理、教育三系，校长韦卓民。1946年4月17日分两批从大理转赴昆明，经长沙回到武昌。在滇时间为1939年2月—1946年4月。

10. 南京国立国术体育专科学校。1939年3月迁至昆明，校长张之江。在滇时间为1939年3月—1941年4月。

11. 广州协和神学院。1939年6月迁至云南大理，校长龚约翰。在滇时间为1939年6月—1942年。

三、内迁云南高校面临的主要问题

11所高校先后内迁云南，各高校除要克服内迁过程中长途奔袭、舟车劳顿所带来的疲惫与折腾外，还必须直接面对战乱、资金、校舍等方面问题。这些问题也成为左右高校是否再次迁移的重要因素。总体来看，内迁云南的高校面临着以下主要问题：

1. 不时遭受日军的骚扰与轰炸

随着抗战形势的日趋严峻，除前线战场外，中国大部分领土遭到日军的不断进攻与蹂躏。而作为大后方的重庆、云南等地也并不安宁，还不时遭受日军的"疲劳轰炸"，其空袭旨在对大后方的文化要冲进行骚扰。随着战事发展，特别是日本相继占领安南、缅甸后，云南省战略上的地位发生了重要的变化，成为中国抗战的前沿，日本飞机加紧了对保山、昆明等地的空袭，空袭遍布整个云南大后方，使得内迁云南的高校再次遭到严重破坏。

日军对昆明的空袭从 1938 年 9 月开始，持续至 1943 年底，其中尤以 1940—1941 年最为惨烈，之后随着美国的"飞虎队"投入战斗，空袭渐趋稀疏。日军对昆明的空袭除对巫家坝机场、航空学校、兵工厂等军事目标进行频繁打击外，对昆明市非军事设防区的居民区也进行了狂轰滥炸，造成了巨大的人员伤亡和财产损失。

1938 年 9 月 28 日，日机 9 架次首次袭滇，投弹 113 枚，造成 94 人死亡 47 人伤，损坏房屋 66 间。[1] 1941 年，日机侵袭最为频繁，侵袭云南为 94 天 272 批次 1264 架次，投弹 2907 枚，造成 874 人伤 1001 人死亡，损坏房屋 22318 间。轰炸的区域涵盖了昆明市、滇南地区、滇南文山地区、滇西地区、滇西南地区、滇东北地区，其中又以人口较为集中及战略位置重要的昆明市、滇南地区及滇西地区遭受日机空袭的次数最为频繁，损失也更为惨重。

1940 年 10 月 13 日下午 2 时左右，敌机 27 架飞入市区，投弹百余枚。这次轰炸主要以联大和云南大学为对象，俯冲投弹，联大师范学院男生宿舍全毁，该院办公处及教员宿舍也多被震坏。该院校

---

[1] 云南省档案馆 编：《日军侵华罪行实录·云南部分》，云南人民出版社 2005 年版，第 36 页。

舍系租自省立昆华中学之一部分,其中昆华中学北院中数十弹,损毁甚巨;昆中南院也有震坏。此次轰炸中,清华大学在西仓坡设的办事处也遭 2 枚落弹,屋顶遭到严重损坏。办事处后院中用于存储重要卷宗的防空洞被炸弹震塌,两名工友被埋在洞里,以身殉校。1941 年 8 月 14 日的轰炸所致损失比上次更为严重。西南联大在上报教育部的呈文中提到:"本校于本月 14 日被敌机轰炸,校舍被毁,业于当日以急电呈报在案。兹查本校新校舍被炸毁房屋 64 间,震坏房屋 210 余间。计常务委员会,教、训、总三处,事务出纳两组,图书库全部毁坏。生物及地质实验室各毁一所。此外各办公室教室宿舍或全部被炸毁或毁坏一二间不等。房屋部分按照时价,损失 35 万余元,家具部分损失 11 万元,电料等项损失 15 万余元,三项共统计 61 万元。图书及仪器部分……所损失者 22000 余元。又师范学院及附属中小学系租借云南省立工业职业学校校舍,此次被炸毁房屋 89 间,女生宿舍系租借昆华中学校舍,此次倒毁房屋 48 间,上述两处被震毁者共约 190 余间,倘照原样修复,所费必更不赀,但即简单修葺勉强应用,也需 20 余万元。"[1]

频繁的空袭既造成了内迁高校师生生命和财产的巨大损失,也破坏了正常的教学和生活秩序,无疑给办学增添了更大困难。根据西南联大社会学系学生徐泽物统计,自 1940 年 5 月 2 日至 1941 年 12 月 24 日,昆明共有预行警报 95 次,空袭警报 72 次,紧急警报 52 次。在这些警报中,自空袭至解除,共约 300 小时。警报声声,人心惶惶。[2] 据 1945 年底云南省教育厅对日军侵华战争期间的云南

---

[1] 北京大学、清华大学、南开大学、云南师范大学编:《国立西南联合大学史料》(六),云南教育出版社 1998 年版,第 269—272 页。
[2] 文浩:《倭寇空袭威胁下的西南联大日常生活》,载《抗日战争研究》2002 年第 4 期。

文化教育损失的初步统计，自1937年11月起到1945年8月，云南共发警报232次，中炸弹7588枚。文教机关直接遭受日军占领及空袭损毁如下：所属中等以上学校损失24.05亿元；所属国民教育机关损失4.85亿元，所属社会教育机关损失16.332亿元，教育厅损失500万元，以上合计共损失45.282亿元。[1]为躲避敌机轰炸，许多教授迁居城郊农村，龙头村、司家营、车家壁、黄土坡、王家桥、陈家营、龙院村、呈贡……最远的住在60多公里外的宜良。到学校上课，或乘火车，或坐小马车，或徒步，或头天进城住在学校单身宿舍里。[2]1941年以后，昆明屡遭敌机轰炸，西南联大只好将上课时间改在上午7—10点，下午3—6点。遇有警报，立即停课，这一时期常因警报而中断讲课和实习，甚至使试验半途而废，有时整天警报而不能上课。然而，尽管头顶炸弹威胁，广大学人并未被吓倒。大轰炸中，梅贻琦数次发表告校友书，愤怒控诉日本袭击学校及其他平民设施的残暴罪行。他表示："总之，物质之损失有限，精神之淬励无穷，仇深事亟，吾人更宜努力。"[3]

2. 办学经费短缺、教学设备至为匮乏

除了惶惶不得安身的轰炸外，内迁云南高校面临的最大困难是办学经费的短缺、校舍的筹措与教学设备的简陋。国民政府在抗战期间对高等教育的投入是极为有限的，从1937年9月起，国民政府紧缩教育经费，将原核定的各国立学校经费改按七成拨付。

---

[1] 云南省教育志编纂委员会办公室编：《云南教育大事记》（公元前121年—公元1988年），云南大学出版社1989年版，第87页。
[2] 孙代兴、吴宝璋：《云南抗日战争史》，云南大学出版社1995年版，第261页。
[3] 赵新林、张国龙：《西南联大：战火中的洗礼》，上海教育出版社2000年版，第59页。

然而，即使这个七成也往往不能及时拨付，各大学收支常常入不敷出。为筹措经费，各大学校长不得不四处奔走，寻求补助，并向银行透支和借债。西南联大学校财政先天不足，每年经费预算数平均为法币 120 万元左右，仅及战前清华一校的经费额，而这个数额政府还一再拖延拨给。在三校合并人员倍增而货币不断贬值的情况下，为把联大维持下去，自 1940 年至 1945 年西南联大借款的本息合计达法币 1400 余万元。随着抗战的深入，虽然国民政府岁出教育经费的绝对数字在不断增长，但因通货膨胀的影响，教育经费特别是高等教育经费在国民政府岁出经费数中的比率有不断减少的趋势。高等教育的经费比率也由战前的 3.9% 减少至 1945 年的 0.52%。[1]

在协助内迁高校解决校舍问题的过程中，内地大中学校和地方政府虽给予了大力支持，然由于内迁高校及师生众多，地方也一时难以提供合适的场所，迁滇高校只好暂时租借当地学校或其他机构的一些房舍，有的甚至在庙宇、祠堂及一些废弃的古建筑中开学上课。西南联大初迁昆明时，曾拟迁澄江、晋宁盘龙寺以及昆明西郊龙院村。由于校舍短缺，文、法两个学院不得不设在远离昆明 300 余公里的蒙自，校舍除了租借外，大都在仓促之间用土坯垒起来。即便昆明的校舍，也多为茅房、铁皮屋等简陋建筑，之后学校通过购买新址才得以解决这一两地办学的情况。虽说新址，原是一片坟地，坟墓迁走后才改建为校舍。杨振宁在回忆当时的情景时说道："教室是铁皮顶的房子，下雨的时候，叮当之声不停。地面是泥土压成的，几年以后，满是泥坑。窗户没有玻璃，风吹时必须要用东西

---

[1] 《"中央研究院"近代史研究所集刊》1990 年 6 月第 19 期，第 451 页。

把纸张压住，否则就会被吹掉。"[1] 学生们也都住在极其简陋的宿舍里，潮湿阴暗，嘈杂拥挤，空气混浊，没有木床，每个学生配发几个装肥皂的小木箱拼拢代替木床，40个人同挤在一间屋内，一到雨季房子漏水，还常常要打伞睡觉，很多学生因宿舍条件差，图书馆又没有座位而不得不到庙宇或茶馆上自习。由于房舍紧张，教授也住集体宿舍或分租民房，又因来昆难民太多，市内租房太贵且难觅，有的教授只好到城外农村租房。一家人也不过租到一两间小房，几口人挤在一起，有的甚至住到农民的牛厩楼上，成了蓬门荜户。闻一多移居北郊陈家营，华罗庚一家无处可去，闻先生便邀请华家与他家同住，中间用布做帘子将闻家八口与华家六口隔开。华罗庚由此写过四句诗记述这段难忘的生活："挂布分屋共容膝，岂止两家共坎坷；布东考古布西算，专业不同心同仇。"[2]

由于饱受战争摧残和历尽内迁逃亡之难，内迁云南的高校办学资金至为短缺，物力资源和图书信息资源都非常匮乏。众多内迁高校教学图书和科研仪器设备战时已损毁殆尽，从战火之下抢运到内地的图书和教学仪器极少，致使办学所必备的图书、资料、教具和实验设备空前缺乏，教学和科研都无法正常进行，学生的实验课受到不少限制，有些实验实习只能少做，学生往往要排着队轮流做实验，甚至有的学生根本做不到实验。此外，由于实验仪器精确度较差，一些实验的误差往往大到惊人的程度，只能训练方法和步骤，而得不到准确的数据和结论，使得有的科研项目无法进行。更因战时物价上涨，设备很难添置，仪器药品越来越匮乏，甚至连蒸馏水

---

[1] 杨振宁：《读书教学四十年》，《光明日报》1983年12月1日。
[2] 北京大学联络处编：《笳吹弦诵情弥切：国立西南联合大学五十周年纪念文集》，中国文史出版社1980年版，第194页。

也要节约使用。西南联大化学系没有电炉设备，就用泥土炉子烧木炭代替；生物系因显微镜少，就将切片固定在显微镜上，让学生排队轮流观察；无法进行人体肌肉解剖，便就地取材，作蟾蜍的呼吸实验；地质地理气象系因资料仪器缺少，就减少课堂实习，增加野外考察，实地了解西南各省的地质、地貌、地层、矿产的构造，没有经费建气象台，就将残破碉堡改造成气象观测站；经济系买不起手摇计算机，就以算盘代替。

除教学设备简陋外，内迁高校图书种类也较少，教学参考书奇缺，学生没有人手一本的教科书。由于教科书、教学参考书奇缺，学生只能以上课听讲记笔记的方式进行学习。许多学生因宿舍条件差没有书桌，光线昏暗，除了抢占图书馆有限的座位外，有的只得到街市的茶馆看书。而即便是学校的图书馆，学生借阅必读的参考书也十分困难，学生到图书馆借书经常要排长队，有时因人多拥挤甚至都借不到书。即便是云南最大的内迁院校西南联大，图书也少到不能再少得可怜地步。据统计，联大8年累计共有中、日文图书31100册，西文图书13900册，外文期刊近百种，[1]其图书远比不上战前北京大学一校的图书存量。1939年，联大制定了关于阅览室、借书处、书库证等若干规定，1943年被综合而成《西南联大图书馆阅读指南》，规定学生一般只能索书1册，且以4小时为限。正在撰写论文的四年级学生可凭论文导师证明，借阅与论题相关的书籍3册，时间一周；如无他人需要，可续借一次；若到期不还，除停止借书权利外，还按管理规定予以处分。[2]

---

[1] 慕超然等：《北京大学校史（1989—1949）》，北京大学出版社1988年版，第340页。
[2] 陈平原：《过去的大学：怀念西南联大》，载《中国大学十讲》，复旦大学出版社2002年版，第244页。

在当时国内外购书渠道不畅通，经费紧缺购买能力有限的情况下，联大通过实行集中有效资金办学和图书设备互用的方针，通过与其他单位订立图书互借办法，共享图书资源，大大缓解了图书资料短缺的矛盾。在仪器设备上，为保证正常的教学和研究，联大也是一切因陋就简，就地取材，自己动手自制和仿制了一些仪器设备以满足正常教学要求。此外，联大在教学上采用灵活自由的选课制，积极鼓励教师多开课，基础课几乎均由德高望重的名教授开设，而且同一门基础课往往由几位教授同时开出，供学生自由挑选。与此相反，有的系、专业师资极缺，曾经出现了一个人独自承当三门必修课和一些选修课以满足学生求知需要的现象。这些措施在很大程度上实现了人尽其才、物尽其用的最优化资源配置。

3. 通货膨胀，师生生活入不敷出

随着人口的大量迁入和战事的推进，大后方的物价犹如脱缰之马，一路飙升。"抗战起于七七，而物价上腾，则始于民国二十八年，至二十九年，即已增至一倍以上。自是以后，如虎出柙，不可抑止。波动之烈，洵为古今一大变局。国人奔走相告，谈虎色变且呻吟喘息于其下者垂十年也。"[1] 在 1942 年至 1944 年，物价每年上涨约 237%；1945 年仅 1—8 月，价格就上涨了 251%。[2]1939 年夏季以后，昆明物价上涨幅度猛增，每斤大米价钱由 1937 年的 4.5 分涨到 1939 年 6 月的 1 角 8 分，1939 年 12 月更涨到 3 角 3 分，涨幅

---

[1] 《箔连县志》卷四 "食货·物价"，民国二十七年刊。
[2] 〔美〕费正清、费维恺：《剑桥中华民国史（1912—1949）》（下卷），第 672 页。

分别为 3 倍、6 倍。其他食品价格，如面粉、猪肉、菜油、白糖、豆腐、鸡蛋等价格涨到六七倍，白布、布鞋、线袜、毛巾、肥皂、茶叶等主要日用品也涨幅明显。因此，大学生伙食标准由 1938 年的每月 7 元，涨到 1939 年的两倍 14 元、1939 年 6 月的 3 倍 20 元、又涨到 1939 年 12 月的 5 倍 35 元，还远远不如先前吃得好。[1]1938 年、1939 年教授们的月薪还能维持三个星期生活，后来只够半个月之用。[2]根据经济学家杨孟西教授计算，战时联大教授薪金实值（折合战前法币购买力）：1937 年上半年为 350，到了 1939 年上半年下降为 109.7，到了 1941 年上半年则下降为 27.3，货币贬值及通货膨胀可见之剧烈。生活指数的不断飞涨，教授们的实际收入在 1938 年下半年降到战前的二分之一，1939 年上半年降到战前的五分之一，1940 年上半年降到战前的八分之一，1940 年下半年降到战前的十分之一，1941 年上半年降到战前的十二分之一，相当于法币约 27 元，即降到如同码头搬运工的水平。[3]到 1943 年下半年，联大教授每月薪金已由战前的 300 多元降到实值仅合战前的 8.3 元，到 1945 年，一个教授的月薪，已不能维持全家最低的生活水平。

由于战争的破坏和国统区的恶性通货膨胀，后方各地物资奇缺，物价暴涨，内迁高校师生的教学与生活也越来越艰难。西南联大初到昆明时，人均伙食费每月只需 6 元。1939 年下半年，上涨到每月 30 多元才能维持最低生活水平。1940 年，昆明物价陡涨，伙食费涨到每月 200 元。1942 年，若按年均标准每人每日 1 元的副食

---

[1] 程明远：《文化人与钱》，百花文艺出版社 2001 年版，第 182—183 页。
[2] 西南联大校友会编：《茄吹弦诵在春城：回忆西南联大》，云南人民出版社、北京大学出版社 1986 年版，第 60 页。
[3] 程明远：《文化人与钱》，第 186—187 页。

费,"尚不足食蔬菜一棵"。其后,1944年每人每月膳食费涨到1000元,1945年为5000—6000元。[1]陈寅恪在形容当时昆明及后方通货膨胀、货币贬值的程度时,曾有两首诗,相当形象:"淮南米价惊心问,中统钱钞入手空;日食万钱难下箸,月支双俸尚忧贫。"[2]学生生活水平每况愈下,吃的是掺水发霉的黑米,菜是不见油盐的白水煮青菜。即使这样,学生还不得不把一日三餐改为两餐。[3]中山大学在澄江期间,师生生活十分困难,校长邹鲁在告同事同学书中指出:"本校迁澄后,虽得按时上课,然交通、卫生、警卫各方面仍多缺憾,于喘息甫定百事创业之际部署备感困难……乃数月以来,米价高涨,百物腾贵,一般同事同学,依然埋头教学,日则节膳忍饿,面多菜色……而生活之困窘,今且更甚,一斗粗米费逾五十元,一碗白饭贵至三四角,物价房租,飞涨至数倍、十数倍而势犹未已。"[4]

经费的严重不足,使师生的生活十分窘迫,联大政治系教授吴晗及法律系教授费青只能变卖自己的藏书还债或以抵药费,国学大师汤用彤一度只能喝粥度日,吴大猷常穿补着大膏药的补丁裤上课,而曾昭抡教授的鞋子常是前后见天,就连梅贻琦也常穿一件灰长衫,吃的是白饭拌辣椒,陈寅恪终因营养不良而加剧了目疾。为了生存,联大教授不得不外出兼差,像张奚若那样的名教授,由于交不起房租,受到房东的责骂;闻一多先生难以维持家庭生计,只好挂牌治印,常常为人刻图章直至深夜;清华校长梅贻琦的夫人,

---

[1] 侯德础:《抗日战争时期中国高校内迁史略》,第84页。
[2] 刘克选、方明东:《北大与清华》,国家行政学院出版社1993年版,第268页。
[3] 《北京大学校史(1898—1949)》,第229页。
[4] 《邹校长告同事同学书》,见《国立中山大学日报》1940年5月10日。

曾摆地摊变卖子女们孩童时的衣物，后来卖米糕时邀约一些教授夫人做"定胜糕"，请冠生园食品店代销。学生"虽有公米可购，而柴价昂贵，颇有营养不足之虑"。为了糊口，许多学生不得不利用课余时间到校外兼差，最普遍的是到中、小学兼课或是当家庭教师，其他的学生有加入报童队伍在街上卖报，有在报馆充当杂役，有在金店里当师爷，也有当电工、邮差、油漆工的，甚至连昆明每天午、晚负责鸣炮报时的活儿都被联大的学生干了。为了平抑不断高涨的物价，安定人心，当局确实力图缓解官员和在公立大学教授们的经济窘境，先后颁布了一系列办法、方案及采取了一系列补助措施，然而无奈作用有限，脱缰野马般的通货膨胀情势是行政力量管制不了的。教师的生活每况愈下，联大多次以常委会、教授会名义向政府请愿乃至抗议，认为政府官僚贪赃枉法，鱼肉百姓，大肆挥霍民脂民膏，不法奸商囤积居奇，操纵市场，高抬物价，所主张的"增发津贴"，也只是维持知识阶层最低的生活费，然而这最低的要求也无法达到。

　　尽管在这样艰难的环境之下，内迁高校师生并未因为国难时艰而自暴自弃，他们"为天地立心，为生民立命，为往圣继绝学，为万世开太平"，授课、讲学、研究一切照常进行，坚守着"威武不能屈，富贵不能淫，贫贱不能移"的人格追求。正如北大秘书长、联大历史系教授郑天挺教授所说："一个爱国分子，不能身赴前线或参加战斗，只有积极从事科学研究，坚持谨严创造精神，自学不倦"，才能"以期有所贡献于祖国"。[1]

---

[1] 封越健：《郑天挺先生学行录》，中华书局2009年版，第7页。

第三节　战时内迁云南的主要高校

全面抗战爆发后，11所高校陆续西迁云南办学，这些高校虽然办学时间各有长短，办学传统有所差别，办学理念各不相同，但由于所处的特殊历史时代和特定社会氛围，其在教育体制、师资力量、人才培养、学术管理等方面也有着诸多共同点。现将各内迁云南的高校办学情况分述如下，国立西南联合大学将辟专节进行介绍。

一、国立艺术专科学校

国立艺术专科学校，简称"国立艺专"，是我国第一所高等艺术学校，其前身是国立艺术院，为蔡元培1928年于杭州所创。艺专创立初期共设绘画、雕塑、图案、音乐四个系。1931年学院改名为国立杭州艺术专科学校。抗战爆发后，国立杭州艺术专科学校开始西迁，经湘、黔、滇三省，在湖南沅陵时，与北平艺专合并（其中音乐系并入中央音乐学院），改称为国立艺术专科学校，由著名的美术史论家滕固任院长。1938年10月学校再迁至昆明，1939年增设建筑系，次年建筑系并入国立中山大学。

国立艺专在昆明办学前后一年多。初到昆明时，学校借用昆华师范学校校舍，女生则暂住昆明女青年会。1939年夏，由于昆明空袭警报频繁，学校又搬至远郊呈贡县的安江村，此处地处滇池之滨，海宝山之麓，村落不小，村中有好几所庙宇。学校便借用了村中5座祠堂、庙宇为校舍。师生们用布帘遮挡着佛像，佛殿便用作画室。安江村期间还算比较安定，那时潘天寿、张振铎、关良、常书鸿、方千民等教师都租住农民家,过着田园式的教学生活。[1]

国立艺专利用学校在绘画、音乐、戏剧等方面的艺术专业优势,将教学和社会实践有机结合,积极开展了抗日救亡活动。1939年,国立艺专在昆明组建的艺专剧社与昆明国防剧社合作,在昆明国民党省部大礼堂公演了《凤凰城》,轰动春城,舆论界给予了很高评价。此外,在地方人士的支持下,以艺专剧社为基础,国立艺专组成了一个民间职业团体合作性质的"艺术剧院",演出了《茶花女》,并聘请曹禺来昆指导演出《原野》和《黑字二十八》,与来昆的中电演员剧团联合公演了《群魔乱舞》、《民族万岁》等剧目,掀起了一个话剧演出的高潮。这些话剧无论在艺术水平方面,还是在舞台效果方面,都有新的突破。国立艺专积极开展学术交流活动,组织了星期戏剧座谈会,每星期日在昆明文庙集会,讨论当地一周剧坛动态,发布国内外剧坛消息,评论剧作。同时,为了纪念戏剧节,又组织演出了宋之的《自卫队》。当时,参加座谈会及演出的,除艺专剧社主要成员之外,尚有闻一多、孙毓棠、陈豫源、王旦东、凤子和联大同学汪雨、霍来刚、劳元干、高小文等。[2]国立艺专剧社还积极参与募集寒衣运动,协助《益世报》演出了《三江好》、《黄莺儿》等剧目,募集到的捐款汇交《大公社报》转送前方。国立艺专虽在昆仅存续不到两年,但其对抗战时期昆明话剧运动的发展兴起起到了积极推动作用,为抗日救亡运动中进步文艺的交流与传播作出了积极贡献。

1940年8月,刚刚安顿下来的国立艺专接国民政府教育部令,即刻由昆明迁往四川璧山县,艺专剧社也随校迁移。1942年夏又迁至

---

[1] 吴冠中:《国立艺专流浪记略》,《人民政协报》2006年1月1日。
[2] 政协西南地区文史资料协作会议编:《抗战时期内迁西南的高等院校》,贵州民族出版社1988年版,第114页

重庆沙坪坝。1945年，北平艺专与杭州艺专分复原校，杭州艺专仍称为国立艺专，复员杭州，由潘天寿出任校长，改名东华美术学院，即今天的浙江美术学院。北平艺专则发展为今天的中央美术学院。

二、国立中山大学

国立中山大学的前身为广东大学，是孙中山于1924年创办的一所多学科的综合性大学，1926年改称为中山大学。学校设有文、法、工、农、医、师范6个学院，分设数十个系，并有一个教育研究所，师生员工和家属超过千人，是当时国内规模最大的大学之一，时任校长邹鲁。1938年，学校迁往广东西部罗定，10月中旬，广州沦陷，经1935年担任过该校法学院院长的邓孝慈教授（云南盐津人）及法学院吴信达副教授（云南澄江人）建议，学校决定西迁云南澄江。1938年11月，师生溯西江而上，进入广西，向云南进发，大部分师生先由罗定辗转广西龙州，然后由镇南关到云南同登转河内，再由河内乘火车经滇越铁路到昆明，小部分师生则在进入广西柳州后即步行至贵阳转昆明；还有另外一部分师生由广西百色步行入云南开远到达昆明。各路师生陆续汇集昆明后，多数以昆明青莲街附近的一些小学校为落脚点，少数投宿旅店，稍事休息后，即先后转赴澄江。1121箱物品则通过车辆及驮马牛车等接运至澄江。截至1939年2月底，各院系共到教职员245人，学生1736人。"终抵澄江，湖山澄碧，再辟宫，重开学籍"，[1] 学校于1939年3月1日在澄江正式上课。

澄江位于云南中部，离昆明约60公里。因仓促搬迁，中山大学

---

[1] 吴康：《本校成立十五周年纪念祝辞》，见《国立中山大学日报》1939年11月11日。

的图书、仪器设备损失很大,仅理、工、农、研各院,两广地质所、广东通志馆未能迁移而损失的图书、仪器、标本、模型等就达604箱,图书杂志20多万册。[1]正式开课之后,由于邹鲁校长到重庆治病,校务由校长室秘书兼工学院院长萧冠英主持。由于客观条件所限,学校无法集中开展教学,只能因地制宜地实行分散设立、集中管理的方式,将校部设在澄江县县城的普福寺,各学院则散布于城内及城郊的寺庙里。文学院在城内外各处:城内有文庙、凤麓小学男子部和女子部2处,城外有玉光楼及观音阁5处;法学院设在离县城4公里的圩溪镇和上备乐、下备乐2村,共占用庙宇10间。理学院分散在离县城3公里的东浦乡、六人庄、东山村、东龙洋等9处。工学院设在离县城3公里的金莲乡、梅王村、中所乡等地,计有院舍9处,又另租民房作为教授宿舍及女生宿舍。农学院在离县城2公里的鲁溪乡玉皇阁、吉利村关圣宫、洋澜村莲万寺、关圣宫、归马乡上寺、鲁溪乡手下寺、洋源营乡凤台寺等处。医学院在小城西乡关圣宫、三教寺,县城南门外火龙庙、县城南门楼,小里村下寺,城内玉光楼,城西土主庙等处。师范学院在城内玉皇阁、建设局、极乐寺及北门外五灵庙等4处。[2]学校因陋就简,教室多为土坯垒成,桌椅"均以木作柱,其上横置一板即为桌台,以土砖作基,其上横置一板即为凳。每桌四尺",以教室大小而定多寡。宿舍内"床铺均用木制辘架床"。自修室兼膳堂,椅桌均以土砖为基,上置木板两块,用膳时用一面,自修时转用另一面。实习用的机器因为道路条件差,无法运来澄江,学校便在离澄江县城约20公里外的呈

---

[1] 戴知贤、李良志:《抗战时期的文化教育》,北京出版社1995年版,第150页。
[2] 温梁华:《中山大学迁滇办学考》,《玉溪师专学报》(综合版)1986年第5期。

贡归化村设立实验室。师生们还自己动手，开辟了篮球场和排球场，自制了一些简单的体育器械。晚上没有电灯照明，大家就用汽灯、蜡烛甚至油灯照明。[1]

1939年5月，中山大学依据教育部规定，设教务、训导、总务三处，分别设教务长、训导长、总务长各一人，校长室设秘书一人，会计室设主任一人，研究室设院长一人，以上各职均由教育部直接委派。教务处下设注册组、出版组和图书馆；训导处下设生活指导组、体育卫生组和军事管理组；总务处下设文书组、出纳组和庶务组，各组均设主任一人。学校设有6个学院、1个研究院、33个系、4个研究所。分别为：文学院（中国文学系、外国文学系英语组、哲学系、历史学系），法学院（法律学系、政治学系、经济学系、社会学系），理学院（数学天文系、物理学系、化学系、生物学系、地质学系、地理学系），工学院（土木工程系、化学工程学系、电机工程学系、机械工程学系、建筑工程学系），医学院（不分系），师范学院（教育系、公民训育系、国文系、英语系、史地系、数学系、理化系、博物系），研究院（文科研究所分设中国语言文学部和历史学部、师范研究所分设教育学部和教育心理学部、农科研究所分设土壤学部和农业植物学部、医学研究所设病理学部）。[2]

中山大学积极开展教学和科学研究。工、农、医等学科则积极开展教学实习、考察、社会调查、自然勘查等活动。文、理等学科学术报告会较多，其中生物系每月举办"月夜会"，既有学术报告、讨论，也有游艺活动。农学院农经系在1939年组织了农村经济调查

---

[1] 杨应康：《中山大学在澄江》，《中山大学学报》（哲社版）1989年第4期，第69—72页。
[2] 吴定宇：《中山大学校史（1924—2004）》，中山大学出版社2006年版，第170—171页。

团，对澄江农村进行了普遍调查。研究院文科研究所师生，经常结队到澄江附近少数民族地区，搜集该地语言、歌谣、风俗习惯等资料，该所还与国民党政府军委会西昌行辕合作，用了半年左右时间对大凉山彝族进行调查，由研究院将资料整理出版。师生深入实际，接触社会，开展教学实习，普及文化知识。工学院电机系曾到云南蒙自资源委员会锡矿工程处实习，土木工程系曾往叙昆铁路、滇西铁路实习，医学院到昆明医院实习，师范学院到澄江县城东南的松子园采制动物、植物标本。此外，中山大学还恢复了社会教育工作，由教务长、训导长、总务长及各学院院长组成社会教育推行委员会，领导全校师生参加，举办平民学校，先后办了三至五个班。另外，法学院还设立了法律顾问处，农学院帮助当地推广农业科学技术，师范研究所与云南省立实验小学合办了澄江分校，积极为当地人民服务。[1]

1940年春，在"倒萧护校运动"学潮的影响下，萧冠英被迫辞去代理校长职务，4月，校长邹鲁向教育部提出辞呈，教育部任命教育家许崇清代理中山大学校长。1940年8月，在许崇清代校长的主持下，学校从云南澄江迁回粤北，校部设在韶关，各学院分设于梅县和砰石，并于10月完成了学校搬迁工作，结束了在云南为期两年的办学。在离开澄江前，学校举行了离澄话别会。许崇清代校长、张云教务长、吴康院长及部分教授撰写诗文，于8月31日编成《骊歌》出版，以留纪念。同时，在澄江孔庙亭台东侧立了一石碑，叙述中山大学迁校及澄江的史实。许崇清代校长写了《告别澄江民众书》，代表全校师生向澄江人民道谢告别。

---

[1] 温梁华：《民国时期的云南高等教育》，《玉溪师专学报》（社会科学版）1988年第5期。

中山大学于云南澄江不足两年,却"与省县合筑昆澄公路,以利交通,与县政府合办卫生协进会,以求地方整洁。各学院举办日夜校,以促进民众教育。协助中小学,以提高教育水准,开办本校附属医院,以便民众治疗,推行防疫运动,以防流行病之传染。各学会各剧团,举行兵役宣传,表演抗战戏剧,图书馆复公开阅览,举行抗战图书展览会,杜氏集品展览会,以期灌输民众知识,增厚抗战力量。此外,于地方建设,除修理庙宇及公共建筑七十余所外,尚拟建筑大礼堂,总图书馆,及增添各学院宿舍"……[1]为云南地方经济社会发展及文教事业推进作出了积极的贡献。

三、私立中法大学

私立中法大学的前身为 1919 年由留学法国的李石曾、蔡元培、吴玉章等人创办的法文预备学校。学校最初选址北京西郊的碧云寺。同年,蔡元培等人在法国成立了"留法勤工俭学会"。1920 年,学会在法国开办了"里昂中法大学",并将北京的法文预备学校改称中法大学,第一任校长为蔡元培。1925 年秋,中法大学文科迁至北京东黄城根,改称服尔德学院,同时将生物研究所改称陆默克学院。1929 年成立药学专修科,1931 年成立镭学研究所,9 月设立商业专科学校。1931 年服尔德学院改称文学院,居里学院改称理学院,陆谟克学院改称医学院,孔德学院该改称社会科学院。1932 年成立药物研究所,1934 年 8 月社会科学院并入文学院,商业专科学校撤销。至此,完全意义上的中法大学正式形成。

---

[1] 易汉文:《中山大学编年史(1924—2004)》,中山大学出版社 2005 年版,第 35 页。

抗战爆发后，中法大学于1937年8月由理学院院长李书华及部分教职人员抵达昆明筹备迁移工作。后又派出周发歧、李秉瑶两位教授赴昆明筹备复课事宜，他们先在昆明建立中法大学附中，学校大部人员则于1939年初由北平乘火车到天津，然后乘船到上海转而到越南海防，再改乘滇越铁路到达昆明。

在云南省、昆明市政府的支持和在昆留法同学及中法大学校友的积极协助下，中法大学租借了北门街原南菁中学旧址（今昆明第三十中学）做大学部校舍，同时，中法大学附属中学在昆明西山脚下租房办学。1941年，中法大学在昆明西郊黄土坡购地百余亩新建校舍（今云南省工青妇干校和经济干部管理学院所在地）落成，理学院迁入，同时在理学院设立附中，校部和文学院仍在南菁中学旧址。

中法大学的最高权力机构是董事会。董事会职权包括筹备经费、保管财产、选任校长等重要事项。中法大学内部机构设教务、训导、总务三处，各处下设若干科、组。其经费来源于两项基金的存款利息、中国付给法国的庚子赔款补助费、学生所交之学费、临时捐款。中法大学创建后，经过不断调整和改革，至1937年抗战前夕已逐步完备。限于校舍和师资，迁昆的中法大学仅设有文、理两学院，文学院设文史学系和法文学系，理学院设数学、物理、化学、生物四系。由于中法大学当时校长李麟玉先生尚在北平，校长一职由北平研究院院长李书华代理。徐海帆任秘书长，周发歧任教务长并兼理学院院长，罗喜闻任训导长，徐炳昶任文学院院长。当时，在理学院和文学院兼任教授的有黄子卿、曾昭抡、孙承谔、邵循正、罗庸、朱自清、闻一多、吴晗、刘崇鋐、王力、吴宓等人。

1939年7月，中法大学得到教育部批准，率先将理学院迁往昆明。1939年11月27日，中法大学在北门街原南菁中学旧址正式开学，当时有一年级学生 40 人，二三年级学生虽随校但抵昆者不多，学校仍按系级分班开课。1940 年秋季，学校正式在昆明招收新生，文、理两院每年招生百余人，各系级招生一班不超过 35 人为限。[1] 中法大学根据专业特色，不断加强与内迁地的联系和交流。理学院曾与空军军官学校合作，办了无线电通讯人员培训班，培养了一批空军通讯人才。化学系曾与云南制革厂、资源委员会炼铜厂、日月大药房、应用化学工厂等实体合作，在上述各工厂工程技术人员中讲演实际化工专题，对有关人员的技术提高和产品质量的改进，都起到了不小的作用。中法大学前后在昆 7 年，时间之长仅次于西南联大。在昆期间，广大爱国学生继承发扬了学校过去的光荣传统，积极投身昆明学生的各种抗日救亡运动。由于中法大学迁移在昆明的缘故，许多中法大学校友从海外学成归国后来到昆明，分布在学术界、教育界、医药卫生界、科技界任职任教。中法大学留学海外的范秉哲回国后便任云大医学院院长，并开办慈群医院；杜棻回国后，继任云大医学院院长，并开办了云大医学院附属医院；赵雁来回国后除在云南大学任化学系主任之外，还开办了大利化工厂。此外还有蓝瑚、刘崇智、卫念祖、李秉瑶、郭佩珊等皆为知名专家、教授，对云南教科文医卫事业作出了积极的贡献。

1946 年 8 月，学校复员北平，其附中留昆改名为"昆明中法中学"，1950 年 5 月又更名为昆明第五中学。北平解放后，教育部将中法大学改为国立中法大学。在之后的国家院系调整中，中法大学数学、物理、化工三系并入华北大学工学院（今北京理工大学），文史、法文二系并入北京大学，生物、经济二系并入南开大学，医学

---

[1] 政协西南地区文史资料协作会议编：《抗战时期内迁西南的高等院校》，第 89 页。

院于 1949 年 8 月并入北京大学医学院，中法大学校舍、房屋均并入华北大学工学院，教授按各自专业就位，1950 年 6 月中法大学停办。至此，历经 30 年办学的中法大学宣告结束。在其存在的近 30 年里，不但为中国培养了 400 余名高级专业人才，是名副其实的中国大学海外部，而且还为 20 世纪 20—40 年代间的中法学术和文化交流架起了友谊的桥梁。它在中国近代学史和近代中法文化交流史上所起的作用和地位应予充分肯定。[1]

四、国立中正医学院

1936 年 10 月，教育部开始着手筹建中正医学院，聘请林可胜、陈志潜、王子玕、颜福庆、朱章赓、金定善、黄建中 7 人为国立中正医学院设计委员，嗣又加聘潘骥、左维明为设计委员，并聘王子玕为国立中正医学院筹备主任。经江西省政府批准，于 1937 年 1 月征收南昌阳明路东一带土地为该院院址，不久建成临时办公处、学生宿舍、院长住宅及教职员宿舍等。1937 年 6 月 19 日，教育部聘请王子玕为该学院院长。1937 年 8 月在南昌、南京、武昌等地举行当年度入学考试，并录取新生 120 名。9 月 25 日举行开学典礼，10 月 4 日正式上课。上课仅 3 个月，因敌机轰炸，是年 12 月迁吉安，之后又复迁赣西永新，1938 年 11 月 4 日，教育部下令该学院迁设昆明。

1938 年 11 月 6 日，国立中正学院首批人员由永新出发，同年 12 月，全部人员抵达昆明。此时，教育部统一招生分发该院新生 71 名。在昆期间，先借昆华师范暂住，学生在青年会礼堂上课；同时

---

[1] 葛夫平：《关于里昂中法大学的几个问题》，《近代史研究》2000 年第 5 期，第 131 页。

在昆明城东北郊白龙潭选址建盖茅屋为校舍。1939年1月，购买昆明城郊白龙潭土地，兴工建筑临时院舍。同月，奉教育部招考平津沪学生，取录23名。同月19日借昆明青年会为教室，又开始上课。1939年3月，建成昆明白龙潭临时院舍，同月即迁入新院舍。

国立中正医学院"以培植公医人才，倡行公医制度，增进民族健康为宗旨"。该院规定，学生修业年限为6年。第1—5年所习各科，为医学基础及临症学科，第6年在医院实习。学生修业及实习期满，考试成绩合格，由本学院呈准教育部发给毕业证书，并授予医学学士学位。该院同时规定，一年级新生入学资格须曾在公立或已立案之私立高级中学或同等学校毕业，年龄在24岁以下，身体健康，并经入学考试及格者。国立中正医学院创办后设有6个系科：解剖、生理及药理、病理（包括法医）、内科（包括放射学）、外科（包括妇产科）、公共卫生。

1939年5月，中正医学院联络国立同济大学医学院、国立上海医学院、国立云南大学医学院及云南省立医院商讨滇南医学教育、卫生机关合作办法。1939年8月，该院取消秘书处，改设教务、训导、总务3处，教务处主任由王子玕兼任，唐宁康为训导处主任，陈充恩为总务处主任。1939年9月10日，云南大学医学院教职员代表来院商讨医学教育合作办法。同月25日举行学期考试；与上海医学院联合，在昆明市设市门诊处。1939年10月，教育部统一招生委员会分拨该院新生62名。1940年2月，刘南山任教务主任，同年8月，赵以炳为教务主任。

1939年秋，上海医学院在昆明白龙潭与中正医学院联合办学。此事之发端是：中正医学院先前在江西永新时，院长王子玕遇到上海医学院院长朱恒璧，得知"上海医学院"欲迁昆明，"中正医学院"决定也迁昆与上海医学院联合办学，但这种联合是非常有限的。一是两院行政机构、财务等各仍其旧。二是上海医学院师资、设备、经费等均优于"中正"，两院风格也各异。三是教学联合亦有困难，当时上海医学院有一至六年级，而"中正医学院"只有一至三年级，加之课程设置、进度也不尽相同，因此双方只能进行部分合班上课，然而两校学生相处倒也融洽。后来上海医学院四年级以上学生在昆明北门街租借一栋房屋开设门诊部，亦作临床实习之所。[1]

1940年8月，日寇飞机轰炸昆明，白龙潭两院罹难。同月24日，教育部电令该院迁移贵州镇宁，1941年5月，该院迁回江西永新。1945年1月，又迁福建省长汀县。1946年始将四、五年级学生迁回南昌市原校址，同年7月全部师生迁回南昌。

五、国立上海医学院

国立上海医学院的前身是国立中央大学医学院，成立于1927年，初名国立第四中山大学医学院，由颜福庆出任首任院长。1928年2月改名为国立江苏大学医学院，1928年5月改名为国立中央大学医学院；1932年9月，国立中央大学医学院独立为国立上海医学院，为中国创办的第一所国立大学医学院。学校借鉴美国约翰·霍普金斯医学教育范式，开始创建的现代化医学院模型，以上海医学院为中心，由中山医院、教学医院、药学院、护士学校和公共卫生学院组成上海医事中心。1936年，上海医学院创办了药学专修科，同年迁入枫林桥新址。1937年，上海医学院内迁至云南昆明白龙潭办学。

---

[1] 孙代兴、吴宝璋：《云南抗日战争史》，第274页。

上海医学院倡导公医制思想，实质上就是医学应当为人民群众服务，医生应当不计个人得失的观点。这种思想，最集中地反映在上海医学院 1936 年的校歌中："人生意义何在乎？为人群服务。服务价值何在乎？为人群解除病苦。可喜！可喜！病日新兮医亦日进。可悲！可悲！医日新兮病亦日进。噫！其何以完成医家责任？歇浦兮汤汤，古塔兮朝阳，院之旗兮飘扬，院之宇兮辉煌。勖哉诸君！利何有功何有，其有此亚东几千万人诧命之场。"上海医学院十分注重对学生的基础与外文训练，对临床实习要求很高，考试制度特别严格。学生单科成绩以 60 分为及格，总平均以 70 分为及格。在一年中有一门主要学科不及格者，须补习复试一次，但此种复试以 60 分为度，如复试再不及格者不得升级。凡有二种主要学科不及格者留级一年，如第二年再不及格者退学。如有三种学科不及格者退学。并且每月举行月考，学期终举行学期考试，全学期成绩中月考分数占三分之二，学期考分占三分之一。1939 年 10 月，上海医学院公共卫生科还与"云南省卫生处"合作，划曲靖为该院卫生实验区。医学院不仅坚持着教学和医疗工作，而且公共卫生实习也不曾中断。

上海医学院在昆不到一年。1940 年 12 月，辗转迁至四川重庆歌乐山，由朱恒璧任校长。1946 年抗战胜利后复员上海。1952 年，更名为"上海第一医学院"，颜福庆任院长。1985 年，更名为"上海医科大学"。2000 年 4 月，上海医科大学整体并入复旦大学，成为"复旦大学上海医学院"。

六、国立同济大学

同济大学原为 1907 年德国医生在上海创办的德文医学堂，1912

年增设工科改名同济医工学堂；1917年由中国人接办，易名私立同济医工专门学校；六年后改名私立同济大学，1927年又改为国立。至抗战前，学校已发展为医、工、理三个学院的纯实科大学。学校采用德国学制，以德文为第一外语。1937年"八一三"淞沪抗战前夕同济大学由吴淞镇北校址迁到上海市内；然后，再迁浙江金华；三迁江西赣州；四迁广西贺县八步镇。1938年10月，日寇发动了对华南地区的进攻，学校决定由广西迁移至云南。同年12月，学校开始从广西贺县迁移至昆明，从1938年底至1939年春节期间，毕业班、女同学、患病学生和教职员工乘汽车，途经柳州、南宁、凭祥，出镇南关，绕老街然后乘火车到昆，此外还组织了两个步行大队，先步行至柳州、南宁，然后乘船至龙州，再乘汽车到昆。由于迁移至昆明的学校众多，同济大学在师资筹措、校舍租借等方面较先前学校更为困难，直至1939年1月才得以在昆明正式复课。

同济大学在昆期间，校址极为分散，校部先在临江里106号，后在武成路468号；工学院借富春中学，理学院在青莲街，医学院分散在水晶宫、八省会馆、青莲街、富春街、福照街商业学校。医学院附属医院设在翠湖南路赵公祠。其余附中、附属高级工业职业学校、实习工厂、测量馆、图书馆等更是散布在拓东路、木行街、庆云街、双塔寺等处以及呈贡县和宜良狗街。学校曾有在昆明海口自建校舍的计划，但因为经费筹措的困难而未能实现。[1]

同济大学在昆期间，历经三任校长，分别为翁之龙、赵士卿、周均时。在昆明的两年中，教务、总务、训导三长人事变动也较为

---

[1] 同济大学校史编纂委员会：《同济大学史》第一卷（1907—1949），同济大学出版社1987年版，第80页。

频繁，教务长先后由吴之翰、郑太朴担任；总务长先后由丁基实、倪超、关德懋担任。学校设工、医、理三个学院，工学院设机电（后分为机械和电机两系）、土木、大地测量三系和造船组，测量系学制6年，其余为5年；医学院不分系，学制6年（5年学习，1年实习）；理学院初设生物、化学2系，后增数理系，学制均为4年。在昆期间，医学院院长更换了5次，先后由张静吾（1939年4月及6—7月两次被聘任）、赵士卿（兼）、李宣果、黄蓉曾担任，工学院先后由叶雪安、吴之翰和倪超担任，理学院院长为王葆仁担任。因为战乱影响，教师和学生人数比战前大为减少。在1939年至1940年在昆的两年中，三院教师共77人，其中德籍教师仅三四人，多数在赣州时回国，学生875人。[1]

学校继承发扬"严谨求实"的学风，注重教学质量和培养学生自学能力及动手实践能力，严格考试制度，学生都能比较熟练地掌握德、英两门语言。在昆期间，工学院和医学院毕业了两届学生，同时也招收了一批新生。同济大学从上海辗转到昆明，经费大为削减，但还是尽力开展科学研究。医学院坚持严格的基本训练，在昆明八省会馆设有解剖室供解剖实习之用。1940年3月，同济大学恢复停刊了两年九个月的《同济医学季刊》，仍由医学院同学会学术股主编。医学院同学会还在校内举办了《医林》壁报，每10日出版一期，除学术讨论外，还有道德修养及人生哲理等内容。医学院定期举行学术讲演，请校内外名人担任，并吸收外界人士参加。医学院1940年在校生261人，在昆明两届毕业生共70人。工学院刚迁至昆明之时，设有机电、土木、测量三系。土木系初到昆明时学制5年，

---

[1] 政协西南地区文史资料协作会议编：《抗战时期内迁西南的高等院校》，第63页。

1942年改为4年,1939年4月在昆明成立了"国立同济大学土木工程学会",定期出版刊物,交流学术成果。1939年和1940年,机械系共有毕业生70人,土木系在昆明时期共有两届毕业生共29人,测量系则有毕业生16人,造船系则共有两届毕业生11人。理学院成立之初,设化学、生物2系,1940年在昆明又增设数理系。1939年时,理学院共有教师16人,其中教授4人,副教授3人,1940年在校学生59人。[1]

同济大学在昆2年,积极开展群众工作及抗日救亡运动。同济大学通过读书会发展进步力量,自学和集体阅读《辩证唯物论》、《社会发展史》、《联共党史》、《大众哲学》、《新经济学大纲》等进步书籍及高尔基小说、马亚科夫斯基诗集等文艺书籍,并组织讨论交流心得。此外,读书会还编出壁报,刊登抗日救亡报道和评论。通过多方努力,积极组织昆明儿童剧团,成员六七十人,在1939年纪念"八一三"那天,与昆明市民一道在近日楼中心花坛一带演唱抗日歌曲,演讲救国道理,并演出《难童》短剧。在昆明举办的第一届戏剧节时,演出《小间谍》,前三天演出的票款收入,全数捐献给抗敌后援会,此后连续四场的收入的三分之二为昆明26所小学贫寒学生设立助学基金,余下的三分之一留作儿童剧团继续开展工作的基金。[2]此外,儿童剧团还演出了《小主人》、《表》、《飞花曲》等剧目,受到社会各界的欢迎。

1940年8月,由于日机不断来犯,威胁师生安全,同济大学遂决定迁往四川,并成立了迁建委员会,下设经济处理组、校产运输

---

[1] 同济大学校史编纂委员会:《同济大学史》第一卷(1907—1949),第82—83页。
[2]《同济大学》编辑室:《同济大学校史资料文集》(3) 1983年8月编,第40页。

组、总务组和员生旅运组分工具体进行迁校工作。10 月，同济大学分批停课并迁往四川的李庄和宜宾。其中同济大学附中继续在昆明上课直到 1942 年方迁李庄。1946 年 4 月至 1947 年 2 月，同济大学复员返沪。

七、私立武昌华中大学

私立武昌华中大学的前身是创办于 1871 年 10 月 2 日的"文华书院"。[1]1924 年，武昌博文学院大学部、汉口博学书院大学部、长沙雅礼大学、岳州湖滨大学及武昌文华大学五所教会大学和书院合并组成私立武昌华中大学，校址设在武昌昙华林。1926 年长沙雅礼大学、岳阳湖滨大学又北上并入。至 1931 年秋该校得到国民政府教育部批准立案。1938 年 7 月，学校迁往广西桂林，后因敌机空袭而于 1939 年 2 月 4 日和 20 日分两批出发，分三次乘卡车到达镇南关，然后由镇南关乘火车往河内辗转穿越印度支那从老街返回中国境内，而仪器及大件行李则通过卡车经柳州而贵阳运达昆明。

华中大学师生到达昆明后，校长韦卓民通过云南省主席龙云和云南省教育厅厅长龚自知的介绍，决定将大理喜洲作为学校在云南的办学地。迁移喜洲的决定作出后，作为当时学校临时执行委员会委员的卞彭和桂雄武于 1939 年 3 月初奔赴大理喜洲具体安排学校的迁移和建设事宜。是时，在大理喜洲的南门外半英里处的市上村有相互毗邻文庙、太慈寺和张氏宗祠三座公益建筑，学校遂决定将校本部的办公室、教室和实验室设立于此，师生则租用当地人的院子

---

[1] 政协西南地区文史资料协作会议编：《抗战时期内迁西南的高等院校》，第 100 页。

或寺庙；与此同时，当地长老还决定将离寺庙不远的一块土地租给华中大学。[1]1939年3月16日，华中大学由昆明整体迁移至大理喜洲，男生宿舍安排在市上街淑川小学对面的玉皇阁和两级小学附近新建的铺子里，女生宿舍则安排在染衣巷尹励金家的两院新房及市户里张家，教职员及其家属则住在北栅门外尹氏宗祠、杨氏宗祠及龙翔村李谷春家两院房子里，外籍教职员则全部安排在城南的一座古庙中。[2]华中大学还对三座毗邻的祠堂进行了相应改造，文庙用做图书馆，其前面庭院一侧新建两栋木结构的简易楼房，一栋分给物理系和生物系，另一栋分给化学系。学校礼堂设在大慈寺大殿，殿后两厢为校长室、秘书室、教务处、注册处和会计室。张氏宗祠内的祖堂以及廊厅作为教师休息室以及文学院、教育学院各系的办公室和研究室，同时还租用了太慈寺前一方香火地作为运动场。

1939年5月初，华中大学正式在大理喜洲开学。迁移喜洲后，华中大学仍设文、理、教育三个学院。文学院设中文、外文、历史社会和经济四个系，理学院设物理、化学和生物三个系，教育学院设教育、心理2个系和1个音乐专业。是时，学校有宿舍主任、会计等职员18人，教员48人，其中教授20人、副教授7人、讲师7人、副讲师5人、助教1人、教员1人。[3]赴滇后，为了弥补学校在师资方面不足，华中大学积极延请游国恩、桂质廷、张资珙、包鹭宾、李何林、胡毅、许光、徐作和等高水平教师。除中国教师外，华中大学还延聘了十几位英、美、德及瑞典籍的外国教师。

---

[1] 马敏：《华中师范大学校史》，华中师范大学出版社2003年版，第77—79页。
[2] 杜昆：《华中大学和基督教》，转引自《喜洲忆旧》，云南人民出版社1997年版。
[3] 《私立武昌华中大学二十八年教职员姓名册》，华中师范大学档案馆藏华中大学档案，案卷号275。

华中大学主张学术自由，学生可涉猎各家学派的知识，但强调要学以致用，成为有用的人才。华中大学提倡教学严格要求。学生从入学到毕业，都必须通过严格考试。[1]不仅如此，学校还特别针对战时的生源实际和教学实际，采取"先天不足后天补"的办法，借以保证教学质量，开展严格的入学考试，成绩差的编入先修班，先修及格方能学习大一英语。两年后又进行中期考试。成绩不合格者要重读。因此而多读一年、两年甚至三年的学生，亦不乏其人。四年级后进行毕业考，同时用一年写毕业论文。毕业考及格，而论文不及格者，也不能毕业。

在稳固教学质量的基础上，华中大学加快了充实图书设备和开展学术活动的步伐。华大有出名的图书馆"文华公书林"，几个自然科学的学习都有较好的实验室。如物理系有中国第一个电离层实验室、地磁测量站；化学系有为华中地区服务的应用化学研究所；生物系有丰富的标本。为了加强学术交流，华中大学生物、化学、无线电、历史、教育、国际关系、中文、外文等学会组织，经常进行一些学术活动。如无线电学会，就自己安装了短波无线电台，与国内外的业余无线电台进行通讯活动。华中大学针对大理工农业建设实际进行研究，对当地重大问题，如边疆、环境、农学等问题，组织了对苍山十八溪水电动力的试验研究，对滇西酒精、皮革、油脂工业的专题研究，为学校优势学科的形成和发展奠定了基础。生物系主任肖之的教授，在教师吴醒夫、陈培生、汪海珍的协助下，进行了苍山植物、洱海各水层氧含量、PH值和水生生物及浮游生物分布情况的调查研究，提供了许多科学资料。化学系结合喜洲情况，

---

[1] 政协西南地区文史资料协作会议编：《抗战时期内迁西南的高等院校》，第103页。

改进了靛蓝染料的提取工艺，并给当地引进了制革技术。物理系把废弃汽车的发动机与发电机配结在一起，以煤气为燃料，拼装了云南西部第一套发电系统，为学校晚间照明及实验室提供电力，物理系主任卞彭博士于1943年左右在喜洲五台山下拦溪筑坝，建成一座小水电站，这是由各大商家出资建立的，也是大理地区最早的一套小型发电站，使喜洲的各商家、医院、学校有了电灯。[1]

华中大学注重对边地社会尤其少数民族社会的调查研究。其时，学校边疆文化研究定于有关西南地区各民族的文献研究、有关西南民族社会生活的调查研究、有关西南民族的语言研究等三个领域。居于这一研究方向，华中大学师生对大理白族语言文字以及社会生活等进行了调查研究，对南昭、大理国历史及古迹进行了调查和考证。[2] 楚辞专家游国恩教授，在喜洲时曾研究白族"火把节"的起源等问题，写就了《说洱海》、《火把节考》、《南诏用汉文字考》、《文献中所见西南民族语言资料》、《云南土族文化述略》、《西南古史史略》、《释蛮》等论文集和研究报告；文选学专家包鹭宾教授，在喜洲时曾写过《云南土族的种类及其分布》、《僰族、濮族考》、《释僰》、《释僰补》、《释僰滕语》、《民家非白国后裔考》、《白人非白族之后》等学术论文，其中《白人非白族之后》由哈佛燕京学会出版。

华中大学在滇办学的7年间，共招收云南学生300余人，在师资上积极支持当地自主办学的私立五台中学，是年，华中大学教育学院三、四年级学生大部分到这个学校支教实习，还有部分教师到学校兼课，八年来，为五台学校培养了数以千计的初、高中毕业生，

---

[1] 任祥：《抗战时期私立武昌华中大学在大理的办学实践》，《大理学院学报》2004年第2期。
[2] 余子侠：《抗战时期教会高校的迁变》，转引自近现代史研究杂志社编：《抗日战争研究》1998年第2期，第97页。

对提高当地文化水平、培养人才起到了积极作用。不仅如此，学校还先后创办并出版了《苍洱月刊》《科学文摘》《每日新闻》等刊物，成立了大众壁报、妇女训练班以及儿童训练班等民众服务团，组织学生义演了《放下你的鞭子》《游击队之母》等戏剧，广泛开展了抗日救亡和爱国民主运动。

1946年4月17日，华中大学师生复员武昌。后改为公立，1951年与中原大学教育学院合并，又经1953年院系调整，改名为华中师范学院（即今华中师范大学）。

八、中央政治学校大理分校

中央政治学校前身为1927年国民党在南京成立的中央党务学校，负责北伐期间国民党干部的教育训练。1929年，中央党务学校改组为"中央政治学校"。1937年，中央政治学校迁至重庆小温泉，设法政、经济、外交、新闻、地政五系，而后又成立新闻事业专修班、新闻专修科、地政专修科、会计专修科、统计专修科、语文专修科。时任中央政治大学教育系主任的汪懋祖，为了提高少数民族的文化水平，为边疆同胞培养师资，决定离开中央政治学校去云南办学。1938年，中央政治大学派出曹树勋前往云南，协助汪懋祖筹建中央政治大学大理分校事宜。初到昆明，汪懋祖在中央政治学校申请到有限的经费，自己以中央政治学校教育系主任的名义在大理办学。因此，初建时的校名是"中央政治学校大理分校"。

1938年9月，"中央政治学校大理分校"在大理县正式设立并开始招生办学，学校"以教育边区子弟为宗旨"，当时仅设初中和简师两部，每部一个班，另设边区生活技能班。"为提高边区学生程度起见",同年秋增设高中部一个班。民国三十年（1941）春，复增设高师部，并筹设丽江分院，拟将初中简师移设丽江，"以傅达成边教进一步之使命"。学校各科教学和校务共20余名教师，多为汪懋祖过去的学生及逃难到云南的爱国青年，蒲清泉、何松心、许禄丰、彭河清、舒潞等都具有很高的学识。校址在大理古城北门外东岳庙内，当地没有建筑工程师，汪先生和几位教师自行绘图设计、施工，将一所破庙改造成土洋结合的教室、办公室、图书馆、边疆博物馆和两幢新宿舍，后来又把一座破旧塔寺修建成附属小学作为学生实习试教场所。中央政治学校大理分校办学条件极为艰苦，加上所招收的各民族学生基础不一，教学难度很大。学校采取分别编班的教育方法，合理安排学制和课程，加上管理严谨，使大理分校在教学方面取得了显著成绩，仅高中部毕业生在云南全省会考中包揽了个人前五名，以及团体总分第一名。对文化程度较低的学生，组织多项职业培训，如举办理发、木工、制革等技能培训班，为此开创了民族教育中职业培训的先河。[1]

1940年秋，中央政治学校明确表示不再拨经费给大理分校。汪懋祖赶紧与重庆教育部多次联系，申请办学经费。教育部经过调查研究，认为学校名称党派色彩太浓，不适应在边地广泛培养人才、培养师资的需要，[2] 于是于民国二十九年（1940）秋，"为统一边疆教育"，将中央政治学校大理分校划归教育部蒙藏司管辖，校名改为"国立大理师范学校"，并任命汪懋祖为校长，[3] 招收高中第三班和高师第二班入学。从1938年初至1942年底，从滇西招了20多个边

---

[1] 《台湾特殊优良校长第一人——曹树勋》，《崇明报》2008年7月9日。
[2] 杨永昌：《从中央政治学校大理分院到国立大理师范》，《民族工作》1998年第7期。
[3] 汪安琦、汪安琳：《陪伴父亲在大理办学的岁月》，《东方杂志》第43卷，第5号。

疆少数民族的青年学生数百人。学校注重学用结合，强调体验生活，不仅重视传授知识及学生体质的锻炼，而且强调培养学生的优良品德。同时，还考虑到边疆民族教育的特点，注意培养学生民族团结和爱国精神，重视劳动教育。为了增进各民族间的感情，学校举办了一些联谊活动。大理师范的师生利用"三月街"集市慰问各族客人，并邀请他们到校参加联欢大会。会上由汪先生致热情的欢迎辞，各族青年学生表演歌舞、音乐、短剧、相声等节目，会场上气氛和谐，各民族的感情自然地融合在一起。[1]

汪懋祖主持该校校务四年，成绩显著，培养了许多少数民族教师，为滇西民族教育的发展，立下了汗马功劳。1941年，汪懋祖向教育部提出辞呈，教育部批准了汪懋祖的辞呈，委派钟志鹏于1941年11月1日到大理任校长，汪懋祖则不再主持该校校务。1942年，汪懋祖赴丽江等地劝学，并筹办丽江师范学校，1942年底到西南联大任教授。

九、国立国术体育专科学校

国立国术体育专科学校是由民国爱国将领张之江创办，初名为国术研究馆。除具行政管理和编审教材、书刊外，另设学生武术训练队（班），培养武术师资，以便推广武术教育，属于学术教育机构。1927年3月15日，国术研究馆更名为中央国术馆。为培养体育师资，1932年，在中央国术馆内成立了体育传习所。1933年，传

---

[1] 章育才：《民族教育的开拓者——纪念汪懋祖先生诞辰一百周年》，《云南教育》1992年第3期。

习所改为中央国术馆体育专科学校,随后更名为国立国术体育专科学校。它是一所实行馆校并存的教育机制,学制3年,男女兼收。1942年,更名为国立国术体育师范专科学校。

中央国术馆的馆训:"术德并重,文武兼修","强种救国,御侮图存"。1929年2月颁布的《中央国术馆组织大纲》规定:"中央国术馆以提倡中国武术,增进全民健康为宗旨。"其职能是"研究中国武术与体育;教授中国武术与体育;编著关于国术及其他武术之图书;管理全国国术事宜"。自1928年成立至1937年抗战爆发前近10年间,共收了5期学生,总人数500余人,为国家培养了一批术德并重、文武兼修的武林俊杰。1936年,第11届奥运会在德国柏林举行,张之江发起并在上海主持选拔国术国手,组织国术代表队前去参加表演,取得较好的影响。

1937年8月14日,日机轰炸南京,国立国术体育专科学校南迁,途经长沙,旋迁桂林,再迁龙州。1939年3月21日,由张之江任馆长的中央国术馆"奉令迁移昆明,员生全体到达,暂借圆通街七十二号为临时办公处,已于本月二十日开始办公"[1]。国立国术体育专科学校也于同年5月21日由桂迁滇,加之沙国政、何福生等武术名流的莅昆,掀起了昆明的武术热。当时昆明的圆通公园、翠湖、文庙、光华体育场、大观楼、西南联大都是武术爱好者聚集之地。为便于教学,国立国术体育专科学校借用云南大学操场开展活动,特就近租借了昆明北门街南菁小学校址暂居。同年暑期,该校在昆明招生一班共47人,另有插班生多人,为云南培养了一批体育

---

[1] 伪昆明市政府档案,第141卷。

人才。[1]

1940年，国立国术体育专科学校续迁重庆北碚办学，1946年10月，国立国术体育师范专科学校迁到天津，1949年8月，与河北省立女子师范学院体育系合并。河北省立女子师范学院遂更名为天津河北师范学院，皆为河北师范大学的前身。国立国术体育师范专科学校也成为河北师范大学体育学院的前身之一。

十、广州协和神学院

广州协和神学院的前身为附设于花地培英学校和基督教学院（岭南大学的前身）的"神学科"。1913年，世界基督教协进会干事穆德牧师到广州布道，提倡广州基督教会宜联合办一间高等神道学校，以期促进教会的合一。美长老会、美纲纪慎会、美同寅会、英圣公会、英惠师礼会、英伦敦会、新西兰长老会、加拿大长老会等热烈响应，组织联合办理高级神学校校董会，筹备校务，遂将培英神学、圣三一神学、伦敦会神学、惠师礼神学、纲纪慎神学等联合起来，联合兴办，故取"协和"（Union）之意。1914年9月，"广州协和神道学校"以西关宝盛沙地伦敦会大楼为校舍正式开学。1918年，白鹤洞新校舍落成，即迁到白鹤洞。虽然独立设校，但广州神学院与岭南大学保持紧密的特殊关系，两校互相承认课程内容和成绩标准，1920年4月共同商定彼此联属关系的计划，规定"……到了事实证明岭南大学已是成熟的基督教大学时，协和神学院被视为该大学的一个联属机构，而协

---

[1] 云南省地方志编纂委员会：《云南省志》（卷六十·教育志），云南人民出版社1995年版，第589页。

和神学院的神学讲授与训练都是要用该大学的名义进行的……因而应当称为该大学的神学院"[1]。

在广州失陷后，广州协和神学院曾一度迁往香港沙田。1939年6月，广州协和神学院亦在校长龚约翰（美国人）的带领下经越南迁至云南大理喜洲。在大理办学期间，由于有着同为私立性质的教会办学背景，广州协和神学院与华中大学利用办学性质相近的便利，公用同一教学设施，并联合华大开了几门课。该校学生可以在两校跨校选课，学习成绩达到华大标准的也可以获得华大的学位。两校的这种合作一直坚持到1942年夏季缅甸失陷后。[2]作为宗教教育机构，广州协和神学院迁往大理后，为同迁一处的华中大学招收信仰宗教学生提供了一定条件，也为当地培养了部分人才。

1942年缅甸失陷后，该校返迁至岭南大学所迁校的粤北曲江仙人庙一带，与岭南大学继续合作办学。1945年，抗战胜利后，协和神学院回到广州河南康乐岭南大学原址与岭南大学联合办学，作为岭南大学的神学院而存在。1951年与岭南大学脱离，复称广州协和神学院。

第四节　国立西南联合大学内迁云南办学

国立西南联合大学系由国立北京大学、国立清华大学和私立南开大学联合而成。在前后9年（包含长沙临时大学时期）的存续期

---

[1] 〔英〕麦沾恩（Gearge H. Mcneur）:《1807—1914年间的华南神学教育》,《广州协和神学院的最初十年》，香港商务印书馆1924年版，第34—35页。

[2] 马敏、汪文汉:《百年校史：1903年—2003年》，华中师范大学出版社2003年版，第80页。

间,国立西南联合大学取得了举世瞩目的办学成绩。在迁往云南乃至在中国的内迁高校中,西南联大无疑有着极强的典型性,故此我们进行专节介绍。

一、西南联大的迁校经过

卢沟桥事变后,为探讨教育应对之策,国民党于 1937 年 7 月 15 日至 20 日,组织当时国内的社会名流和知名学者在庐山举行了关于国是问题的暑期谈话会,会上提出了北大、清华和南开联合组成临时大学的问题。庐山会后,三校校长到南京与教育部进一步磋商联合事宜。是时,教育部拟订了《设立临时大学计划纲要草案》:"政府为使抗战期中战区内优良师资不至无处效力,各校学生不至失学,并为非常时期训练各种专门人才以应国家需要期起见,特选定适当地点,筹设临时大学若干所……"[1] 临时大学设立分三个区,第一区设在长沙,第二区设在西安,第三区地址在选择中。北京大学、清华大学、北京师范大学、北平大学、北洋工学院及南开大学,合并为两个临时大学,一个设在湖南长沙,一个设在陕西西安,设在西安的称"国立西北临时大学",包括北京师范大学、北平大学和北洋工学院;设在长沙的称为"国立长沙临时大学",包括北京大学、清华大学和南开大学。第三区直至抗战胜利都没有成立起来。

1937 年 8 月 28 日,教育部发出关于任命长沙临时大学负责人的密谕,指定张伯苓、梅贻琦、蒋梦麟为长沙临时大学筹备委员会常务委员,教育部代表杨振声为筹委会秘书主任,筹委会成员另有湖

---

[1] 赵新林、张国龙:《西南联大:战火的洗礼》,上海教育出版社 2000 年版,第 12 页。

南省教育厅厅长朱经农和湖南大学校长皮宗石等人，筹委会主席由教育部长王世杰担任。[1]9月10日，教育部正式宣布三校合组。筹备委员会于同年9月13日举行了第一次筹备委员会，对学校校址勘定、经费支配、院校设置、师资遴选、学生收纳、建筑设备等相应事宜予以确定，并将三校原有院系作相应调整，将地质、地理、气象合为地学系，教育、心理、哲学三系合并为教育哲学系，共设文、理、工、法商4院18系，定于10月25开学，11月1日正式上课。

1937年9月初，南迁长沙合组临时大学的消息传至三校，部分教授纷纷南下。由于战乱所导致的学生四散，故此在学生的告知与接纳上，三校只能通过广播电台及京、津、沪、汉、粤、鲁、豫等地的报纸作为通知媒介。同时，为了稳妥起见，三校还采用了信函的形式分别通知各地师生到长沙集中。[2]至10月底，三校抵达长沙教职员共148人，其中清华73人、北大55人、南开20人，报到的学生共1452人。经过两个多月的紧张筹备，学校租用了长沙圣经学校、49标营房、涵德女校和湖南大学的校舍使用。1937年10月26日，国立长沙临时大学在长沙举行开学典礼，旋即于11月1日正式开学。此后仍有师生陆续到达，至1938年1月，学生已达1500多人。由于校舍不敷使用，无奈之下，临时大学将文学院改设于南岳圣经学校分校，机械系航空组在南昌航空机械学校寄读，化工系则在重庆大学寄读，电机工程系则与湖南大学合作。

1937年11月28日，日军飞机轰炸长沙，国立长沙临时大学又奉教育部之命，西迁昆明。1938年1月20日，国立长沙临时大学

---

[1] 西南联合大北京学校友会编：《国立西南联合大学校史》，北京大学出版社2006年版，第11页。

[2] 杨立德：《西南联大教育史：一九三七至一九四六年的北大、清华、南开》，第5页。

决议校址迁往昆明，并限于 1938 年 3 月 15 日以前到昆明报到。同时，学校常务委员会还对迁移工作做了相应的筹划和部署。1938 年 2 月 19 日，师生正式自长沙辗转赴昆明。迁移原计划为水陆两路，但是在具体的实施中，实际上分为三路：一路为部分教师乘分程包租的汽车，从长沙经桂林，出镇南关入越南，再换乘滇越铁路火车进入云南到昆明；另一路为女生和其余部分教师，先乘火车由长沙经粤汉、广九铁路到香港，再乘船到海防，由海防乘滇越铁路一线到昆明；最为艰苦的是第三路，为"借以多习民情，考查风土，采集标本，锻炼体魄，务使迁移之举本身即是教育"[1]，1938 年 2 月 19 日，学生 284 人分为 2 个大队 3 个中队 18 个小队，由黄钰生、曾昭抡、李继侗、闻一多、袁复礼 5 位教授组成指导委员会，许维鹬、李嘉言、毛应斗、吴征镒等共 11 名教师随团组成"湘黔滇旅行团"，另有事务员及医务员随队照应，湖南省特派黄师岳中将参议担任旅行团团长、毛鸿上校担任参谋长、邹振华中校与卓超中校分任第一、二大队队长，历时 69 天，一路行程 1671 公里，其中步行 688 公里，途经 27 县，数百个村镇，横跨湖南的长沙、益阳、常德、桃源，贵州的玉屏、镇远、贵阳、安顺、镇宁等地，过胜境关入云南境内，经曲靖、马龙、大板桥，于 1938 年 4 月 28 日到达昆明。

  1938 年 4 月 2 日，学校奉教育部电令改称为国立西南联合大学，并于 1938 年 5 月 4 日正式开学上课。此时，联大设有文学院、法商学院、理学院和工学院 4 个学院，1938 年 8 月，根据云南省当局的要求，为解决云南师资问题，奉教育部令增设师范学院。1939 年 1

---

[1] 张寄谦：《中国教育史上的一次创举：西南联合大学湘黔滇旅行团纪实》，北京大学出版社 1999 年版，第 4 页。

月新设电迅专修科，又设在职教员晋修班（学制一年），同时开办先修班。1941年又增设师范专修科，至此联大共有5个学院26个系2个专修科1个晋修班和1个先修班，是当时全国规模最大的高等学府。

在师生尚未到昆时，其实临时大学昆明办事处已经就校舍之事多方联系。他们租得大西门外昆华农业学校、昆华工校、昆华师范学校、拓东路三迤会馆、盐行仓库等处作为校舍。由于"昆明校舍无着，工料两难，建筑需时。蒙自海关银行等处闲置，房屋相连，可容900人，据视察报告，气候花木均佳，堪作校址"[1]。临时大学常委会遂决定将文、法两个学院设在蒙自，是为蒙自分校。一个学期后文、法学院迁昆，蒙自分校撤销。1938年7月，西南联大购得昆明市西郊坟地124亩为新校址，在刚搬走的坟地上修建新校舍。1940年夏，日军占领越南，为防万一，教育部又下达"逐步迁川"的命令，联大于此在四川叙永设一分校，当年考入联大的全部一年级新生及先修班学生到叙永上课。1941年秋季战事稳定，叙永的学生迁回昆明，分校随即结束。

抗战胜利后，1945年8月23日，西南联大常务委员会通过设置3所大学联合迁移委员会的决议，并对相关委员和委员会主席进行了聘请和任命。1946年5月4日，西南联大师生在图书馆举行结业典礼，同日，第一批学生90人复员北返，随后，学校师生、公物分11批陆续北返。7月13日，常务委员会举行最后一次会议，决定联大经费一律截止到24日，并宣告西南联大于7月31日结束。[2]

---

[1] 西南联合大学北京校友会编：《国立西南联大大学校史：一九三七至一九四六年的北大、清华、南开》，第32页。

[2] 杨立德：《西南联大教育史》，第188—192页。

二、教育管理机构

组成西南联大的三校原来都有自身的管理制度，管理风格也不尽相同。因系"联合"办学，既有合并的成分，也有独立的成分。联合之后，西南联大自有其独特的教育行政体制。从内部教育体制而言，"西南联大的成功首先得力于有合理的领导体制和一套高效率的组织系统，以及具有开创性的教育管理手段"。[1] 为顺利解决三校合并，尤其是在组织制度上所可能产生的矛盾和各校的利益诉求，联大保持着由常务委员会、校务委员会和教授会共同组成的特有的三级教育行政运行体制：

联大的最高行政机构是由蒋梦麟、梅贻琦和张伯苓三校校长共同组成的常务委员会，主持学校行政事务的轮值常委会同秘书长负责学校全面工作，凡学校重大问题和决策均由常委会讨论决定，常委会开会时，各处处长和各学院院长列席会议。这种做法在于从组织制度上保持了决策的科学化和民主性，也能较好地照顾到三校各方面的利益，避免了因个人决策可能导致的矛盾和偏差。由于蒋梦麟和张伯苓常在重庆，联大校政实际由梅贻琦主持。在主持联大校务期间，梅贻琦遇到重大事情总是通过信函、电文与另外两位常委商讨，并倚重学校各级机构共同协作解决，给予了各处、院、系领导人相当多的自主权，让他们既能负责又可独立地完成管理工作。

校务会议为议事机构，由联大常委会主席召集，由常委会常委、秘书主任、教务长、总务长、训导长、各院院长和与以上人数相等的教授代表组成。其职能主要是讨论预算及决算、大学学院、学系

---

[1] 赵新林、张国龙:《西南联大：战火的洗礼》，第42页。

的设立与废止、大学各种规程、建筑及重要设备、校务改进事项、常务委员会交议事项。校务委员会所议事项一经形成决议,校常委会就得执行,若常委会有不同意见,或难以执行的事项,校常委会也不能贸然更改,只能交校务会复议。

教授会为咨询机构,所有教授、副教授都是当然成员,其权限为:审议教学及研究事项改进的方案、学生导育方案、学生毕业成绩及学位的授予、常委会或校务会议交议事项。此外,联大还设立了图书馆设计、人员聘任等各种专门委员会20多个,临时设立的委员会则更多,聘请教授和高级职员为委员,由一名教授任主席,以解决各种专门问题,这类专门委员会在其任务完成后即行撤销。

西南联大这一管理体制的建立一方面与国民政府《大学组织法》相符,确立了西南联大作为国民政府统管下大学的政治合法性。另一方面,这种管理体制的确立在一定程度上体现了合组三校学术自由、学术自治、教授治校、民主管理的传统大学理念。不仅如此,三校交织一体、精诚合作的决心和精神也在西南联大的管理体制确立上得以体现。为照顾三校一些特殊事务与自主利益,北大、清华、南开还在昆明设有自己的办事处,保留着各校原有的一些行政、教学和科研机构,便于各校独立地处理自身的事务。[1] 北京大学办事处设校长办公室、教务处、秘书处,还有会计组、事务组、出版组与图书馆等机构,负责管理和协调北大学籍学生的学籍管理、招生、注册、升留级、毕业等工作;清华大学办事处设校长办公室、教务处、秘书处,清华学生的学籍管理、研究生招生、教师任免以及清华留美学生等事宜,由教务处办理,清华大学及其附属机构的行政

---

[1] 赵新林、张国龙:《西南联大:战火的洗礼》,第41页。

事务由秘书处办理；南开办事处主要由南开大学秘书长负责，负责南开大学的经费筹措、学生的招考、注册、升留级、毕业等工作。

西南联大注重大学自中世纪以来就恪守和坚持的学术自由和学术自治传统。在抗日战争进入相持阶段后，国民政府的执政力得到了一定程度的加强，是时联大的管理一方面更直接地受制于国民政府的意志，另一方面联大内部的民主氛围和学人对学术自治和学术自由的追求则对这种直接制约起到了一定延缓和对抗作用。1939年3月，陈立夫任教育部长之后，通过行政手段，对大学教育的诸多方面强行统一管理。[1] 虽然从客观来看，这些规定有其合理的一面，但就大学发展的内在逻辑和大学的传统来看，国民政府的行政指令在一定程度上限制和干涉到了大学的传统，以统一教材、统一科目为基本内容的高等教育内部权力的制约严重窒息了校园的自由空气，干涉了大学的学术自由和学术自治，引起了联大师生的极大反感和坚决抵制。1940年6月10日，联大校务委员会对教育部的统一大学课程教材和学术成绩考核办法等，据理抗驳，要求教育部给予学校更多的教学自由，不仅如此，此次校务会还通过并印发了《教务会议呈常委会文》：

> 敬启者，屡承示教育部二十八年十月十二日第25038号，二十八年八月十二日壹3字第18892号，二十九年五月四日高壹字13471号训令，敬悉，部中对于大学应设课程以及考核学生成绩方法均有详细规定，其各课程教材亦必须呈部核示，部

---

[1] 西南联合大学北京校友会编：《国立西南联合大学校史：一九三七至一九四六年的北大、清华、南开》，第42页。

中重视高等教育，故指示不厌其详。但准此以往，则大学将直等于教育部高等教育司中之一科，同人不敏，窃有未喻。夫大学为最高学府，包罗万象，要当同归而殊途，一致而百虑，岂可以刻板文章，勒令从同……

教育部为最高教育行政机关，大学为最高教育学术机关，教育部可视大学教学研究之成绩，以为赏罚殿最，但如何研究教学，则宜予大学以回旋之自由……

若大学内部甚至一课程之兴废亦需听命于教育部，则必将受部中当局进退之影响，朝令夕改，其何以俾研究之进行，肃学生之视听，而坚其心志……[1]

西南联大的教育管理体制是一种在环境交互、社会发展以及大学追求独立的综合境地下运行的结果，体现了学术自由和学术自治传统的追求，也迈出了中国高等教育本土化的第一步。西南联大一方面因地制宜地利用了环境，另一方面还对环境进行了积极的改造，使其进一步满足并尽可能地符合自身发展的需要，成就了自身的不断提升与发展。

三、人员整合与师资力量

要办好一所大学，师资至为关键。梅贻琦反复强调："师资为大学第一要素，吾人知之甚切，固图之也至极"，"吾人应努力奔赴之

---

[1] 北京大学、清华大学、南开大学、云南师范大学编：《国立西南联合大学史料》（一），第17页。

第一事，盖为师资之充实，大学之良窳，几乎全系于师资与设备充实与否，而师资尤为重要"。[1] 在主持西南联大校务期间，梅贻琦不遗余力地从各方聘请一流学者、教授，"对校外名家大师，总是设法延聘，在延聘之前，先行委托其至亲好友疏通，再由学校领导或院长、系主任登门拜请，'三顾茅庐'"[2]。

西南联大共设5个学院：文学院（下设中文、外文、历史、哲学、心理学系），法商学院（下设政治、法律、经济、商学、社会学等系），工学院（下设土木、机械、电机、化工、航空、电讯等系），理学院（下设算学、物理、化学、生物、地质气象等系），师范学院（下设国文、英语、算学、史地、理学、教育以及师范专修科等系）。[3] 而在这些不同的学院中，均有一大批学贯中西的师资阵容。据统计，西南联大的179名教授中，仅有23人未出国留过学，其余绝大部分留学欧美，在3位常委中，有2人留学美国，5位院长中，4名是留美博士，26位系主任中，6位留学欧洲，其余均为留学美国，均有较高学历背景，在各自所在学科有着较深的学术造诣。[4]

具体来看，从事自然科学方面的有：吴有训、饶毓泰、叶企孙、施嘉炀、江泽涵、杨武之、赵访熊、陈省身、华罗庚、许宝騄、姜立夫、郑华炽、吴大猷、周培源、赵忠尧、王竹溪、张文裕、任之恭、杨石先、黄子卿、曾昭抡、张子高、李继侗、张景钺、陈桢、戴芳澜、汤佩松、殷宏章、孙云铸、袁复礼、赵九章、杨钟健、李辑祥、蔡方荫、陶葆楷、刘仙洲、顾毓琇、庄前鼎……

---

[1] 北京大学、清华大学、南开大学、云南师范大学编：《国立西南联合大学史料》（一），第105页。
[2] 洪德铭：《西南联大的精神和办学特色》（上），《高等教育研究》1997年第1期。
[3] 赵新林、张国龙：《西南联大：战火的洗礼》，第42页。
[4] 同上书，第65页。

而在社会科学方面，有闻一多、朱自清、陈寅恪、杨振声、罗常培、浦江清、冯友兰、王力、罗庸、向达、潘光旦、叶公超、柳无忌、陈福田、汤用彤、陈序经、吴晗、吴达元、金岳霖、陈岱孙、张奚若、钱钟书、刘文典、冯文潜、赵乃抟、费孝通、沈从文、冯至、郑天挺、邵循正、钱穆、卞之琳、游国恩、钱端升、伍启元、周炳琳、秦瓒、吴泽霖、张印堂、张荫麟、陈友松、樊际昌、黄钰生、查良钊……

此外，西南联大还在经费极其有限情况下延聘了一大批外籍教授、学者，如吴可读（Pollard Urquhart）、米士（Peter Misch）、温德（Robert Wirter）、葛邦福（John Gapanovich）、陆伯慈（Robeyts）、罗伯特·白英（Robert Paine）、燕卜荪（William Empson）、贾思培（Gasper）、雷夏（E.C.Reicher）、白英（Robert Payne）等。著名学者李约瑟、费正清等也都到联大讲过学。

联大在抗战八年中，教师常年一般保持在350人左右，教授和副教授约占一半以上。1939年，联大有教授及副教授177人，1945年为210人，这在当时国内大学中是绝无仅有的。西南联大有如此强的教师阵容，是由于联大在选人、用人上有以下几个特点：

一是注重能力。做教师的时刻都能感受到教学与研究的压力。西南联大的必修课往往是一门课由几位教师同时来上，如"楚辞"课就是由闻一多、罗庸、游国恩、彭仲铎来上，各人讲课角度不一样。闻一多是从研究古代神话的角度讲授，罗庸则从楚辞、诗经到五言、七言诗的过度这个角度来讲。又如"中国通史"是联大各学院学生都要上的课程，这门课由吴晗、雷海宗和钱穆来讲。吴晗用"纵法"来讲制度演变史，雷海宗用"横法"讲历史循环论，而钱穆则讲中国史大纲，否认中国封建社会的存在，宣扬复古主义思想。学生可任选一位教授的课听，如果时间安排得过来，几位教授的课都可以去听。

二是善于激励。为了稳定优秀教师,联大规定:教师在联大任职满五年,而学校又有意续聘的,教师提出申请并经教授会同意,可以带薪到国外大学或研究机构访学休假。在联大期间,即使由于战事,经费捉襟见肘,但仍有数十位教师到国外著名大学访学研究,保证了这些教师得以不断提高和学术创新。

三是选聘教师不拘一格。西南联大有一套完整的教师遴选机制,教师职称提升只讲实绩和水平,没有人数和比例限制,在选用教师上也是坚持不拘一格、唯才是聘的用人标准,其选拔师资亦不只看重资历。在联大教授中,论资历,沈从文只上过小学,华罗庚、钱穆中学没有毕业,但这丝毫不影响联大聘他们做教授。另外,费孝通、钱钟书、吴晗、卞之琳等人都是联大期间新聘的教师,这些人后来都成为了闻名中外的学者。

总的来说,联大在云南的 8 年,教授、副教授所占比例较高,"在民国时期国立中央研究院的 81 名院士,西南联大占据了 26 人,占总数 32.1%"[1]。西南联大在师资上吸纳了当时一大批国内知名,乃至是世界上都享有盛誉的专家学者,真可谓大师云集。

四、科学的人才培养模式

20 世纪三四十年代,伴随着战时教育喧嚣直上的论战,中国大学教育界也曾有过一次是培养通才还是培养专才的激烈争论。为改变重文轻实、建设人才奇缺的状况,西南联大一反当时教育部主张

---

[1] 赵新林、张国龙:《西南联大战火的洗礼》,第 56 页。

的专才教育思想，沿袭并拓展了梅贻琦的"通才教育"理念："以人格的培养和完善为教育的主要目的，培养学生的价值理性；以学科专业为载体，弘扬科学主义，倡导学术自由，培养学生的认知理性；通才教育与个性教育相结合，严格要求与自主管理并行。"西南联大在实际的人才培养上一以贯之地坚持了"通才培养"的人才培养模式，使得学生能在夯实通识课程和基础课程学习的基础上进行更为深刻和细致的专业选择；在学生的录取上严把入口关，使生源的质量得到切实保障；西南联大实行学分制，在相当程度上革新了中国高等教育的人才培养模式。

在人才培养的入口关上，联大严格控制招生质量。由于联大是驰名中外的学府，吸引着无数有志青年的向学之心，这就给学校提供了一个优先、广泛地挑选高才生的机会。因此，联大选拔录取的学生多属一时之秀，成绩优异、基础扎实，特别是中、英文水平都较高，自学能力较强。学生入学后，学校要求十分严格，实行严格的淘汰制。不仅如此，引入了学分制，实行以学分制为基础的必修课制和选修课制相结合的制度，规定学生的在校修业年限必须达到四年。按照学分制、选修课制和必修课制规定，学生一般必须学满132个学分（约相当于30门课程）才能毕业。其《教务通则》规定了学分数与年级的关系：一年级以上之学生，其年级依所得学分编定之；已得33学分者，编入二年级；已得66学分者，编入三年级；已得90学分者，编入四年级。成绩计算采用百分制，60分为及格，如果学生一年中不及格课程的学分数占总学分的三分之一，须留级；达二分之一者，则自动退学。不及格者不予补考，学分为零。选修课不及格者，可选其他课以补足学分。若是必修课不及格，下学年须重修，隔年再修，即使及格了也不记学分。联大工学院有位教授甚至在学生考试中定了一条这样的严令：凡小数出错，错一位，其分数乘以 10%，错两位，乘以 1%。此举让每位学生战战兢兢，不敢有丝毫松懈。

　　为实施通才教育，西南联大还将学年制与学分制相结合，在选修课上赋予了学生极大的自由选择权。联大的必修课大都开在一年级，到三四年级绝大多数课程都是选修课，选修课的比重较大，一般要占到总学分的 60% 以上。据统计，联大 8 年，前后开出了 1600 多门课程。联大规定，文学院学生要必修一门自然科学课程、两门社会科学课程。理工科学生所修的人文社会科学课程则更为丰富。他们可和文科学生一样，经常聆听许多著名学者、教授的教诲。有些课程因名额有限，许多学生未能选上，他们就不要学分，抽空去旁听。钱穆先生讲授的中国通史课，正式选修的只有几十人，而旁听竟有数百人！刘文典先生讲授"庄子"时，也曾出现因听众较多而三易教室的事情。西南联大注重将课程设置同学生实际、同当时的社会现实结合起来。在课程的设置上，虽然教育部屡次要求学校将党义课、体育课和军事训练课规定为必须课，并要求列入学校的学分计算中，但西南联大人考虑到自身一贯学术自由和学术自治的传统及学生较强的认知性和学术追求，放弃了遵从国民政府教育部命令的做法，实行体育课不计学分，军训课需对一年级学生开展，三民主义课程摈弃国民政府的制定教材，自选"三民主义与大学教育"、"伦理学"、"中国经济建设"等内容。西南联大结合战时经济建设需要，先后开设了一大批具有较强现实性和针对性的课程。至 1938 年学校迁到昆明之后，由原来清华大学机械系的航空组，扩建为航空工程系，加入了静动力学、材料力学、机械原理、热力学、高等飞机结构、应用空气动力学等一大批新的课程；学校还强调课程要与中国具体国情、同学生实际和人民生活实际相符，以联大师范学院史地系为例，该系对学校提出了将"史学通论、中国历史地理两门课程省略暂不开设；中国上古史、中国中古史、中国近世史课程做适当变动，重点讲述鸦片战争以后的历史"等课程内容作出调整的提议。

得益于西南联大独特且贴近实际的人才培养模式和课程设置，加以联大教授的敬业奉献和施教，在昆八年，西南联大培养和造就了一大批蜚声中外的学术大家。在自然科学方面，杨振宁、李政道因"宇称不守恒定律"获1957年诺贝尔物理奖；吴仲华创立了享誉中外的吴氏叶片机械三元流动通用理论，这一理论为国际所公认，并被工业先进国家广泛地采用，为此，世界上诞生了一批发动机具有某些新性能的飞机；邓稼先是中国的"两弹元勋"，杨振宁把他与美国"原子弹之父"奥本海默和"氢弹之父"泰勒相提并论；著名物理学家朱光亚，著名实验物理和反应堆工程与安全专家戴传曾，著名化学家唐敖庆，著名力学家、地球动国学家王仁，著名物理学家王天眷，著名植物学家吴征镒，著名数学家严志达，著名气象学家叶笃正等都在自己的科学领域里取得了不朽的成绩。在人文社会科学方面，著名史学家陈寅恪能背诵"十三经"全文，通晓14种外国语言文字，并多次为国际学术界知名学者解答疑难；闻一多则在联大时期先后完成《神话与诗》、《周易义证类纂》、《楚辞校补》、《唐诗杂论》、《诗选与校笺》、《中国文学史稿》；朱自清则在这一时期完成了《诗言志辩》、《新诗杂话》、《经典常谈》、《语文零拾》、《伦敦杂记》等书稿，首开"经典通俗化"之风。此外，西南联大钱钟书、王力、沈从文、张奚若、陈岱孙、潘光旦、钱端升、金岳霖、冯友兰、闻一多等学贯中西的大师，他们之中有的则是著名的诗人、文学家、哲学家、史学家。此外，宋平、费孝通、王汉斌、彭珮云、周培源、朱光亚、孙孚凌等人还成为党和国家的领导人。联大在8

年间，在校学生维持在 3000 人上下，共培养毕业生 2522 名（其中本科学生 2045 人），连上投笔从戎以及各种原因中途辍学者，前后在联大受过教育的学生达 8000 人。这些毕业生绝大多数留在祖国大陆，分布在台湾省和旅居海外的约 1000 人。据《学府纪闻》记载，台湾"国科会"主委曾说过：台湾拥有 8 位国际第一流的工程师，而 7 位都有是联大毕业的。[1]

在人才培养上，西南联大的教育者将中国儒家传统文化和西方的科学主义、人文主义思想相结合，形成了独具特色的人才培养模式。从总体上看，西南联大的教育一方面遵循了高等教育的规律，另一方面还兼顾了中国的社会现实；既对学生实行一定标准的统一考察，又给学生自由选择的发展空间；既注重整体的教学效果，又保证学生个性的发挥；既注重学生对知识的全面掌握，又兼顾个别的深入训练。

五、学术自由、教授治校的学术氛围

"自治（学术管理上的自治）是高深学院最为悠久的传统，失去了自治，大学也就失去其存在的精华"。[2] 自中世纪大学诞生以来，学术自由、大学自治一直是大学追求的理想，也是现代大学办学的核心理念。三校联合办学并不意味着大学丧失了独立性和各自的特点，相反，联合办学实现了各校之间多样性与统一性的融合。在学术研究上，西南联大提倡较大程度的学术自由和学术自治。联大名

---

[1] 董鼎：《学府记闻》，台北出版社 1981 年版。
[2] 〔美〕德里克·博克著，徐小洲、陈军译：《走出象牙塔——现代大学的社会责任》，浙江教育出版社 2001 年版，第 17—39 页。

师云集,自然学术流派众多,"派系"也形形色色。对此,梅贻琦在政治立场上对"左"、"右"均没有特别的偏好,他关注的焦点是学术和思想的自由发展。正如他所说:"余对政治无深研究",办学"应追随蔡孑民先生兼容并包之态度,以恪尽学术自由之使命"。在学术面前,"昔日之所谓新旧,今日之所谓左右,其在学校予以自由探讨之机会,情况正同"。[1] 正是由于有了联大学术交融、派无疆封的开明、包容之气,联大的教授才能在艰难时势中保持学术和言论的自由,各流派才可以在民主空气中"各美其美,美人之美","同无妨异,异不害同",得到充分地兼容和尊重。联大的学术自由区别于政治上的自由,大师们可以创造并传播自己的言论和思想,允许流派共存、百家争鸣。在学术争鸣上,联大师生绝不因为学派不同而有所偏见,他们既坚持自己独立的学术立场、政治信仰,同时又容纳他人的思想观点,在争鸣中促进学术水平的提高。在教学上,教师可以把自己的学术研究充分运用到教学之中,其教学思想、学术研究不受任何限制。教授们之间各自保持着固执的学术个性,相互间的批评有时是很尖锐的,但大多出于学术争鸣,而不是个人之间的私怨和意气之争。

西南联大在昆明诞生之后,学术自由思想得到了进一步的传扬。合组的三校有着"学术自由"和"民主作风"的追求。北京大学历史悠久,素以学术自由、兼容并包著称,自蔡元培接任校长之后,大力倡导学术自由思想,培养学术研究的风气。而在蒋梦麟担任校长之后,继续贯彻了这一思想。清华大学教师多为留学欧美的硕士和博士,在课堂上也时常灌输欧美的民主思想,是中国最早提出教

---

[1] 刘述礼、黄延复:《梅贻琦教育论著选》,北京大学出版社1993年版,第132页。

授治校、民主治校的学校，特别是梅贻琦先生任清华校长之后，在严格教育的前提下，也极力地拓宽学生知识面，其求实的科学精神为世人所称道。南开从严求实，活泼创新，闻名于世，张伯苓在创办南开学校之初就认为："国际积弱至此，苟不自强，何以图存，而自强之道，端在教育之创办新教育，造就新人才。"[1] 因此，注重基础知识的积累强调生动活泼地学习，培养解决实际问题的能力，并且能够广泛听取各个方面的意见进行教学改革。合组后的西南联大校风兼有三校之长，而名流云集，为全国青年所向往。在昆明合组后，联大师生不仅埋头钻研学术，而且关心国家大事和世界风云的变幻。师生们无时不关注着国家民族的前途与安危，他们将这种对国家命运和民族前途的关注融入到学术自由的空气中，形成了"百家争鸣"的学术探求，形成了"民主墙"的耀眼壁报，形成了"民主草坪"的"天下课堂"。

西南联大将学术视为学校的生命，教授们及其他教师也把学术看做是毕生的事业，将学术管理的自由看做所有学人一致的认同与追求。仅1941年至1945年国民政府教育部举办的五届学术研究评奖，西南联大就获32项，占11.5%，而其中15项一等奖，西南联大就占7项，占46.75%，如冯友兰的《新理学》、华罗庚的《堆垒素数论》、周培源的《激流论》等；二等奖如金岳霖的《论道》、许宝騄的《数理统计论文》、赵九章的《大气之涡旋运动》、李谟炽的《公路研究》等。这个时期的西南联大坚守了教学与科研相结合的原则，让学生既参与治学，又不排斥其参加科研，营造了浓烈的学术气氛，让联大的每一个学人都自觉投身学术。

---

[1] 沈卫星：《重读张伯苓》，光明日报出版社2006年版。

不仅如此，西南联大在学术管理上还将教学与科学研究结合起来。联大8年共开出课程比抗战前三校中任何一校都齐全、充实、完备。这些课程基本上都是专于该门的教授担任，所讲的内容都是教授们自己研究的成果或心得。如闻一多的"楚辞"课即讲他多年研究、四易其搞的"天问疏证"；华罗庚的"解析数论"、"连续群论"、"行列式"、"方阵"等课程，就是他结合自己研究成果来讲授的，反映了20世纪40年代的学术成就。由于师资充裕，许多课程常常几位教授同时开讲，风格观点纷呈，师承流派各异，政治倾向也不相同。因为联大开了那么多的课程，所以学生可以自由选课。讲得好的，门庭若市，否则门可罗雀。这实际上是一种学术竞赛，保证了学风的发扬。

用现实的眼光来看待昨日的西南联大，我们依旧能清晰地觉察到，西南联大延续了世界高等教育史上高深学问自治的传统，并较好地扮演了学者作为自己行为准则监护人的角色，在极端艰苦的办学条件和学术科研环境下，成为我国高等教育史上第一个富有文化自觉和历史使命担当的社会良心团体，塑造了一种典型的学术独立风范，不失为教授治校和学术民主的高等教育典型。

第四章 抗战时期云南地方高等教育的发展

云南设立现代意义上的高等院校历史可追溯至1920年，是时唐继尧创办了私立东陆大学，1924年筹办云南高等师范学院（1932年并入东陆大学）。1934年，省立东陆大学改为省立云南大学，由此到抗战前夕，云南仅有云南大学一所高校。及至抗战时期，中国11所知名大学的迁入，给云南高等教育的发展带来了契机，云南地方高等教育也由此得到了快速推进，呈现出蓬勃发展的趋势。为对抗战时期云南地方高等教育的流变与绵延作一个全面的了解，我们也把战前云南教育的情况进行了分述。

第一节 战前云南高等教育状况

自古以来，云南经济、文化、教育等方面发展一直较为缓慢，尤其是清末民初以来，"中国濒年多难，学务废弛。大学教育不发达，遂致人才缺乏，文化未兴。感此痛苦，西南各省为甚，而滇中为尤甚"。辛亥革命特别是护国运动后，随着新式教育的逐渐深入和改良，云南的近代高等教育发展也经历了一个由无到有、由弱到强的发展历程。

一、清末以前云南高等教育的发展概况

1. 云南古代教育发展概况

云南是东方人类文明发祥的关键之地。早在170万年前,"元谋人"便作为中国乃至亚洲迄今为止所发现的早期类型直立人代表,生息于云南这块土地,并能够用火,会制造石器,创造了属于旧石器时代的初期文化。及至新石器时代,居住在滇池、洱海附近的人们,已能使用石斧之类简单的生产工具从事原始农业生产,有些地方的人还会建造简易木结构房,并逐渐形成较大的村落。云南有文字可考的历史始于商代末年。公元前1150年左右,大理剑川海门文化"反映出原始社会解体时期的社会面貌",[1]云南开始向阶级社会过渡。此后的商代至战国时期,云南各民族的先民们创造了灿烂的青铜文化,云南也由此成为中国文化起源较早的地方之一。

云南在西汉中叶(约公元前2世纪初期)时才纳入中国统一版图,西汉王朝派按道侯韩说到今晋宁"授经教学",推行汉文化、儒学教育,至此,中原文化教育制度随之移入并在云南逐渐发展起来。昭通的孟孝琚碑、《三国志·蜀志》所载的雍闿与吕凯书简、大小爨碑、南诏碑等就是这种文化教育制度遗留下来的存迹。汉晋时期,云南一些少数民族开始了本民族的文字教育。彝族文字早在汉代便已出现,而傣文则早在距今2000年至2600年前就已出现。云南少数民族虽然有悠久的文字历史,但在以后的漫长岁月中,有的失传,有的只掌握在少数巫师手中,有的局限在宗教范围内传授,其影响

---

[1] 马曜:《云南简史》,云南人民出版社1991年版。

较为有限。[1] 由此就广义的教育而言，云南无疑是中国教育史上最早出现的地区之一；但就狭义的学校教育而言，云南大大晚于中原地区。我国夏代就已有正规的学校教育，而据《云南通志》载，云南直到汉代元和二年（85）益州太守王阜在滇池地区"兴起学校，渐迁其俗"，这时才出现学校教育，本省少数民族也才开始接受汉文化教育，晚于中原地区约2000年。

从元代开始，云南各路都建立了学校、孔庙，有的还设置了学田。此时，全省共有学宫11座。明代以后，设"提督学政"、学政和教谕专管路、府、州、县教育事务，并大规模兴建书院，此时全省又建书院57所。云南有史可考的第一所书院是建于明代景泰年间（1450—1457）大理府龙华书院。及至清康熙初年，云南始建义学，"改土归流"后，儒学、书院、义学、私塾十分普及，已有学宫91所、书院219所、义学638馆。光绪二十八年（1902），一些学宫、书院改为学堂。光绪三十二年（1906），设置云南省学务处，主持全省学政。此外，义学、私塾已遍布城乡。此时，云南的学宫进一步完善，府有府学，甚至连一些盐井也设有学宫和书院。然而总体而言，云南的书院教育仍较为落后，较有影响的书院有五华书院和经政书院。五华书院始于明，兴于清，在其存续370余年的历史上，不仅是云南第一所全省性的书院，同时也是云南历史上办学规模最大、历史最长、培养学生最多的书院，为云南的教育发展、人才培养、藏书建设、乡邦文献传承、学术繁荣作出了积极贡献。

---

[1] 云南省教育委员会教育志办公室编：《云南民族教育发展概况》，云南大学出版社1992年版，第5页。

2. 清末云南创办的新式高等教育

1902年，云南普洱府中学堂创办，云南至此有了第一所近现代新型学校。与此同时，云南效仿日本和西方学制，于1899年创立了云南武备学堂，主要是为了解决当时向国外派遣的留学生语言问题。然而学校虽有高等学校之名，却无高等教育之实，仅以语言教育为主。1904年，在昆明创立的云南桑蚕学堂，首开云南职业教育的先河。至1910年，云南的学堂已发展到949所，在校生达57808人，新式教育得到了迅速的发展。[1]光绪末年，随着清政府《钦定学堂章程》的颁布，云南至1911年止，先后举办了高等学堂、法政专门学堂、方言学堂及高等工矿学堂4所近代新式高等职业学堂。

云南高等学堂 1903年2月，云南奉旨将昆明五华书院改为云南高等学堂，结束了云南书院300余年的历史，同时也迎来了云南近代新式高等教育学堂的草创时期。当时办新式高等教育的条件很差，一无合格而充足的师资，二无适合各级学校的学生，三无现成教材，四无像样的校舍和教学设备。当局不得不根据办学实际，不断修改计划，学校也不得不跟着变化。[2]由于云南没有特设的学务机构，云南便交由高等学堂兼办一切教育行政事务，这一情形一直至1906年新成立的"云南学务处"后才有所改观。高等学堂设总理、副办、监督、总教习各1人，分教习6人，收支1人。高等学堂最初只有理财、兵学、交涉三个学科，其余则是人伦道德、经学大意、中国文学这些"公共课"，"余皆阙如"，学生在全省举贡生员中选拔。由于师资缺乏，直至1906年之后才逐步开设文科、数理化科、

---

[1] 蔡寿福：《云南教育史》，第319页。
[2] 云南省民族研究所编：《云南教育简史》，贵州人民出版社1993年版，第80页。

博物科、外语等。云南高等学堂自创办以来，历任校长9人，培养了400余名学生。1907年，该校改称为两级师范学堂，其中优级师范选科部属高等教育，学制3年，民国元年（1912）后只办初级师范，最后更名为云南省立第一师范学校。

法政专门学堂 1906年，云南省设立了云南历史上第一所专门的政法学院——法政专门学堂。最初设"速成科"，分为"员"、"绅"两部，员部收纳候补官吏，绅部收纳举贡生员，主要学习法律、政治，是培养后备官吏的学校。次年改设3科，即一年半学制的"司法讲习科"，3年制的"别科"和5年制的"正科"（由于缺乏生源，此科实际未能开办），主要学习一些较为浅显的政治、法律课程，学制1—5年不等，是培养候补官吏的学校。1912年法政学堂改为法政专门学校；翌年，又改名为公立法政专门学校。由于当时的封建制度，使得学生所学的知识不能发挥作用，但"它的创办实为云南省近代政法教育之先导，具有启蒙意义"。[1]

云南方言学堂 云南方言学堂的前身是创办于1899年的云南武备学堂，专门教授外国语，属于早期的留学预备学校。1908年，方言学堂从云南武备学堂独立出来改为高等学堂，专门进行外语教学，开设有英文、日文、法文三门学科，其主要的教育方向是为云南培养留学人员；次年改为云南高等方言学堂并附设实科中学，为云南外语教育作出了重要贡献。该校于1912年停办，未毕业者则分别转入两级师范学堂及第二届优级师范选科继续深造。

云南高等工矿学堂 1910年，云南开始尝试举办高等实业教育——云南高等工矿学堂。学堂初设高等生1班、中等生4班（不

---

[1] 蔡寿福：《云南教育史》，第323页。

设预科），按照"癸卯学制"规定学制 3 年，招收年龄在 18 岁以上、22 岁以下的中学毕业生，学生来源是云南和贵州两省的优级师范选科中的理化、博物两类毕业生。1912 年，因多数学生离校而停办，改为"省会工业学校"，1913 年改为省立甲种工业学校。

  清末的最后 10 年，当局把发展高中等教育和留学教育放在首位，云南新式的高等职业学堂开始兴起并得到了一定发展。云南高等职业学堂大多由过去的书院、义学改建而成。在具体的办学过程中，"学科课程亦无一定，各项教师皆科举中人。其经史稍有根底，及兼备阅读翻译西书者，即称为中西兼通，不可多得之人物"。[1] 由于生源紧缺，学校采取招考、由地方官吏推荐或在举人、拔贡、生童中选拔等方式招生，因此学生素质差异较大。学校缺乏现成教材，也只好由教员采选经史之类成书，实在难以成书的诸如《算学》、《物理》、《画图》、《博物学》等学科也只好由教员自己编写讲义，其困难之大可想而知。云南高等学堂考试分为入学、临时、学期、学年、毕业 5 种考试，入学考由学堂按照学科命题；临时考为每月或隔月一次；学期考由学堂监督会同教务长与各教员共同主持；学年考于年假前举行，以决定升级与毕业问题，并以此决定学生的奖惩。在创办过程中，部分高等学堂由于办学不合理，成立后不久便改为中学堂，如云南高等工矿学堂辛亥革命后改为省会工业学校，1913 年又改为"省立甲种工业学校"，成为一所中等程度学校；创办于大理府的迤西高等学堂成立不久便改为迤西中学堂……上述高等学堂由于学生星散零落，存续了较短时间便先后停办。从新学兴起到 1911 年，云南接受高等教育的共约 700 人，其中法政学

---

[1] 刘光智：《云南教育简史》，贵州人民出版社 1993 年版，第 83 页。

堂毕业生 290 人，优级师范选科毕业生 215 人。至辛亥革命前夕，在校生约 640 人。[1]

3. 清末云南的留学教育

在云南创立地方新式高等学校之前，云南培养所需人才的一条主要途径便是向国内外选派学生。国内主要是依靠京师大学堂的培养，1901 年，云南开始派遣袁嘉谷、施汝钦、李泽、孙文达、席聘臣、张耀曾、由云龙 7 人到北京京师大学堂学习，每人发放纹银 12 两，称为"国内留学生"，之后云南又多次向北京派遣留学生。随着英、法侵略危及西南，一些进步青年"欲不使金碧山川黯然，长设于腥风血雨之中；欲不使千余万文明神胄，如束如缚，呻吟于条顿、拉丁民族之下是赖夫学，是赖夫游学"[2]，相继渡海求学。在留学地的选择上，中国把日本作为留学的主流之地。一是居于"造就通才"，"富民强国"，以期挽回清王朝颓势；二是日本为达到控制中国目的，对中国向日本派遣留学生持欢迎态度；三是一批新思想的知识分子试图从日本寻求救国救民"秘方"而壮大留日队伍；四是日本在教育近代化方面取得的成就，对中国学生具有极大的吸引力；五是中日一衣带水，来去方便，文字相近，为中国留学生提供了极大的方便。[3]

1902 年，云南首批 10 名公派留日学生在张贵祚的护送下东渡日本留学。此后的 1902—1911 年的 10 年间，云南先后分 3 批向日本及欧美各国派去数百名留学生。云南到日本留学的人数达 229 人，

---

[1] 云南省地方志编纂委员会编：《云南省志》（卷六十·教育志），第 533 页。
[2] 《云南杂志选辑》，北京科学出版社 1958 年版。
[3] 黄新宪：《中国留学教育的历史反思》，四川教育出版社 1991 年版。

另有 3 人到比利时，26 人至法属越南留学，10 年间计有 258 名留学生。[1] 这些留学生出国前，都由云南总督、巡抚、学政写成专折面具皇帝，同时送外务部、吏部、礼部、京师大学堂、南洋大臣等部门备案。为确保留学生学习质量，当局在遴选留学生时注重选拔"品端学裕，有志上进"、"心术端，文理明达"、"质美年优，有志向上"的举人或乡试落第但确系可造之材的读书人，同时还派专人作为"留学生监督"及"汉教习"，"查看各生资质，所近分拨学堂肄习，随时严加管束，按期卒业，给照回滇……并查看三月后如何有不堪造就，即行送回，以照慎重"。[2] 为确保留学生安心学习，当局除给每位学生 400 两白银作为行装旅费外，每年还要给每位学生 400 日元作为学费。

　　这些学生中的很多人对云南的近代化作出了积极贡献。1904 年，云南留学生杨振鸿在日本写了《告滇中父老书》，痛述安南、缅甸亡国惨状，借以揭露英法帝国主义侵吞弱国的真相；1907 年，赵坤、李根源在日本东京创办了《云南》杂志，宣传反帝反清的民主民族革命思想；留日云南学生还创办了《滇化》期刊，用语义文书传输革命；留法的学生还将法国人德尔孟编著的《云南游历记》一书中有关鼓动法国侵占云南的章节摘抄寄回云南散发……留日学生中的李根源、唐继尧、吕志伊、罗佩金、谢汝翼等人在辛亥年昆明的"重九起义"和以后的"护国运动"中都发挥了重大的作用，成为风云人物。[3]

---

[1] 蔡寿福：《云南教育史》，第 338 页。
[2] 《新纂云南通志》，第 78 页。
[3] 云南省民族研究所编：《云南教育简史》，第 87 页。

二、中华民国初期云南高等教育发展概况

近代云南有着光荣的革命传统——辛亥革命的胜利，特别是袁世凯复辟帝制，云南人民首举义旗，武装讨袁，掀起了护国运动，并宣布云南独立，在中国近代史上书就了光辉的一页。护国战争后，云南在全国军阀混战中形成了割据局面，处于半独立状态的时间长达30余年。民国成立后，云南社会及经济形态发展不平衡，与地方政权结合的国家垄断资本获得了极大发展。此时，云南在文化领域也取得了长足发展，形成了数学、天文学、气象学、地震学、植物学、地质学等优势学科，同时，文学期刊、文学社团异军突起，诗歌、戏曲、话剧、修志写史等文化活动也获得了蓬勃发展。

1. 云南教育的总体发展情况

战前中华民国时期云南的教育组织结构经历了一个复杂的演进过程。1912年，云南都督府下设学政司，李华任首任司长。同年8月，学政司改称教育司，由周钟岳任司长。1913年4月，"都督府"改为"行政公署"，教育司受民政长的直接领导。1914年省"行政公署"改为"巡按使署"，"教育司"亦改为"政务厅教育科"，教育行政权大幅被削弱。1916年后，云南于都督府内设民政厅，下设教育科。次年省长公署成立，教育科为政务厅管辖。1920年，云南根据时势要求，重建教育厅，并重新设立编译处及教育研究会。次年，教育厅将全省教育行政分为省、县、街（村）三级教育行政组织。1922年8月，教育厅改为教育司，直接受省长领导，并在教育司之

外设有咨询、议决机关——教育委员会。[1]总体而言，1911—1927年，由于受民国初创、护国战争、护法战争及省内军阀混战等历史事件的影响，政局不稳带来了教育行政机构不连贯的特点。

从1912年至1915年，云南省及内地的教育，曾出现蒸蒸日上的趋势，各类"学堂"改称"学校"，并改建和创设了一些高中级学校、小学校。[2]之后直到1927年，由于连遭护法运动及军阀混战，军费浩繁，云南教育经费和学校数量大幅减缩，全省教育都形成严重的衰颓状态，学校教育受到了严重影响。1927年之后至抗战爆发，云南政局趋于稳定，省、县教育经费得到独立，云南省政府将特捐及卷烟税扣为专款使用，使得云南教育的发展拥有强有力的财力保障，省立各类学校的校舍、图书、仪器及各种教学用具得以建设和大批购买；兴建了一批学校，一些学校亦扩大了招生名额。在这一时期，云南省各级各类学校教育领导机构日趋健全，各级各类学校发展有所恢复。至1934年，全省小学共有10438校，5330个班，学生44.8万余人，较1930年增加了1倍以上。[3]据《云南行政纪实·教育》记载，至1938年，全省共有省、县、市和私人创办的中等学校情况如下：省立师范学校33所，3851名学生，331名教师；县立师范42所，2677名学生，382名教师；中学校90所，学生18456人，教员1382人；职业中学11所，1592名学生，207名教师，合计全省共有中等学校176所。[4]

---

[1] 蔡寿福：《云南教育史》，第423—424页。
[2] 云南省教育委员会教育志办公室编：《云南民族教育发展概况》，第7页。
[3] 云南省教育志编纂委员会办公室编：《云南教育大事记》（公元前121年—公元1988年），第48—53页。
[4] 云南省民族研究所编：《云南教育简史》，第107—119页。

2. 战前云南高等教育概况

我国近代高等教育主要集中于沿海沿江一带的大中城市，云南地区的高等教育非常落后。除政法学校"初具规模"外，其余均"未臻完善"，为时甚短。因此一直到20世纪20年代开始，全省尚没有一所完善的高等学校。[1]1922年12月8日，东陆大学宣告成立，成为了云南历史上第一所正规的高等学校。[2]除东陆大学之外，从辛亥革命到抗战前夕，云南的专科学校还有法政、美术两个专门学校。[3]而这一时期，整个云南的高等教育事业几乎都是以东陆大学的成立、发展为轴心运转的。

东陆大学 早在1915年护国运动期间，全国各地反袁人士聚集云南，就有成立一所大学的建议，但因为当时忙于战事只议而未成。1919年，云南社会人士再次请愿议会成立省大学，也因为经费无着未能成事。[4]1920年，云南社会要求筹建大学的呼声更高，云南省省长唐继尧以捐资形式创办了一所私立大学。由于唐继尧自号"东大陆主人"，故学校便以其"东陆"命名，并筹备董事会。东陆大学成立时虽然名为"私立"，实为"官办"。其筹备费用除由唐继尧捐资及吸纳社会捐助外，也得到了地方当局的财力支持。东陆大学择地前清贡院，"居高阜，南临翠湖，风景绝佳，为修学最善之地"，学校以"方丈东亚文化，研究西欧学术，造就专才"为宗旨。首建初期学校先招预科生4班，共计200名，一年后始办本科。学校设置文、工2科，

---

[1] 孙代兴、吴宝璋：《云南抗日战争史》，第249页。
[2] 云南省教育志编纂委员会办公室编：《云南教育大事记》（公元前121年—公元1988年），第1页。
[3] 云南省民族研究所编：《云南教育简史》，第125页。
[4] 丁宝珠：《云南大学创办的历史条件》，载云南大学校庆60周年史学论文集1983年版，第160页。

文科分政治、经济、教育3系,工科分土木工程、采矿冶金2系。学校仿照欧美学制,实行学分制,设有必修课和选修课。1928年,东陆大学培养出了第一届本科生,也是云南历史上第一届本科生。

1929年,龙云担任云南省主席,对各方面工作进行调整和推进。次年,省政府将东陆大学由私立改为省立,经费由省里拨支。为谋本省教育之改进,经省政府决议,于1934年9月,呈请省政府转咨教育部批准,省立东陆大学改为"省立云南大学"。为符合省立大学的条件,学校对院系进行调整,将文理学院改名为"文法学院",原教育学院归并之。理工各系合并为"理工学院",并积极筹备医学院,增设了一些系,学校得到进一步发展。至1936年秋,省立云南大学设有文法、理工两学院,院下设中国文学、政治经济、教育、土木工程、采矿冶金、数理等7个系,一个医学专修科,共有本、专科19个班,学生302人。此外还开设一所附属中学,供教育系学生实习。

云南法政专门学校 云南法政专门学校始建于清光绪三十二年(1906),由课吏馆改设,初名云南法政专门学堂,1913年改为云南法政学校并开始设预科和本科;它开设的内容较为庞杂,教学质量不高,实际上是一所综合性的专科学校;课程设有法律、政治经济、商业、英语;同时还设有银行班、地方自治研究所、法政速成班、财政与商业特别讲习班,以及政治讲习所等。1932年,奉教育部关于全国法政学校一律撤销的命令,云南法政专门学校被撤销。在其存活的20余年内,毕业学生约有40班、1800余人,大多数人毕业后都效力于本省行政、司法部门,各有建树。

省立美术专科学校 省立美术专科学校创建于1923年,最初也仅设绘画、美术工艺2系,每年招收2班,每班30名,修业年限定为3年。1928年,云南省教育厅认为这所学校课程繁多而修业年限短促，学生成绩不佳，学校组织机构不健全，师资短缺，而又无改善前途，于是将其合并到省立第一师范，作为该校的艺术师范班，培养中等学校师资。1924年云南又筹办省立师范学校，开设理化、文史地和教育三个专修科，并于次年春季始业。然而，该校仅招收、毕业了一届学生就因故辍办。龙云治滇后，省政府恢复省立师范学校。1932年省政府调整本省高等教育资源，将省立师范学校归并入东陆大学，设为教育学院，1934年云南大学又将教育学院并于文法学院。

总体来看，中华民国时期云南较为正规的大学仅有东陆大学一所，但其校舍狭窄、设备简陋、缺乏优长学科，办学实力也至为孱弱，然而这毕竟是云南高等教育发展的一个里程碑，云南学子"难于升进"的情况也开始初步得到改变。据统计，1911—1938年，云南接受过高等教育的共2575人（不包括军事方面），其中，到国外留学的有238人，在省外就读的有350人，本省培养的近2000人。从专业方面来看，人数较多的是：法学（包括政治、经济和法律）475人、工学154人、文学151人、理学131人；人数较少的是：农学75人、医学69人、音乐27人、教育26人、体育25人、商学6人、艺术18人；其他专业（包括不明专业及专科、讲习科之类）1315人。[1]

第二节　抗战时期云南高等教育概况

除众多高校迁滇后所带来的云南高等教育蔚为大观，极一时之盛外，在抗战时期内外条件的作用下，云南地方高等教育在沿袭旧

---

[1] 云南省地方志编纂委员会编：《云南省志》（卷六十·教育志），第534页。

制的基础上进行了一系列调整，地方高等教育在办学体制、教育管理等方面逐步走向正轨，在客观上推进了地方高等教育的发展。

一、抗战时期云南高等教育的基本情况

1. 办学体制逐步走入正轨

抗战时期，云南教育行政主要沿用了1927年形成的教育厅管理行政机构体制。抗战八年间，云南省地方高等学校有国立、省立两种性质。国立大学由教育部审查设立，校长由国民政府任命。省立大学由省政府设立，校长由省政府呈请国民政府任命，经费由省划拨。云南省教育厅作为云南地方教育的行政主管部门，综理云南学政。抗战爆发后，云南为适应战时需要，除积极接纳和协调安置众多内迁高校外，还把积极办好云南地方高校作为战时云南高等教育的主要任务。

抗战时期，教师成为"战时最便宜的职业"，很少有人愿意教书。[1] 由于历史原因，云南高等教育事业长期滞缓于内地，人才问题一直较为突出。随着众多内迁高校的进入，云南省教育厅除立足办好云南大学外，还与迁滇高校进行了多种形式的教育合作。为积极培养中学师资，1938年云南商请西南联大于迁滇当年便增设了师范学院。为培养初中英语师资，云南于1939年同迁滇的"中国正字学会"协商，创办了"云南省立英语专科学校"。1944年，在联大的支持下，教育厅将原来的省立昆华体育师范学校扩建成省立体育专科学校，专门培养体育师资人才。为解决在东南亚作战语言交流的困

---

[1] 欧元怀：《抗战十年来的中国大学教育》，《中华教育界》第1卷第1期，1947年1月。

难，1942年8月，教育部在昆明呈贡县设立东方语文专科学校。同时，内迁高校也纷纷通过多种形式的补习学校、民众夜校、短期培训班及其他教育活动，再加之在云南招收大量新生，为云南输送了大批各类专业人才，大大支持了云南在抗战后教育发展的需要。

2. 办学经费保障难以为继

民国时期，由于军阀连年混战，教育经费难以得到保障，由此，各地发起了教育经费独立运动。1928年12月，云南省政府通过了关于教育经费独立的议案，规定云南将特捐及卷烟税扣为教育专款使用，并规定在该项特捐未实行整理、增加收入之前，如费用不够，则由财政厅照数拨给。议案从1929年3月1日开始，教育经费各会处照案行使职权，云南教育经费从此实现独立。1929年之后，云南省的教育经费来源扩大，主要有卷烟特捐、商货捐、房租、利息和杂入5项，之后又陆续将省教育公产、国防教育专款及义务教育费等项并入。此外，省政府还补助一部分。1935年后，教育部又开始拨付给云南义务教育、边地职业教育、战时民众教育等4项补助。云南教育经费独立后，由于卷烟年年丰收及教育经费来源增多，加之管理严格、经营有方，而使云南的教育经费收入平均每年都有两三成的增长。至1937年，云南教育经费实际收入为3437866.33元（新滇币），实际支出2314062.72元，收支两抵，尚结余1123803.61元。[1] 随着教育经费的独立和增加，云南教育获得了较为稳定的经费保障，也使得当局有余力来完善教学设备，选聘高水平师资，高等教育也因经费的独立而获得快速发展。

---

[1] 蔡寿福主编：《云南教育史》，第596页。

1939年，云南省政府推行会计独立制，教育厅增设会计室，统管全省教育经费。1940年后，随着抗战进入艰苦时期，为支援抗战，云南的卷烟特捐预交税局管理，教育经费由财政厅按月从国库中统领转发，教育经费委员会及经费管理局也于1941年先后被撤销，云南的教育事业也因为经费减少而受到制约。从1940年起，省教育经费"收支悬决，窘迫万状"，完全依靠历年节余经费及卷烟经销处分得的40%利润，勉强维持局面。[1]特别是1945年内战爆发后，由于内迁云南的高等院校纷纷复员，云南的教育一时陷入衰退的境地，边境一线的不少学校随之倒闭。在这样艰苦的条件下，由于国民政府在公立专科以上学校实行公费制和大中学生的贷金制，这在一定程度上保证了云南地方高等学校学生的入学率。临近抗战结束时，由于物价飞涨，货币贬值，昆明各大中学生生活极度困难。各界纷纷捐赠救济，各级政府也做了一些工作。1944年2月9日，龙云发动百万募捐以救济本市各大学学生；3月19日，省政府拨款40万元捐助云南大学及其附中；4月14日，中央政府拨款40万元救济西南联大及云大学生；省教育厅决定自4月份起提高各学校副食费，由原定的每月130元增至165元。[2]这些措施虽然对于彻底解决战时高等教育的办学经费问题无异于杯水车薪，但对于维持战时云南地方高等教育起到了积极作用。

3. 主要办学措施切中社会需求

　　云南省政府主席龙云和教育厅长龚自知都较为重视教育，及至

---

[1]　云南省民族研究所编：《云南教育简史》，第96页。
[2]　昆明市教育局编：《昆明教育大事记》，云南民族出版社1990年版，第135页。

抗战时期，云南高等教育主要延续了 1931 年实施的八条高等教育整顿政策：一是本省高等教育由教育厅统一领导，"统筹各项事业设施"。二是高等学校学科设置应根据本省建设需要，造成合于实用之专门人才。三是明确教育和行政机关的职责，前者是培养人才，后者是正确使用学校造就的人才。四是统一省府高等教育机构和事权。五是努力筹措经费，充实高等教育。六是革除教育机关长期存在的不良积习，认真按照高教法令办校。七是学校用人唯贤，革除地区和学派门户之见。八是提高学校管理水平和教学质量，加强学生实习，教师待遇力求合理。[1] 在这些教育原则的指导下，云南省在教育措施上，积极配合国民政府先后推行了高等教育课程整理、师资审定、统一招生、毕业考试与学业竞试等几项改革措施。在教法上，随着欧美国家的教育思想和教学方法进一步传入中国，特别是杜威的"实用主义教育"影响，各高等学校除了普遍采用讲授法之外，还积极推行演示法、实习法等新的教学方法。[2] 在管理上，从 1938 年开始，国民政府在各高等院校实行导师制，将全校学生按院、系分为若干组，每组的学生人数不超过 20 人。每组设导师 1 人，由院长聘请专任教师担任。导师每月开训导会议一次，由校长任主席，主持汇报和研究学生的思想学业等。为提升教育层次，获得更多的经费以使云南大学获得更大发展，云南省政府力请教育部将云南大学由省立改为国立，这一动议于 1938 年 7 月 1 日得以成真，省立云南大学被升为国立。著名数学家熊庆来担任云南大学校长后，使这所原来校舍残破、院系不全、师资短缺的大学有了显著变化，在全

---

[1] 蔡寿福：《云南教育史》，第 491 页。
[2] 云南省地方志编纂委员会编：《云南省志》（卷六十·教育志），第 571 页。

国高校中取得了相当地位。

抗战期间,云南高等教育的壮大为以后高等教育的发展奠定了基础。抗战胜利后,西南联大师范学院留在昆明独立设置,定名为"国立昆明师范学院",云南因此有了第一所正规的高等师范学院。在云南地方发展起来的高校中,云南大学最具影响力,整个云南的高等教育事业几乎都是以它的成立、发展为轴心转动的。今天的昆明医学院、云南农业大学、西南林学院等高校,都是在这所大学的医、农、林专业(系)基础上建立起来的。

二、云南大学的建设与发展

抗战之前,特别是 1923—1937 年这一时段,云南的高等教育是以东陆大学的创建展开的,1938—1945 年,因省立云南大学改为国立,云南大学进入了发展的鼎盛时期。

1. 省立云南大学改设为国立

随着边疆治理进程的加快,办好云南大学,提高云南地方高等教育的水平和质量成为云南当局的一项重要任务。云南省主席龙云为筹措办学经费,使云南大学获得长足发展,便力请将云南大学由"省立"变为"国立"。云南酝酿将省立云南大学改为国立的工作始于 1936 年 1 月,时任云南省教育厅厅长龚自知赴南京向教育部建议,改省立云南大学为国立。时任教育部部长王世杰认为"兹事体大,允为慎重考虑"而使改为国立一事延迟下来。1937 年 5 月,以褚民谊为团长的京(南京)滇(云南)周览团到昆明时,云南省主席龙云就云南大学改国立一事与该团谈及:"大学为培养领袖及专门人才之场所，现在国家建设需才孔亟，然国内各大学偏设于京平沪等地，造就人才能否忍苦耐劳，到边疆服务，实成问题。西南各省虽有省立大学之设，然经费困难设备不周，终非完善育才之所，故主张国立各大学应平均分设于各省，一以求均衡发展，一以造就因地制宜之人才。"其后龙云又致电南京蒋介石委员长，呈请将省立云南大学改为国立，蒋介石当即发交教育部办理。1937年6月23日，国民党中央政治会议第48次会议，审议了龙云与褚民谊请改组省立云南大学为国立大学的提议，经议决通过，交行政院审查内容，但尚缺乏法律根据。8月8日龙云赴南京商筹国家抗战大计期间，又亲自与教育部部长王世杰面谈，商定于民国二十七年（1938）起，省立云南大学改为国立。

1937年8月17日，云南省政府就云南大学改国立一事正式行文呈请行政院及教育部：

> 查云南介局英法两属，远处西南极边，地当要冲，国防重镇，加以山岳磅礴，蕴藏丰富，自然资源亟待开发。民智浑噩，族系纷繁。文化建设，尤不容缓。固是早年设有省立大学一所，籍为人材策源学术探讨之计，历年惨淡经营，规模多具。惟是地方财政支绌，师资缺乏，欲谋充实改进，势须仰赖国家。查大学之设置，以原则言，以力量言，以责任言，均应以国立为主。京沪平汉一带，国立大学林立，足见国家兴学育才之盛意。惟是边远省区，独付缺如，以言平衡发展，尚待补缺救敝。侧闻教育部规划全国大学分区，预定云南设一国立大学，嘉猷远漠，闻者奋兴。省立云南大学，设置既有基础，为避免力量分散、设置重复计，应请即自二十六年度起，将省立云大改为国

立，由教育部派员接办。复查此案，业经中央委员褚民谊等提经中央政治会议通过，交行政院核办在案，拟请贵部长付院务会议，正式决议，洌为定案。至于二十六年度经费，自应照旧仍由省地支付，谨此陈明。[1]

行政院于 1937 年 9 月 1 日训令教育部，通令省立云南大学自民国二十六年度（1937）起改为国立，"应照准办，令行遵照"。但教育部提出："惟二十六年度业已开始，关于添设科系，充实设备，增加师资，修订课程及呈请中央核定经费等事项，当于本年度末期，预为筹办。至于更改校名，刊发关防及简任国立云南大学校长各节，拟自二十七年七月一日起实行之。该校经费，将来除由国库列支若干外，所有省库支付原数，嗣后仍应照旧支付，并设法增拨，以资发展。"据此，云南大学改为国立的问题实际往后推迟了一年。之后，因为国民党中央政府改组，陈立夫接任教育部长。唯恐因人事变动影响云南大学改为国立一事的进行，1938 年 2 月 21 日，熊庆来由昆明乘飞机赴汉口，与教育部商洽，陈立夫表示"不致改变成案"，熊庆来才回到昆明。随后，教育部电令云南大学制定改国立大学后的四年发展计划。1938 年 5 月 9 日，云南大学制定了改国立之后的四年规划：计划第一年除在原有院系内添置设备，增聘教授外，拟改文学系为文史系，并于文学院内增设社会人类学系，又拟在算学系添设机械系，经费拟为国币 50 万元及临时充实费国币 10 万元。第二年拟增设农场，以为增设农学院之备，并拟于工学院增设化工系，经费拟增为 60 万元。第三年拟增设农学院，并拟于工学院添设

---

[1] 《云南大学》编审委员会编：《云南大学大事记》，云南大学出版社 1993 年版，第 47 页。

电机系，经费为国币 80 万元。第四年为充实各院系设备，拟增加经费为 100 万元。计划上交后，于 1938 年 6 月 18 日奉教育部令，成立国立云南大学筹备委员会。

国立云南大学筹备委员会简章共五条：一是遵照教育部筹建办法及经费预算。二是筹备委员会设委员 11 人，由教育部聘请。三是由筹委会主任召集筹备委员会每周开常委会一次。四是筹委会职务至筹备完毕并正式成立止。五是该简章由教育部颁布施行，并呈请行政院备案。1938 年 6 月 20 日，经国民政府行政院及教育部批准，聘请熊庆来及西南联大常委蒋梦麟、梅贻琦、张伯苓及云南地方名流龚自知、陆崇仁、张邦翰、缪嘉铭、任可澄、李书华等人组成"国立云南大学筹备委员会"，由熊庆来任主任委员。每年拨付经费增加至国币 50 万元，由国库及省库各负担一半。1937 年 10 月，经国民政府行政院会议决议，自 1938 年 7 月 1 日起，省立云南大学改为国立，并于 10 月 18 日正式任命熊庆来为国立云南大学校长，规定云南大学的经费为 50 万元，由国库、省库各负责一半。至此，云南历史上第一所国立大学正式宣告成立。1939 年 1 月 2 日开始，国立云南大学关防与国立云南大学校长铜章正式启用。云南宿儒、省政府委员周钟岳对云南大学改国立寄予了很大期望：云南大学"将来必定成为国内的最高学府，所以我们现在有种种的希望。云南从前创办大学，本来是很不容易，因为经费关系，设备不完全，自无可讳言。现在改为国立，经费已经增加，设备渐渐充实，所聘的讲师教授，又多是海内外有名望的人。学校将来，当然有长足的进步"[1]。

---

[1] 张维：《熊庆来传》，云南教育出版社 1993 年版，第 209 页。

2. 选聘熊庆来为云南大学校长

作为一所省立大学，东陆大学从1923年正式开学到1937年的短短10余年间，其校长人选频繁更迭。1930年，校长董泽辞职以后，副校长华秀升"代理"校长，华秀升辞职后，何瑶接任"兼代"校长。这一状况一直延续到1937年8月正式任命熊庆来为校长为止，校长一职空悬达7年之久。由于长期缺乏校长主持校务，最终导致1937年4月"驱何（何瑶）"的学潮运动，"兼代"校长何瑶被迫辞职。这种混乱的局面，引起了云南行政当局的重视。于此，选聘一位德高望重又学识渊博且熟悉云南情况的校长成为当务之急。这样，出生于云南，先后留学欧洲，又在云南及部分国内知名大学任教，而且是无党派人士的熊庆来成为了最佳人选。

1937年4月，由于何瑶辞职，云南大学校长一职暂为空缺。省长龙云接受了其夫人顾映秋的建议，聘请熊庆来接任云南大学校长。顾映秋在北京上学时，作为云南同乡，常向熊庆来请教问题，对熊庆来的学识与能力深有了解。在随后与云南省府选聘事宜的接触中，熊庆来提出以省政府要力争云南大学为国立作为应聘的条件，而这恰恰与龙云的意愿相一致，所以双方一谈即妥，很快就达成聘任意向。[1] 在应龙云之邀入主云大校政之前，熊庆来还与龙云"约法三章"：（1）校务、行政，省府不加干预，校长有招聘、解聘教职工之权；（2）学生入学须经考试录取，不得凭条子介绍，送礼行贿概不录取；（3）学校经费需按期发给不能拖欠。[2] 其教育独立、学术自主思想可见一斑。1937年6月26日，熊庆来离开北平的清

---

[1] 温梁华：《熊庆来传》，《云南教育史志资料》1987年第7期，第13页。
[2] 王栩：《卓越的科学家教育家熊庆来》，载《昆明文史资料选辑》（第20辑），第26页。

华大学并于 7 月 15 日抵达云南。在接受《云南日报》的专访中，他谈道："我国高等教育，向设于北方及京沪一带，殊失教育均衡发展之意。今志公主席，提议省立改为国立，国内舆论一致赞同。除省大已决定短期内改为国立外，黔省亦有设置国立大学之议，开各地高等教育均衡发展之风，殊为荣幸。"他还对当前中国及云南的高等教育得失作了精辟的分析："国内各大学，科目纷繁，人才不敷分配，于是品流复杂，粗制滥造，殊非国家设学育才之意。个人意见，各大学及专门学校，宜就其学校历史及环境需要，将学科集中，设置讲座提高地位，聘请专家教授，负责领导，以期造就专门人才，""云南省大所负使命，为培养中学师资，造就地方实际建设人才，并就本省天然物产，加以研究，如采矿冶金、植物学等，以期蔚为西南学术重心。"[1]

之后，熊庆来先后到校视事并阐述了他对于创办云南大学的主张。1937 年 7 月 22 日，《云南日报》报道了熊庆来校长对于大学教育方针的谈话，他说："大学教育目的在培植各种专门人才。今后方针，一言以蔽之，勿论教者与学者，均一本重质不重量之本旨。各系学科，似觉繁多，此不但学者难收精进之效，而所需教授，亦因而增加。此种无益消耗，殊为不值。教授之下，何仿德国办法，添设青年教员及助教以补助之。总之，今后将使省大毕业学生，其造就不在一般大学之下，而为社会有用之人才。"1937 年 8 月 1 日，熊庆来在云南省教育厅厅长龚自知的监礼之下，正式到云南大学就任，与卸任"兼代"校长何瑶交接工作。之后，熊庆来对学校改进提出了 5 项基本原则：一是慎选师资，提高学校地位；二是严格考试，

---

[1] 《云南大学》编审委员会编：《云南大学大事记》，第 45 页。

提高学生素质；三是整饬校纪；四是充实设备；五是培养研究风气。由此开始了综理云南大学的工作。

在云南高等教育发展史上，成立于 1923 年的云南大学，是我国西南地区成立最早，拥有文理工科系的第一所综合大学。1937—1949 年的 12 年，却是云南大学历史上最为重要的发展时期。这一时期，在熊庆来的领导下，云南大学由一所地处边陲、简陋的学校，一跃成为文、法、理、工、农、医门类齐全，具有相当水平和规模的大学，跻身于全国有名大学的行列，后来被《简明不列颠百科全书》收为中国著名的 15 所大学。[1]

3. 云南大学的办学概况

在云南大学改为国立之后，熊庆来以"清华模式"办学，采取多种措施改革云大。通过励精图治、辛勤治学，学校在抗战时期艰苦的环境下取得了快速发展。

（1）院系及机构设置情况

"云南大学战时院系学科的发展，必须立足本省。"在这一思想指导下，云南大学对院系逐步作出调整和扩充。在实施院系调整中将文学院的教育系划归西南联大师范学院，在文法学院增设社会学系，并成立社会研究室，文史学系将文、史分为两组，1940 年，增加英文组。政经系分为政治、经济两组，不久独立成系。1944 年，文史系只留下中国文学、史学两个组。同时，在工学院增设采矿专修科，并先后增设了铁路管理系、航空工程系。继医学院的建立，1939 年又建立了农学院。1939 年，《国立云南大学组织大纲》业经

---

[1] 杨绍军：《熊庆来对云南大学的历史贡献》，《云南教育》（高教研究）2002 年第 36 期。

呈准备案，设文学院、理学院、工学院、医学院、农学院。

《国立云南大学组织大纲》第三章组织规定，学校设校长1人，各学院院长1人，各学系各设主任1人；设教务、训导、秘书三处和会计室；教务处设注册、体育、军事训练三部和图书馆；训导处设主任导师1人；秘书处设文书、庶务、出纳、斋务4科；并设有课外作业指导委员会、招生委员会、编辑委员会、建筑委员会、奖学金委员会、奖助金及公费免费名额审查委员会等委员会。抗战八年间，云南大学规模不断扩大。至1946年，云南大学已有文法、理、工、医、农5个学院，文史、外语、法律、经济、政治、社会、数学、物理、化学、生物、矿冶、土木工程、铁道管理、航空工程、机械工程、医疗、农艺、森林18个系，电讯、桑蚕、采矿3个专修科，西南文化、文化、航空3个研究室。此外，学校附设了附属中学、凤凰天文台、附属医院、疗养院、先修班、农场、林场等机构。[1]云南大学成为当时西南地区学科门类较为齐备的一所高等学府。

（2）办学资源情况

1922年私立东陆大学成立时，校址设在云南贡院旧址，面积75亩3方丈；此后又经政府指拨圆通山之一部为校址，为建筑医学院及农学院之用，面积113亩3分；还有小东门外前农业学校苗圃为本校农业试验场，面积25亩；北门外苗圃改建运动场，面积33亩；1935年秋，政府拟定旧昆华中学校舍为建筑理工学院及医学院之用，面积62亩27方丈。截止到1935年，云南大学校址已达298亩，当即延聘建筑工程师彭禄炳就建筑理工学院校舍计划，土木工程系主任王伟计划建筑学生宿舍及教职员宿舍，均已先后呈准，由省库拨

---

[1] 孙代兴、吴宝璋：《云南抗日战争史》，第281页。

定建筑费用。[1] 从图书资料来看，云南大学在抗战之前物资极为匮乏，藏书仅有 42052 册，仪器设备至为简陋，仪器、标本、模型、机械、实验用品、运动器械、乐器等教具共计 14627 件，校具总计 4122 件，中英庚款补助仪器总计 206 种。[2]

1938 年改为国立后，云南大学多渠道筹集经费，除每年争取国库、省库的经费支持外，还从教育部中英庚款董事会、中法教育基金会董事会、中华文化教育基金委员会争得经费补助，增添了大量的图书、实验仪器，并增购了北门外农田及基地 200 余亩，以及校西园地一块，以作扩大学校修建教学科研房舍之用。在这一时期，学校校舍添建了文法学院馆，扩建了科学馆东部，医学院则添建了教室和 10 多间实验室，工学院增加了 2 座实习工厂。1940 年后，云南大学先后添建了学生宿舍、医学院教室及实验室、细菌学馆、疗养院、附属医院、工学院与理学院则增加了实验工厂、科学馆、水利实验室、植物温室、试金、选矿实验室，以及大面积的扩建学校地基。同时，学校通过捐建形式增设了部分设施。1938 年 2 月 22 日，龙云夫人顾映秋鉴于云大女生 160 余人无宿舍可住的境况，慨然捐资国币 2 万元兴建了由梁思成和林徽因设计的宿舍一院（即映秋院）。卢汉夫人亦于 1941 年在云南大学捐建了"泽清堂"。到 1944 年，云南大学主要校舍有会泽院、科学馆、礼堂、食堂、实习工厂和可容纳 800 余人的 3 处学生宿舍。[3]

1940 年，由于日军飞机轰炸，云南大学不得不奉令省内迁移，理学院迁至嵩明县的马坊，工学院迁至会泽县。直到 1945 年，疏散到嵩明、呈贡、会泽、广通等地的各院系都陆续迁回校本部上课。

---

[1] 杜元载：《抗战时期之高等教育》，《革命文献》（第 60 辑），第 247 页。
[2] 同上书，第 249—251 页。
[3] 云南省地方志编纂委员会编：《云南省志》（卷六十·教育志），第 589 页。

(3) 师资队伍建设情况

1938年1月,云南大学对教职员队伍进行调整:校长熊庆来、教务长何鲁、代理教务长程瑮、秘书长郑崇贤。文学学院院长林同济,文学系教授兼主任闻宥,教授吴晗、讲导陶音、方国瑜。教育系教授兼主任曾作恕、教授陈璟。政治经济系教授兼主任林同济,教授范师武、朱驭欧、王赣愚。法律系教授兼代主任罗仲甫,教授邓鸿藩、饶重庆、张永宽。理学院院长何鲁并兼算学系教授及主任,教授熊庆来、讲导王世魁。理化学系教授兼主任赵雁来,教授李季伟、赵忠尧。植物学系教授兼主任严楚江。工学院院长杨克嵘,土木工程系教授兼主任李炽昌,教授顾宜荪。采矿冶金系教授兼主任张正平,教授吴大暲、蒋导江。医学院院长兼教授范秉哲,医学专修科主任秦光弘。

抗战爆发后,云南大学抓紧省立改为国立及大量内地文化教育机构内迁这一有利时机,通过多种形式,延揽了肖蘧、张正平、赵忠尧、蒋导江、顾宜荪、吴晗等一批知名教授。通过交换教授,举行暑期讲学会等形式,学校还延揽了一批人才,如农学院与浙江大学农学院互通有无,聘任了浙江大学教授卢守耕、吴耕民、孙逢吉为龙氏讲座教授。此外,与各内迁高校联系,广聘名师,邀请了顾颉刚、顾宜荪、吴文藻、楚图南、严济慈、华罗庚、陈省身、张奚若、冯友兰、郑天挺、庄泰、罗庸、潘光旦、刘文典、吴征镒、尚钺、彭恒武、戴世光、王赣愚、钱端升、潘大逵等名家为专职或兼职教授。针对一批留学归国学者,云南大学也是积极选聘,如王士魁、卫念祖、兰瑚、刘崇智等。通过一系列卓有成效的人才选聘措施,一时之间,人才济济,在云大历史上达到鼎盛。据统计,云南大学抗战爆发前只有教师51人,其中专兼职教授39人,而战时云南大学延聘了大批硕学鸿儒，师资得到了空前发展，至 1946 年，有教师 237 人，为 1937 年的 4.6 倍，其中教授 102 人，副教授 24 人，共 126 人，为 1937 年的 3.2 倍。[1] 这些措施，大大提高了云南大学的教学水平和学术水平。

（4）科学研究情况

在抗战背景下，云南大学在科学研究上把一些系科同社会实际紧密结合起来。社会学系社会学研究室在教育部、中国农民银行"罗氏基金委员会"的资助下，对云南农村经济、乡镇行政、工厂及劳工问题进行调查研究，尤其在云南农村经济方面，获得了许多极为重要的研究收获，写出了《云南三村》、《禄村经济》等重要著作。文、史两系则成立"西南文化研究室"，开展对西南民族、历史、政治的调查研究工作，出版了 2 种学报、6 种丛书和许多专门调查报告。工学院矿冶系同滇北企业局合作，指导一平浪盐矿、煤炭的开采，与滇北矿务局合作，对马尾绿铜矿精选方法进行了研究。1941 年，国民政府教育部为提高边疆人民知识水平，指定国立西北师范大学、四川大学分设蒙、回、康、藏语科目，在国立云南大学设立"摆夷"科目，以期造就边疆人才，以供需用。抗战胜利后，云南大学在校学生达到 858 人，为抗战前夕的 2.8 倍。

作为一所有着光荣革命传统的学校，在昆明的一系列民主救亡运动中，无论是"倒孔"运动、护国大游行、纪念"五四"游行晚会、声讨反动派暗杀李公朴、闻一多的斗争，还是在"一二·一"运动中，云南大学与西南联大、中法大学等高校一道，始终站在战斗的最前列，成为了活动积极的组织者和参加者。

---

[1] 孙代兴、吴宝璋：《云南抗日战争史》，第 281 页。

三、云南其他地方高校办学情况

在抗战期间，云南当局还通过合办、联办等形式，创办了云南省立英语专科学校、云南省立体育专科学校。另外，1942年8月，教育部还在昆明呈贡县设立国立东方语文专科学校。全省的地方高等教育得到了一定发展。

云南省立英语专科学校 为了培养初中英语教员，推动英文教学工作，省教育厅于1939年同"中国正字学会"协商合办省立英语专修科，后于1942年改为云南省立英语专科学校。"该校经费，自开办至今，均由厅方负担，照薪七公三规定，本厅每月补助公费三成，今为充实该校校务，除由本厅公产收益下拨发修建费三百余万元，并每月补助经常费十万元外，拟呈请省府自三十六年（1947）起，将该校所有经费拨由省经费支持，以便充实发展。"[1] 省立"英专"不是一所内迁入滇学校，但他是内迁入滇的文教单位和人员创办的学校。[2] 至抗战胜利前后毕业学生3班，并在1944年专案呈请教育部备案。

"中国正字学会"是英国批评家、语言学家瑞哈慈教授与清华大学瞿孟生教授合作于1933年创办于北平，其宗旨在于在中国推广基本英语，于1938年内迁至云南昆明。云南省教育厅居于培养本省英语人才需要，遂与"中国正字学会"商定筹建新校。决定学校经费、教师聘任、教学计划皆由学会负责。学校经费建校初期由美国洛克菲勒基金会提供，太平洋战争后最终中断，学校一度靠募捐和学生

---

[1] 云南省档案馆馆藏：《云南教育》（第六期），全宗号12-8-2592，民国三十五年（1946）9月30日。

[2] 孙代兴、吴宝璋：《云南抗日战争史》，第277页。

的学杂费维持，后来由教育厅划拨。学校于 1940 年 9 月正式招生开学，初设"英语专修班"，学制 2 年，招有学生一个班共 40 人，由"中国正字学会"成员水天同担任校长，吴富恒任副校长。

云南省立英语专科学校校址初设于绥靖路（今长春路）咸宁巷 2 号昆华女中附设幼稚园校址。1940 年底，由于校舍遭敌机炸毁，此时昆华中学又疏散出昆，英专遂迁借昆华中学一幢楼房办学（今昆明第一中学），同时增加班次，招收新生，将学制改为 3 年。1942 年，由于昆华中学迁回昆明，省立英专又迁移到光华街省立云瑞中学西院（今胜利堂西面旧屋）继续上课，后因该地改辟为公园而于 1943 年由省教育厅拨付兴隆街省立昆华商校的学生宿舍给云南省立英语专科学校，经过改建，作为学校新址。学校共有 20 多间平房，其中包括教室 3 间，图书室兼会议室 1 间，并有一块简易的小运动场地。

云南省立英语专科学校重视教学管理，强调延聘优秀师资。学校选聘了吴可读、温德、皮尔逊、哈里丝等著名外籍教师，水天同、吴富恒作为专职教师，学识和口才堪称一流。此外，学校还聘用了莎士比亚研究专家陈嘉敖，专职教师英国语言史专家邵循正、赵诏熊，西洋史和英国史专家凌达杨、鲍志一等国内知名教授作为英文兼职教师，闻一多、肖涤非、赵西陆、蔡西陶等公共课兼职教师大多来自西南联大及其他内迁高校。云南省立英语专科学校开设的课程，除国文、逻辑、教育学、心理学等公共课外，一般采用全英文授课，其中一年级的科学概论和西洋通史是用基本英语编写，其余二、三年级各门课程，则采用英文原著，或用一般流行英语编写。考试每学期也固定为月考和期末考，毕业时设有一次总考（口试）。总考至为严格，执考考官皆为外校聘任，采用随机提问方式应询，如果总考不及格则不能毕业。

1946年，云南省教育厅奉省政府裁员减政训令，决定裁并学校机关。省立英语专科学校，由原省教育厅酌予补助，但未经教育部立案，已决定改为私立，停止补助。[1]云南省立英语专科学校自1940年秋招收第一届学生，到1949年9月并入云南大学外语系，共招收学生约490人。

云南省立体育专科学校 云南省立体育专科学校的前身为创办于1936年的省立体育师范学校，亦称为"昆华体育师范学校"，校址位于昆明市拓东路旧盐行会馆内，首任校长聂体仁，继任者为罗光明、李立贤。[2]1944年，云南省教育厅鉴于本省中等学校体育教师严重缺乏，积极与西南联大等高校会商解决办法。在西南联大的支持下，教育厅将原来的省立昆华体育师范学校扩建成省立体育专科学校，遵照教育部令，云南省将昆华体育师范学院改为省立体育专科学校，并将原体育师范学校附办于校内，附设体育师范班。同时任命西南联大教授马约翰为省立体育专科学校校长，牟作云任教务处长，黄中孚任总务处长。[3]该校教师多为西南联大教师兼任，如西南联大体育教师、知名的体育教育家王英杰便曾任教于云南省立体育专科学校，该校教师涂文、魏丕栋等人还先后在云南大学兼任过体育教师。云南省立体育专科学校初设有学生1个班，之后有所拓展。这所体育类高校为云南省培养了一大批体育教师、体育工作者和为全民健身活动积极工作的骨干。

1946年，云南省教育厅奉省政府裁员减政训令，决定裁并学校

---

[1] 云南省教育志编纂委员会办公室编:《云南教育大事记》(公元前121年—公元1988年)，第90页。
[2] 谢本书、李江:《近代昆明城市史》，云南大学出版社1997年版，第252页。
[3] 昆明市教育局编:《昆明教育大事记》，第138页。

机关。在昆明地区，省立体育专科学校并入省立昆华师范学校。

国立东方语文专科学校　　随着中国对南洋问题的关注，为解决在东南亚作战语言交流的困难，1942年8月，教育部在昆明呈贡县新建了中国第一所开设有南洋问题课程和小语种专业的学校——国立东方语文专科学校。该校初设三年制大专，开设有印、缅、泰、越、马来、朝鲜等语种。[1]1942年10月5日招生入学，正式上课，本年度共有学生212人。[2]

国立东方语文专科学校的学生主要来自沦陷区、云贵川三省，此外还有从东南亚返国的爱国青年以及部分泰、印籍学生。部分教师聘请外籍学生担任，此外，还聘请西南联大、云南大学、中法大学的教授兼课，其中较著名的有：孙福熙、许烺光、常任侠、沈来秋、陈瘦、吴泽霖、朱杰勤、罗振英、江应梁、葛毅卿等教授，校长王文宣。西南联大汪懋祖教授于1944年曾兼任东方语言专科学校校长，现代散文作家孙福熙任国立东方语文专科学校国文及法文教员并兼教务主任，从事早期南洋研究的姚楠与张礼千也任教于国立东方语文专科学校，其中张礼千还先后任教务主任、代校长兼东南亚研究室主任。

1942年，为避日本飞机轰炸，学校疏散到呈贡县斗南村水月庵继续上课。水月庵（已毁）为明代所建，历为本村办学基地。师生们搬来砖头搭课桌，土基当凳子。没有电灯，就用香油点灯；没有宿舍，学生只好分散住在农户家中。正是这样条件下，学校师生仍坚持上课，并经常以墙报的形式宣传抗战时事，或与乡亲们一起开

---

[1]　王介南：《中国与东南亚文化交流志》，上海人民出版社1995年版，第291页。
[2]　昆明市教育局编：《昆明教育大事记》，第131—132页。

"同乡会",加强了学校与群众的深厚情谊。

1945年抗战胜利后,国立东方语文专科学校先后迁至重庆、南京,姚楠任校长,张礼千任教务主任。1950年,国立东方语专并入北京大学东语系。该校在呈贡办学8年间,为抗战培养了南洋语翻译人才,为新中国成立后开设南洋语专业立下了汗马功劳。

第三节 抗战时期云南的留学教育

一、战前民国时期的留学教育

居于改变云南落后经济文化面貌的考虑,当局深刻地认识到必须造就本省人才,因此,云南青年学生除在本省创办的新式教育升学外,还必须留学国内外著名大学。

在国外留学方面,云南虽然地处法国的势力范围,但由于发动"重九"起义的领导人均系留日学生,所以公费自费赴日本留学的人特别多,日本继续成为云南留学的首选之地。从民国元年(1912)后,除第一届为公费考送外,即停止考送办法,改为由学生自行赴日先入预备学校,待考入指定学校后,再补给公费。后来觉得这种办法难以控制留学人数,1926年,云南省政府遂制定了《留日学生管理办法》,规定公费留日学生每年限额派14名,后来增加为25名。至1931年,云南省颁布《选补暨管理自费留日学生规程》,把每年派遣名额增加至30名,并对留学的学校、系科、经费数目、考试成绩、医疗费、往返旅费都作出了详细的规定。1931年"九一八"事变后,特别是1932年"一·二八"事变之后,滇籍留日学生尽数罢学回国，云南留日学务亦首告结束。

云南向欧美派遣公费留学生始于清宣统年间，共选送了柳灿坤等3名赴比利时留学。1913年，云南开始由公费考送留欧美学生，派遣任嗣达等6名赴美国学习工业、政治，李汝哲等5名赴法国学习法政、兵工科，熊庆来等3名赴比利时学矿业（熊庆来于次年转到法国改学理科），王承才等8名赴香港学工、医、电学。同年，云南省府颁行《欧美留学生自费生津贴办法》，规定凡滇籍学生曾在中等以上学校毕业，自费考入欧、美各国高校，在本科第二学年肄业者，发给津贴，补助年限以所在高校学年为起讫，至多不超过3年，每年补洽滇币500元。1931年，云南省教育厅制定了《选派欧美留学生暂行规程》，并成立"云南欧美留学生考选委员会"，制定了《考选委员会章程》、《考选细则》。然而，由于种种原因，派遣工作在具体操作上却大打折扣，实际上第一批赴欧完全公费生只有杨家凤、徐佳祖、焦廷住、张铭鼎4名，赴美国及英国留学。到1933年底，仅有11名自费欧美留学生得到公费补贴。

云南学子留学之途，除了海外，更多的是国内。清末，云南对国内入国立大学留学者给予津贴，但名额及数量直至民国后仍未确定标准。1912年以后，由于省内只有东陆大学一所大学，因此，云南青年学生除争取出国学习外，更多人选择自费到北京、天津、上海等大城市的国立或私立大学、专科学校就读，国内留学的人数也逐年增加。1922年，云南省开始核定国内滇籍留学生津贴名额为100名，凡考取省外各国立大学或专科学校者，经云南省教育厅核准，每月享受国币6元的津贴（后增加为10元），但仅限于国立大学，私立大学则不在此列。其中分配给北京大学、北平师范大学的名额最多，共40名。1930年又将留学生津贴名额扩大到150名，并规定由教育部立案认可的私立大学、专科学校亦可获得一定数量的奖学金。1932年，核定留学津贴名额又增至200名，其金额定为国立大学每人每月15元，私立大学每人每月10元，研究生分别照加5元。为此，云南省教育厅制定了《补给本省高中毕业生升学国内大学专科学校奖学金规程》，规定外省分配院校名额、专业公布及考试办法，要求获得奖学金的学生，须按时向教育厅汇报自己的研究心得、实习报告、著作等成绩及操行情况，并要求凡获得奖学金的学生在毕业后须得回到云南工作。当时名额分配的主要国内国立大学有：中央大学、北平大学、北京大学、北平师范大学、上海交通大学、同济大学、武汉大学、四川大学、浙江大学、中山大学等。私立的主要有燕京大学、南开大学、金陵大学、厦门大学、沪江大学、复旦大学、大夏大学、大同大学、南通大学、协和医学院等。

　　留学教育作为云南高等教育的一个重要组成部分，在云南的教育史上占据重要的地位。据统计，从1912年至1938年，云南省受高等教育人数2575人，其中农学75人、工学154人、医学69人、理学131人、教育116人、文学151人、法学475人、商学19人、艺术18人、音乐27人、体育25人，其他包括未注科别及专科讲习之类的1315人。[1] 自1912年以来，云南受过国内高等教育学成离校者共计2337人，其中国内留学者至少为346人。云南省留学海外学成者共238人（不包括学军事的），其中留日141人、留美47人、留法22人、留英7人、留德6人、留比5人。[2] 在这些留学生中，留法的熊庆来、廖新学，留美的缪嘉铭（云台）、董泽、华秀升、何

---

[1] 云南省档案馆馆藏：《云南教育概览》(5),全宗号12-8-2583,民国二十七年度 (1938)。
[2] 《民元以来云南曾受高等教育人数及科别统计表》,《续云南通志长编》中册, 第838—839页。

瑶、徐继祖，留日的寸树声、李生萱（艾思奇）等学成回国后，对云南的发展起了极大的作用。

二、抗战时期云南的留学教育

抗战爆发后，全国的留学教育都受到了不同程度的影响。与全国形势一致，云南公费留学国外的学生，主要是留日学生，此时纷纷毅然中辍学业，返国回滇。据1938年统计，本年度云南在国内外大学专科学校在学滇籍学生中，受本省奖学金或减免优待者有717人，其中工科172人、文学134人、法学112人、教育105人，此外，农学17人、艺术6人、音乐2人、体育1人、其他学科18人。[1]此后几年，由于北方和沿海等沦陷区高校纷纷内迁，许多云南学生即可就近报考留学。因此，云南学生国内留学一途不再突出，云南省停止了向省外滇籍学生的资助。留学教育主要针对海外留学，而海外留学主要是派赴欧美，而不再派赴日本。[2]

在抗战初期，由于战争缘故，国家实已无法承担大批留学人员的巨大费用。此时，国民政府对于留学教育实行了较为严苛的限制政策。1938年4月，当局通过了《战时各级教育实施方案》，1938年6月通过了《限制留学暂行办法》，从学习科目、服务年限、工作和研究实绩等方面对公费、私费出国留学作了种种限制。1939年4月，国民政府行政院会议通过了《修正限制留学暂行办法》，对出国留学的限制较前更严。以上限制政策，使一批批有为青年学生失去

---

[1] 云南省档案馆馆藏：《云南教育概览》(5)，全宗号12-8-2583，民国二十七年度（1938）。
[2] 孙代兴、吴宝璋：《云南抗日战争史》，第282页。

了出国深造的机会，同时造成了留学教育在科目上的"跛足"，除跟国防有直接关系的军、工、理、医等之外，其他科目的学生，特别是行政部门、研究机关、各级学校尤其是高等学校文、哲学社会科学人才的严重缺乏。[1] 在 1940 年之前，由于经费尚有宽余，云南针对国内留学生还不同程度提供一些资助。1939 年 4 月，云南省教育厅作出规定，每年拨出国币 15 万元作为国内大专学校云南籍学生奖学金。1940 年之后，随着抗战的深入，政府办学经费日渐短缺，加之大批内迁高校的迁入，到省外就读的云南籍学生大大减少，针对国内留学生的奖励及补助也逐步减少。

1941 年 5 月，省政府会议决定，成立由省政府委员缪嘉铭任主任委员，教育厅厅长龚自知、陆崇仁、张邦翰、丁兆冠、李培天、袁丕佑为委员的"云南省选送留学生委员会"，并拟定了《选送留美学生办法》，规定被选送人员应具有高中以上学历，年龄在 25 岁以下。1942 年 1 月，为使学生能够尽快适应在国外语言等方面的需要，各选送生首先在昆明集中培训一年。经过初试录取 44 名学生，在昆明市图书馆举办了"留美学生预备班"，受训期为一年，由缪嘉铭担任班主任，沈履、金龙章任副主任。预备班聘请了西南联大教授朱自清、潘光旦、朱物华、杨石先、马大猷、王竹溪等和云南大学姜亮夫教授授课，1943 年暑期结业。1944 年 7 月，邀请教育部高教司司长吴俊升来昆明主持复试，由梅贻琦、龚自知监考。口试由西南联大吴有训、黄钰生、陈雪屏主考。参考者共 44 人，通过考试，录取了方宝贤、唐绍龙等 40 名学生并发放护照。之后由于战争原因，留学事宜一直迁延至 1945 年 5 月，省政府派金龙章率领学生出国，

---

[1] 孔繁岭：《抗战时期的中国留学教育》，《抗日战争研究》2005 年第 3 期。

9月全部学生都在美国各大学就学。这次组织的留学，是云南近代以来派遣公费留学生中规模最大的一次。[1]

从1943年开始，国民政府鉴于国际形势好转及各类人才培养需要，决定突破以往的限制政策，大量派遣留学生。1943年10月，出台了《教育部国外留学自费生派遣办法》，次年4月，教育部又颁发《大学教授、副教授自费出国进修办法》，自此，留学生的派遣与培养逐步走向正轨。1945年抗战胜利后，云南省当局恢复国外留学自费滇籍生奖学金，"查国外留学生自费滇籍生奖学金，于三十一年以前每年例有设置，但自国省税及收支系统经费奉中央变更以后，因限制预算，乃无形停止，现抗战结束，国际交通恢复，自费出国留学者势必日增，且本厅注册以自费出国留学之滇籍生，纷纷呈请恢复奖学金之设置，为应事实需要，近日已选具奖学金规则，呈准省府代拟呈稿专案呈报，行政院应核在案，已经核准后，当可恢复奖给予学金，以资鼓励"[2]。与此同时，抗战期间对到省外求学学生津贴的发放得到恢复。1947年，仅到平津、京沪、武汉3个地区求学的高等学生就有493名。实拨滇籍学生补助金共1.8亿元。[3]

在抗战期间，大量归国效力的留学生积极投身抗战，担负起宣传、募捐和慰劳前线杀敌将士的任务。军、工、理、医等专业的留学生回国后，在科研设备和原材料奇缺的情况下，积极承担起研究、培训的任务。冶金学家靳树梁于1938年2月提前回国，第一个任务是参加拆迁汉阳钢铁厂等至四川大渡口的重建工作。苦干了3个月，

---

[1] 夏绍先：《抗战时期云南的教育：内迁院校与云南教育的发展》，《云南师范大学学报》（哲社版）2002年第6期。

[2] 云南省档案馆馆藏：《云南教育》（第三期），全宗号12-8-2320，民国三十五年（1946）6月30日。

[3] 云南省教育志编纂委员会：《云南省志》（卷六十·教育志），第535页。

终于在日军逼近时，完成了预定的拆迁一座 100 吨高炉和两座 300 吨平炉的任务。他还为云南钢铁厂设计了 50 吨高炉，终于争得了时间，较快地为抗战提供了生铁。[1] 也有的留学生投身于农村，进行农田水利建设。水利专家和海岸工程专家严恺院士回忆道："辗转来到抗战的后方昆明，并响应当局的号召：'前方抗战，后方生产'，投身云南省农田水利建设。在一年多的时间里跑遍了云南省，查勘和策划了工程项目。"[2] 云南省弥勒县的竹圆坝引水灌溉工程是他从事的第一项灌溉工程建设。

除留学归国生外，在抗战爆发后，有些正在海外访问的专家学者也匆忙回国。如中国现代物理学家严济慈，卢沟桥事变时，正在巴黎访问，不久动身而归。在昆明北郊黑龙潭龙泉观的古庙里，进行了艰苦的科学研究。鉴于战时前方部队和后方医疗器械的缺乏，他决定从事水晶振荡器、测距镜、显微镜等研制，从光学计算、镜片磨制，到装配和检验，无不亲自动手。4 年内，他先后制成 1000 多具无线电收发报机稳定波频用的水晶震动器，300 多套步兵用五角测距镜和望远镜，以及 500 架 1500 倍显微镜，同时训练了青年徒工 10 余人。鉴于他对抗战所作出的卓越贡献，被授予胜利勋章。[3] 他的这些研究，为今天云南的光学研制工作奠定了坚实的基础。

---

[1] 中国科学院学部联合办公室编：《中国科学院院士自述》，第 936 页。
[2] 同上书，第 780 页。
[3] 同上书，第 61 页。

第五章　抗战时期云南高等教育对区域社会的改造与影响

高等教育兼具自然和社会双重属性，其一方面受制于社会发展运行规律的约束，另一方面则不断同自身的教育规律相交互，反作用于社会的发展。居于此，将战时云南高等教育相对于云南地域经济、文化、教育等方面的改造和影响置于特定历史情景、特定区域加以考察、梳理、评估，有助于我们更加客观地了解战时云南高校对于云南区域社会的改造和影响。

第一节　战时云南高等教育对区域经济的改造与影响

云南经济，"在昔纯属农村社会经济"[1]。抗战时期，由于地缘政治及战时经济建设的客观需要，伴随着内地大量工商企业、金融企业、金融资本的涌入，云南经济得到了快速的发展。通过经济改造，云南经济逐步由"典型传统"向"半现代"过渡，冲破了传统的封闭与守旧，也打破了长期自给自足的经济结构。众多内迁高校对于云南经济的改造和影响是显著的，而技术革新、观念变革、人

---

[1]《昆明市市志长编》卷十二，近代之七，第56页。

才培养之于经济的促动是为重要的深层动因，对军事经济、工业经济和农业经济发展的影响则是这种改造的主要表现。

一、促成了云南军事经济的发展

长期以来，云南以自给自足的农业经济占主导，企业形态也大多以手工操作为主。尽管历史上云南有"南方丝绸之路"的茶马古道，有全国首屈一指的"盐都"黑井，有享誉世界的"锡都"个旧、"铜都"东川，还有近代的烟草和由法国人修建的中国最早的"滇越铁路"，但由于地处边疆、交通闭塞、民族众多等原因，云南长期"发展滞后"，历史上曾被称为"蛮夷之地"、"夷地"。就经济形式来看，尤其是军事经济，云南长期处于滞后状态，地区生产力水平呈现出不平衡的多层次经济特点。

抗战爆发后，全国范围内的高校开始加强理、工、农、医等实科专业的教学和科研，开辟了许多有关抗战需要的课程，顺应时势地培养应用型科技人才以满足抗战需求。各高校理工学院重点加强国防化学及其他战争应用的研究，兵器制造和改良研究，研究变更平时工厂为战时工厂的问题，研究修理架设交通工具和军舰机械飞机等方法，测量地形及其他有关军事的工程。农学院重点研究和改善农民生活，增加农业生产、军需原料和战时食粮供给等问题。医学院重点研究药物的制造、国药的利用、救护看护和战区医院的组织等。同时，依各科系性质，区别专题作实地研究。如数学系从事弹道研究、国力统计等；物理系从事航空理论与实务，有线及无线电讯等；化学系从事酒精净化、炸药制造、毒气与防毒面具制造、烟幕与照明等；地质系从事油矿探索与监测等；机械系从事飞机、坦克车及普通汽车、汽船的修理装配改良和制造等；土木系从事军用土木工程等；电机系从事发电机制造与改良、军用有无线电讯设计和制造等；矿冶系从事煤炭提油、土铁炼钢、军用金属的探采和冶制等。[1]

一些军用企业还加强与内迁高校的科研合作，协助进行军需民用的生产，研制并生产出许多战时急需的军用器材及战备物资。1939 年 5 月，国民政府教育部会同经济部、交通部、军政部与航空委员会共同拟定了《理工学院与各种工厂合作办法》，指定近百家工厂与所在地理工学院开展合作。在这一办法的指导下，地处云南的清华大学与航空委员会、军事委员会、资源委员会、中央研究院化学研究所开展了积极合作，先后建立了农业、航空、无线电、金属、国情调查 5 个特种研究所，进行科学研究，首开高校参与云南军事工业的先河，也由此实现了云南军事工业从无到有的转变。中法大学理学院鉴于"抗战之重要"，针对军队需要无线电通讯员的实际，与空军军官学校合作，办了无线电通讯人员训练班，培养了一大批空军通讯人才。

西南联大、云南大学、华中武昌大学以及其他一些科研院所从 1939 年下半年开始先后与国民政府相关部门就水电开发、水利资源利用等项目开展了紧密的合作，并将这些研究成果运用于民用及军事实践。随着电力能源的发展和兴起，直接使得与军事工业相关的无线电、航空等事业得到了快速发展，为当时作为中国抗战生命补给线的"滇缅公路"、"驼峰航线"提供了必不可少的能源补给和支持。从这个意义上看，以水力资源运用为主导的云南工业的发展兴起，不仅奠定了日后云南工业的发展，更为重要的是，也对军事工业的发展起到

---

[1] 吴家莹：《中华民国教育政策发展史》，第 366—368 页。

了至关重要的作用。此外，部分学者围绕军事工业进行研究。张印堂研究了云南经济地理问题，写有《云南边疆种族地理》、《云南经济地理》等论文，关于"中英滇缅北段未定界江心坡地理考察"，明确了江心坡现状及其对中英两国政治、经济之关系，《滇缅铁路沿线经济地理》一文，于1942年获教育部科研成果奖励三等奖。

二、促成了云南工业经济的发展

战前，云南工业经济至为落后。除了个旧锡矿、造币厂、兵工修配厂、大道生纺织厂外，基本没有近代工业。[1]1937年前，全省符合近代工厂企业条件的企业仅42家，为当时全国工厂总数的1.07%，有工人6353人，占全国工人总数的1.49%，工业资本421万元，仅为全国总额的1.17%。[2]抗战时期，随着中央机器厂、中央电工器材厂、第二十二兵工厂、中国电力制钢厂等沿海工矿企业及内迁高校的迁入，云南进入了工业经济的高速发展阶段，创造了许多"中国第一"。昆明形成了海口、马街、茨坝、安宁四大工业区，以昆明为中心的云南战时工业在西南八大工业区中名列第三。[3]此外，商贸金融和城市建设的发展也是空前的，许多金融机构纷纷向云南转移资金，兴办了不少银行。仅仅在1937—1940年短短的3年内，云南的金融组织便由战前的8家增加到28家，增加了2倍多。[4]这些银行为发展云南的经济建设带来了不少资金。

---

[1] 《云南历史经验与西部大开发》，中共党史出版社2002年版，第227—228页。
[2] 马玉华：《抗战时期云南工业发展对现实的启示》，《学术探索》2001年第2期。
[3] 孙代兴、吴宝璋：《云南抗日战争史》，第199页。
[4] 汪涛：《抗战时期云南经济的发展机遇》，《创造》2005年第7期。

抗战中，国民政府颁布了《非常时期工矿业奖励暂行条例》、《小型工业贷款暂行办法》等鼓励发展工业企业的政策。云南省政府对这类政策进一步放宽、扩大贷款。在这些政策的鼓励下，云南出现了私人投资办厂的热潮，企业中的私人资本迅速达到81.5%。随着工业的快速发展，云南工业门类大大增加，近代工业的基本格局已具雏形，如钢铁、化学等工业从无到有，其他如机器制造、电机电器等工业都已建立了成批的工厂。据1940年统计，昆明地区已有工厂企业80个，其中机器制造业11个、冶金业6个、电器业7个、化学工业25个、纺织业18个、其他工业13个。横向来看，1945年，云南工业数占全国总数的3.8%，工人占全国总数的7.5%，资本总额占全国总数的12.2%。纵向来看，到1945年，全省登记注册的工厂已有226家，是战前的5.38倍；工人2.9万人，是战前的4.9倍；全省工业资本按战前币值计算为6175.5万元，是战前的8.23倍。抗战时期，云南工业年平均发展速度126.8%，比战前提高了22.6%。[1]

为加快云南工业经济的发展，发挥高等学校教学、科研和服务社会功能，西南联大先后与云南省经济委员会开展了长达8年的合作，在水利工程、公路研究、材料试验、给水排水工程等方面给予了重要的支持。在水利工程方面，1938年西南联大土木系与资源委员会合作建立"云南省水力发电勘测队"，历经两年完成了两期勘测任务，由施嘉炀主持提出初步的水利资源开发计划，设计出一批小型水电站，其中螳螂川水电站设计被政府采纳并开始动工；1940年，与云南经济委员会合作，勘测设计了发电量3000千瓦的腾冲水电站；设计建造了发电量为300千瓦的富民县水电站；与经济部中央水工实验

---

[1] 孙代兴、吴宝璋:《云南抗日战争史》，第179页。

室合作创办"昆明水工实验室";进行了腾冲电厂节制闸与引水模型实验;还进行了甸溪拦河坝改造计划的模型试验、云南水文研究、昆明附近径流参数试验等工程性实验;设计了昆明巫家坝机场的扩建工程;为昆明建筑公司设计了昆明大戏院。在公路研究方面,为打开从缅甸通往中国的生命补给线,作为连接这一补给线的重要枢纽,西南联大与交通部公路管理总局合作组成"公路研究实验室",由李谟炽任主任,研究路面改造、土壤稳定、代用材料、经济分析等,先后发表了试验报告 14 篇,论文 23 篇,这些试验报告和研究论文,囊括了云南公路建设勘测、施工、可行性论证的方方面面,基本上奠定了云南公路建设的理论基础,极大地促进了云南交通事业的发展,为工业的发展提供了交通上的保障。更为重要的是,基础设施建设也直接带动了云南诸如水泥、化工等其他工业事业的发展。在材料试验方面,1944 年,应滇缅公路工务局和美国陆军供应处工程部委托,进行公路沿线所产木材强度的试验,提出了《滇缅公路沿线木材之分布及强度》的报告。在给水排水工程方面,主要关注于城市的公共卫生工程,协助云南"抗疟委员会"解决城市污水处理和排放问题,陶葆楷教授还曾在昆明及各县研究阴沟排水问题。

在交通得以改善和发展的基础上,云南的其他工业事业也取得了一定进步。从总体上看,这些科研项目涉及地质勘探、工业生产、农技改良等方面,极大地促动了云南地区经济的发展。西南联大化工系主任张克忠教授出任昆明化工厂厂长,亲自设计改造设备,生产出硫酸,并且土洋结合生产了纯碱和食用碱。化工系苏国桢教授得到富滇银行投资,创建恒通酒精厂,缓解了当时汽油严重缺乏而又急需燃料的问题;张大煜教授在云南经济委员会的协助下,创建了利滇化工厂,用煤炼油,并从事桐油裂解制造燃料油的研究与试验,将科技成果直接用于工业生产,直接推动了云南本土第一批化工企业的生成和发展,为云南今后几十年的建设与发展奠定了宝贵的基础。联大机械系与云南建设厅合作研究改良云南农具,系主任刘仙洲为云南明良煤矿公司研究设计出一种特殊装置,即用汽车发动机带动轻便列车运煤。[1]在联大梅贻琦常委的倡导下,联大兴办了"清华服务社",为供应驻昆美军自来水和用冰,服务社承担了自来水管配件生产,建起了昆明第一家制冰厂。[2]中法大学化学系与云南制革厂、资源委员会炼铜厂、日月大药房、饮用化学工厂等经济实体开展合作,对有关的技术人员进行培训,对产品的设计制造作指导。[3]华中大学组织了对苍山十八溪水电动力的实验研究,对滇西酒精、皮革、油脂工业进行了专题研究。总体而言,抗战时期云南高等教育对经济的影响一方面在于技术上对云南本土工业的支持,使云南本土工业的发展得以注入技术力量,另一方面则是内迁高校通过高素质人才的培养和输送,保障了云南本土工业发展所需要的人力资源。据统计,在1940年4月,云南各厂应聘登记的经济技术人员有1491名,各厂自行招聘者则有3000余人,[4]这些技术人员大多来源于扎驻云南的各高等院校。

三、促成了云南农业经济的发展

随着人口的激增,云南保证军需民用已成为经济供给的重要任

---

[1] 赵新林、张国龙:《西南联大:战火中的洗礼》,第174—176页。
[2] 政协文史资料研究委员会编:《文化史料丛刊》第5辑,文史出版社1983年版,第218页。
[3] 张成洁:《抗战时期高校内迁对西南地区现代化的影响》,《贵州社会科学》2006年第5期。
[4] 杨立德:《西南联大教育史》,第136—139页。

务。在后方各省中，云南所提供的农产品仅次于四川，居第二位。在农业经济方面，随着高校的迁入，尤其是部分大学和地方院校生物系、农业科学院所的发展，高校科学研究与实践运用相结合的范式使云南的农业经济获得了较大的发展进步。

在1940年7月以前，国民政府并没有专门管理农业经济的部门，不仅云南的农业经济基本处于停滞状态，就是重庆、成都、上海等地亦如此。1940年7月，国民政府增设农林部，下设总务、农事、农村经济、林业、渔牧司及垦务总局，并强行规定各省必须配合成立农业改造所、试验站，各县则成立推广所。在这些机构设立之后，一个随之而来的问题是：如何保证这些机构运行的人员支持？云南高校人才方面的优势正好解决了这一问题。据统计，从云南设立相关的农业经济主管部门开始，云南大学、西南联大等高校先后有数以百计的毕业生到这些部门工作、实习或开展相关研究。不仅如此，云南高校也对这些机构所聘用的当地农业技术人员开展了不同形式的培训和指导，在推广产品、改良品种、防治病虫害、改进耕作技术等方面均取得重大成果。

为有效了解云南农业的发展概况，云南的广大内迁高校及地方院校积极开展地质、矿产资源、水利、气象等方面的专项调查。西南联大确定了"云南各纪地层分层之研究"、"调查云南地质构造以求横断山脉与喜马拉雅山脉以及中国南部各山脉生成之关系"、"由地质构造讨论中国西南部之矿产区域"、"研究云南之各种金属矿床"、"研究云南非金属矿床"、"研究云南之各种火成岩及变质岩"等研究专题。1942年夏，西南联大地质系与云南省建设厅合作组成"云南地质调查所"，研究人员对云南全省作大范围的野外观察和调查，主要针对云南省地层及构造、矿产资源等进行了研究和调查，初步调查了昆明附近各县的地质矿产资源，对云南省的铝、煤、锡、铁、磷、铜、铅、汞等多种具有战略价值和经济价值的矿产资源都有新的发现，这些调查以相关著述问世，如冯景兰的《云南地质矿产》《川、康、滇铜矿纪要》；王鸿祯的《昆明附近地质》《叙昆铁路曲靖宣威段路线以东地质矿产》《云南宜良路南一带地质》《云南保山地质》《云南易门铁矿地质》《云南嵩明杨林一带地质》。在地层及构造方面，孙云铸教授写了《云南西部之奥陶纪海林禽动物群》《滇西中志留纪地层》《滇西上寒武纪之发现》等研究论文。另外，云南地质调查所还对滇南锡矿、滇东北铜矿和盐矿、易门铁矿、滇西水银、砷、锑、银、铅矿进行科学调查，发现了昆明磷矿。[1]

此外，各高校还紧密结合云南实际进行农业科学研究攻关及农业推广。1939年，西南联大与云南省建设厅林务处合设"滇产木材实验室"，对滇产木材的种类和性能作出了多种试验；与中央研究院植物研究所合作，研究云南区域内的林木结构问题。联大气象学专家李宪之发表《昆明高流》《西南高层气流与天气研究》《中国南部季风的问题》等论文。联大生物系教授沈同以云南盛产的野果余甘做实验，研究维生素C与造血机能的关系。生物系吴征镒带领学生利用云南丰富的植物资源采集植物标本，发现了植物新品种"金铁锁"，考证了《滇南本草》和《植物名实图考》中的植物学名。清华农业研究所植物病害组对云南稻、麦、棉、豆、水果及三七、菌类等经济植物、植物病害等进行了广泛调查研究，在抗病育种方面取得了突出成果；虫害组深入昆明、安宁、东川、昭通等地的田间地头，采集病虫

---

[1] 云南政协文史资料研究委员会编：《文化史料丛刊》（第五辑），文史出版社1983年版，第210—212页。

害标本数百号,为防治虫害作了大量调研工作,发表了《云南虫害调查简报》等成果;植物生理组在理论研究上成绩卓著,先后在国内外学术杂志上发表论文 80 余篇。[1]偏居大理的华中大学则对洱海各水层的氧含量 PH 值、水生物及浮游生物进行了专题研究,为当地民众的洱海资源开发利用提供了科学参考和借鉴。中山大学农学院在鲁溪营搞水稻、小麦良种实验,并设立栽桑养蚕实验基地,向农民传授推广农业科学技术,此外,还在澄江设置了气象仪器进行气候观测,记录了一批珍贵的气象资料;在进行动植物标本的采集过程中,在澄江境内发现了一批动物化石群标本,编写了《云南澄江县土壤调查》、《澄江植物志》等一大批专著和调查报告。

总体而言,战时云南高等教育对于云南经济的改造是深入的,其内涵于云南经济发展的智力支持和人才孕育中,具有内发的持久性和相当的延续性。这种以较高层次的社会生产结构改造和较长时间为形范的人才塑成,极大地将经济发展的外在因素内化为内省的助推力,对战时云南经济发展有着积极的意义。

第二节　战时云南高等教育对于区域社会结构与社会风气的改造与影响

社会结构是支撑社会发展运行的基础性构架,社会风气则是以这种结构为生存空间的各种意识取向,两者结合形成整个社会存在的基本引体,或落后保守,或新兴开放,直接影响着整个社会的发

---

[1] 杨立德:《西南联大教育史》,第 136—139 页。

展方向。由于历史形成的长期政治边缘化和民族多元化的"小文化",决定了云南社会结构的农民主体构架和落后守旧的社会风气。随着战时人口的大量迁入,云南逐步由封闭转入开放,经济、政治、文化、思想领域和社会风气发生了深刻变化:衣食住行等生活方式发生重要变革;婚姻观念和婚姻行为变化明显;妇女地位得到较大程度的提高;民众的地域观念逐渐淡化;民智民风得以开启。一批受过现代文明熏陶的知识分子积聚在一起,将先进的文化知识和思想观念传播给当地人民,移风易俗,给闭塞的边疆云南带来清新的文化空气。民众心态逐步萌芽,封建、愚昧、保守和落后的思想观念逐步开化,云南社会结构和社会风尚近代化的转变也由此拉开序幕。

一、促成了民众意识的觉醒及守旧社会风气的改造

社会风俗是社会文化中最表层也是最不容易改变的东西,它的形成与一定的人群在较长时间内相对定居有密切关系,缺少交流,缺乏新的文化因子,因而,有较大的封闭性和惰性。[1] 尽管五四新文化运动给中国民众以前所未有的思想振荡,但由于偏离运动中心的地域延缓等各种客观原因,这种意识形态的巨变对于云南的影响却是微弱的,其政治、经济和文化上的闭塞导致了民众观念的相对落后。随着昆明开埠和滇越铁路的通车,大量的不同社会阶层、不同文化层次的外地人口进入云南,人口流动所带来的整合效应逐渐显露。随着人口的大规模流动,"使东西两部风俗得到接触的机会。不

---

[1] 王晓丹:《抗战时期内迁文化与云南社会的演进》,《曲靖师范学院学报》2005 年第 4 期。

仅使一般人民知道全国风俗的不同，而且因互相观摩，而得改良的利益"。[1] 不同范畴的风俗文化彼此撞击，互相适应，从而形成一种你中有我、我中有你的彼此交融的新的社会风气。

首先，内迁高校的到来促进了云南地区民众意识的觉醒。过去，云南因远离政治中心，普通民众一般对国家大事不太关注，缺乏应有的政治热情。内迁高校的到来使得民主和科学的空气在云南得到了扩散和传播并辐射到广大地区，带给云南人民极大的震撼，激励他们勇敢地追求民主与自由。此时，长期沿袭的封建社会民君相异思想在一定程度上被打破，落后的纲常伦理被打破，民众开始对于吏治加以考量，而不是继续停留在过去的统治阶级"一言以蔽天下"的层面上。广大内迁高校师生有着"五四"运动及"一二·九"运动争取民主自由的光荣传统和斗争经验，迁到云南后，高校师生很快成长为国统区民主宪政运动的前驱和骨干。他们散居云南城乡，宣传民主和科学，创立各种民主社团组织，掀起了一次又一次民主浪潮。西南联大成为后方民主堡垒，闻一多、李公朴等成为杰出的民主斗士。中法大学还专门成立了文史学会，举办了文史十四讲，广泛开展文史学术研究活动。吴晗教授讲的《明代特务组织——锦衣卫和东西厂》，以古喻今，讽刺国民党中统特务的罪恶活动；闻一多教授讲的《庄子反儒思想》，启迪青年学生反正统、破束缚的革命意志。校园墙内浓厚的民主气氛，势必感染着围墙外的广阔世界，甚至辐射到穷乡僻壤。通过民主革命思想的广泛传播，增进了各民族间了解，开阔了人们视野，使得狭隘的民族情感得到升华，中华民族的整体意识大为强化。许多人认识到："中华各民族本为一家"，

---

[1] 〔美〕白修德、贾安娜：《中国的惊雷》，世界知识出版社1986年版，第17—18页。

"现在国难严重,民族团结,势不可缓"。[1]

其次,广泛的社会教育提高了民众的社会意识。为使社会实践以达提升民众意识的目的,内迁高校与云南地方高校一道积极进行社会调查与社会服务,纷纷在当地开办国民基础学校、民众夜校、文化补习班和科普展览,在民众中开展形式多样的演讲会、讨论会等活动,有力地促进了云南地区成人教育和社会教育的开展。西南联大社会学家吴泽霖在丽江、墨江建立了从事医药卫生、国民教育、社会调查的服务站,陈达在呈贡县建立了国情普查研究所,根据对昆明和呈贡周围一些县份考察写成了大量的研究报告和社会调查。中山大学结合各学科特点在澄江开展社会服务活动:师生还在澄江中小学兼课,又在凤山小学创办了民众识字班,教认字、写字、画画、唱歌;在澄江府门口的空房里,创办了一个书报室,内有报纸、杂志、书刊,供居民阅读,街头、学校门口还辟有《青年生活》、《民众壁报》等。[2] 此外,中山大学法学院还在澄江设立了民众法律顾问处,开展法律宣传和诉讼咨询活动;医学院附属医院对外开放,为群众诊疗,普及卫生防疫知识,并使用青霉素,施行截肢输血、肿瘤切除、剖腹助产等当时最新药物和先进治疗手段救死扶伤。同济大学医学院定期举行医学研究学术讲座,邀请校内外名人或教授主讲,并吸收外界人士参加。战时云南高等教育对云南的社会结构和社会风气的改造,其事实是显然的。正如《公送国立西南联合大学北归复校序》中谈到:"……夫然后教育事业之神圣,学术思想之尊严,乃有所丽,而可久维于不蔽。如是熏习而楷模焉,久与俱化,

---

[1] 涂文学、邓正兵:《抗战时期的中国文化》,第 197 页。
[2] 杨应康:《中山大学在澄江》,《中山大学学报》1989 年第 4 期。

他日士气民风,奂然丕变,溯厥从来,知必有所由矣。"[1]

再次,促成部分社会风气的改造。首先是生活习惯的改变。战前,昆明人无论城乡,每天只吃两餐,分别在上午 9 时和下午 4 时,战后,昆明变成每天吃三餐,这倒不是人民生活水平提高了,而多半只能说是生活习惯改变了。[2]在衣着上也发生了重大变化,昆明城内到处是从沿海来的摩登小姐和衣饰入时的仕女,入夜以后她们在昆明街头和本地人一起熙来攘往。人们普遍以西装为新潮,"瓜皮小帽,现在普遍以毡帽来代替了,棉布鞋以皮鞋来代替了,女子和妇人因山野间的鲜花得来容易,故再也不用人工制造的花来装饰了"[3]。远在滇南蒙自的钱穆,对穿着风气的变化有着深切的体会:"联大女生自北平来,本皆穿袜。但过香港,乃尽露双腿。蒙自女生亦效之。短裙露腿,赤足纳双履中,风气之变,其速也如此。"[4]在居住上,战前的百姓住宅以平房居多,最常见的住宅样式莫过于"三间两耳",也就是方方正正一小院,院子的北边盖三间正房,东西各盖一间厢房或耳房,有的还有门楼。随着战时对昆明旧城的改造,兴建了篆塘新村、靖国新村、吴井新村等新型住宅区,"(街道)两旁的建筑相当的现代化,入夜霓虹灯照耀着,无线电收音机广播着各种音乐歌唱。这一切的声色以形成昆明为西南边疆的大都会,当无愧色"[5]。人口的迁移在促使文化发展的同时,也使语言发生了很大的变化。由于中

---

[1] 北京大学、清华大学、南开大学、云南师范大学编:《国立西南联合大学史料》(一),第 26 页。
[2] 孙艳魁:《苦难的人流——抗战时期的难民》,广西师范大学出版社 1994 年版,第 314 页。
[3] 〔美〕白修德、贾安娜:《中国的惊雷》,第 17—18 页。
[4] 钱穆:《八十忆双亲·师友杂记》,岳麓出版社 1986 年版,第 186 页。
[5] 徐杨:《试论抗战时期西南城市民众生活习俗的变迁》,《贵州师范大学学报》2004 年第 3 期。

国有着众多方言，各个方言中又因地域不同而形成许多小语区。这种现象，一方面是语言发达的表现，另一方面也对不同区域人民思想文化交流造成了障碍。当时，一部分流亡来滇的联大学生到路南县的尾则地区开展社会工作，到后来，这里的"好些夷胞儿童都会讲汉语了"[1]。在人们的日常交往中，为了彼此能够明白对方的意思，当地人和外地人都操着夹杂着浓重方言音调的"国语"进行交谈，这也客观上促进了语言的统一。[2]

二、促成女性观念的转变及传统婚姻制度的变革

妇女解放程度是社会文明进步的重要标志。辛亥革命以后至"五四"运动期间，受妇女解放思想的影响，云南妇女争取权益的工作取得了很大的进步，但束缚妇女的枷锁依然十分沉重。在中国封建伦理道德观念的长期影响下，妇女长期处于弱势的一方，这种守旧的社会风气在云南地区普遍存在并长期沿袭。而内迁高校的到来和云南地方高等教育的发展，则极大地使得这种守旧的社会风气得到明显改造。

一来传统的男尊女卑意识被打破。"重男轻女"、"男尊女卑"、"男主内，女主外"等伦理观念和男女地位认同意识长期以来在中国的封建伦常观念中占据主导地位。高校内迁及云南现代文化教育的蓬勃开展，使云南地区社会风气日趋开化，尤其在女性观念上，昔日男尊女卑、女性备受歧视的局面大为改观，女性家庭地位和社会地位明显提高。具体表现为妇女解放、婚恋自由、教育程度提高、

---

[1] 孙代兴、吴宝璋：《云南抗日战争史》，第357页。
[2] 王晓丹：《抗战时期内迁文化与云南社会的演进》，《曲靖师范学院学报》2005年第4期。

政治参与意识增强、就业面扩大等方面。一批受过高等教育的现代女性涌入云南，她们观念开放，言谈举止文明，衣着现代，使长期受旧礼教束缚的云南妇女耳濡目染，也追求平等，倡导教育，追求社会参与……从而揭开了云南男女地位认同的新篇章。在澄江，因受封建道德观念的束缚，本地男女间不能直接交往，男女更是不平等，中山大学的师生，不论男女，一起研究学问，同台演出，一起散步、闲谈。夏天，男男女女还到城南的抚仙湖游泳，学校也组织男女学生到湖边进行野炊活动。这种男女平等、相互友爱的交往，冲击了当地的封建意识，渐渐的本地的男女青年也相互交谈，一起唱歌，也没有人再说三道四了。[1]

二来女子逐步获得相对平等的教育机会。内迁高校到来后，云南长期沿袭的"女子无才便是德"的观念受到空前冲击，云南省女子高等教育也由此得到了快速的发展。内迁高校中一大批女学生千里负笈求学的事实潜移默化地影响着云南人对男女地位的重新认识和理解，更多的人愈发深刻地意识到男女地位平等、女性受教育的重要性和意义。内迁高校到来之后，云南地区的人们大多接受了妇女应受教育的观点，女子入学读书很快成为城市普遍现象，甚至边远山区也受到影响。昆明昆华女子中学等各类女子学校如雨后春笋般在云南兴起，不少地区还开设了女童识字班、培训班，农村、工厂也开展了妇女扫盲教育，并传播相关文化、卫生、家政知识。大中小学招生中女生比例不断扩大，女子受教育程度有明显提高。昆明市妇女，1937年识字人数为12831人，而1944年则增至38528人，其中接受初等教育者为27552人，占妇女人数的60%以上，接受中

---

[1] 杨应康：《中山大学在澄江》，《中山大学学报》1989年第4期，第72页。

等教育者达 7142 人，占妇女数的 17%，受高等教育者达 180 人，占妇女人数的 4%。[1]

三来云南地区女性社会参与意识明显增强。在云南文化教育发展的现代化潮流感染下，云南广大妇女切身体会到国家社会的前途命运与自身的解放息息相关，她们纷纷走出家门，融入社会，开展广泛的抗日救亡宣传活动。不少女学生还积极参加各类文艺团体，担任骨干，深入街头巷尾，走进工厂乡村，宣传抗日救国，许多妇女组成慰问团、医护小组，或慰问演出，或救死扶伤。据不完全统计，抗战八年先后有 58 名妇女参加《新华日报》的新闻业务工作。1938 年，昆明 4000 余名妇女浩浩荡荡游行到省政府请愿，要求上前线抗战。报名体检后，挑选 60 名，仍有 1000 余女学生拥挤在陆军医院门口，要求体检，争上前线，虽经再三婉劝，她们仍迟迟不肯离去。[2] 被选中的一般十七八岁，最大过 25 岁，最小才 15 岁。她们组成战地服务团，随军抗日，辗转数省，浴血奋战。豫湘桂战役中，云南全省入伍者 2000 多人，其中女青年为 206 人。[3]

四来云南地区妇女就业面得以扩大。妇女松开小脚，走出厨房，走进社会，广泛择业，抗战结束时云南妇女不仅成为文教卫生服务等行业的参与者，而且还开始大规模涉足工商、交通、金融等行业，甚至修筑铁路、公路等繁重的工作也由妇女来承担。滇缅公路和西北通往苏联的公路，即"战斗中国在海岸遭日本封锁后积极开辟的两条对外交通线——大部分是由女工完成的"[4]。另据统计，1944

[1] 云南档案馆编：《云南档案资料丛编·近代人口史料》，云南人民出版社 1987 年版，第 120 页。
[2] 孙代兴、吴宝璋：《云南抗日战争史》，第 358 页。
[3] 《续云南通志长编》（上册），第 370 页。
[4] 陈庭珍：《抗战以来妇女问题言论集》，重庆青年出版社 1945 年版，第 7 页。

年初，昆明市从事农业的妇女 655 人，占妇女人数的 11.8%，从事工业者 6296 人，占 17%，从事商业者 4858 人，占 13%，从事交通运输者 3129 人，占 9%，从事公务业者 2698 人，占 7%，无业妇女只占 9% 左右。[1] 妇女就业面的扩大、就业率的上升，反映了云南社会对妇女的歧视现象有所改变，也说明妇女摆脱家庭依附关系、要求掌握自己命运的主体性意识正在觉醒。

在内迁高校带来开放的现代文明风气的感染下，云南部分女性从封建礼教中觉醒过来，她们敢于冲破礼俗的禁锢，大胆地追求婚姻自主和幸福生活。女性观念的转变，也直接促成了云南传统婚姻制度的变革。

首先，现代婚姻观念开始形成。过去，除少数人是自由恋爱成婚以外，云南绝大多数仍是依父母之命媒妁之言而成婚。抗战时期，大批不同信仰、不同区域的人聚居在一起，互相影响，开放的现代文明风气盛吹，大量宣传婚姻自由的书籍被介绍到云南地区，教授们也在大学讲台上引导学生为反对包办婚姻而抗争，校园内男女同学广泛自由交往成为常事。这种新气象、新观念给予云南极大的冲击，尤其是接受现代教育和参与社会实践的职业界、知识界女性，她们首先从旧礼教中清醒过来，挣脱出来，展开了对传统文化中纲常礼教的批判，婚恋的自主性大大提高。不少人主动抛弃传统的门第观，追求志同道合的伴侣，懂得用社会舆论、法律武器来捍卫自己的幸福，甚至不惜与包办自己婚姻的父母决裂，并出现了要求解除包办婚姻、追求自由婚姻的现象，离婚率也有所上升。据统计，1939 年昆明市受理的离婚案仅 8 件，

---

[1] 云南省档案馆编：《云南档案资料丛编》，第 118 页。

至 1944 年上升至 541 件。[1]

其次，传统的婚姻结构开始变化。由于部分内迁云南的人员开始与当地人通婚，也使得云南传统的婚姻圈不断扩大。在云南，自滇缅公路开放，数以千计的公家及私家大卡车从事运输及做出入口生意，汽车司机们"大约 65% 是和云南女子结婚的，而大多数属于初婚。在这些家庭中，从妻子方面，很容易看出本地的社会风俗"[2]。这种跨区域的婚姻，对于打破旧式同宗、同姓、堂表婚姻，扩大通婚半径，改进血统，促进民族人口素质的提高具有重要作用。婚姻的发展变化也影响到了少数民族地区。当时云南许多地方还处于原始社会发展阶段，如"澜沧的拉祜族，抗日战争前还处于对偶婚时期，受到的外来影响日益加强，对偶婚家庭开始走向解体，这一过程发展到解放战争胜利后，已有少数家庭在生产、生活方面完全过渡到一夫一妻制了"。新的思想观念和知识的输入，极大地冲击了云南封建、愚昧、保守的风气，原先较为封闭的社会逐渐趋向开放。

思想观念实际上是文化在深层次上的反映。人类的思想行为离不开一定社会环境和赖以支撑的一套文化价值系统。战时云南高等教育的发展，一面使得云南的社会风气得到了明显的转向，另一方面也使云南的社会结构发生了明显的变化，不论是在对民主、科学理念的理解和传播上，还是在传统观念的变革和认同上，改变都是清晰可见的。经过现代文明洗礼后的云南，其新型的思想观念和意识形态已经作为一种内在的文化深深根植于云南人民的心灵深处，并对云南社会生活的各个方面都产生了长久和深远的影响。

---

[1] 孙艳魁：《苦难的人流——抗战时期的难民》，第 320 页。
[2] 陈达：《现代中国人口》，天津人民出版社 1981 年版，第 97 页。

第三节　战时云南高等教育对于地区文化传承的影响

地处边陲的云南，相对来说，政治、文化上一直较为沉寂。随着内迁高校的到来，为云南地区文化传承生成产生了积极的影响。在这其中，思想文化界的觉醒和行动最为突出，战时的云南也由此成为现代文学艺术发展史上的一个比较繁荣的时期。

一、高校内迁营造了日益浓厚的地区文教氛围

内迁高校对于云南地区文化传承的影响是广泛而深远的。内迁高校的到来一方面使一大批富有创见、学术等身的知识分子汇集于云南，带来了文教传承的风气；另一方面，这些知识分子还在云南地区开展了广泛的学术研究，尤其是结合云南民族、文化展开研究，将云南推向了文化的前沿，"使沉寂荒芜的云南文化界显出一点活跃的空气"[1]。不仅如此，大学对周围事务和周围世界必然表现为一种文化的辐射作用，这就使得以内迁高校为中心的高等院校形成了云南地区的文化辐射源所在，进而对云南地区的文化传承产生了广泛而深远的影响。

诚如西班牙著名教育家奥特加·赛加特所言："崇高只属于科学，而不属于追求科学的人。"内迁高校知识分子虽然其本身就是一种高端的文化资源，但是这种文化资源本身并不具备自我传承功能，其只有通过一定的教育形式才能促成一地区文化的传播，这就涉及一个对学生、对云南本土民众的教育问题，而这种文化资源传播和传承的好坏，则在很大程度上取决于民众所持的学习观念和学习心理，视乎他们自

---

[1]　社论：《谨献给联合大学》，《云南日报》1938年5月12日。

身是否有这种学习的需求和学习的固有观念。

就一个民族而言，其文化之魂是构成复兴力量的本源，也是激励民族战胜磨难和痛苦的最重要的精神支柱。正是有了这种民族文化与精神的延续、传承、融合、创造，这个民族是不会被任何战争所征服的。在抗战中，如果从文化价值观的角度看待中华民族之所以能够实现伟大的复兴，我们就可以清楚地发现：在国家的命运起承转合的曲折过程中，民族的悠久历史与文化传统像一条绵延不绝的"精神血脉"，始终流淌在我们民族中间。特别是中国知识分子阶层，他们的精神状态与言行举止无不对当时社会的发展起着潜在、但却是深远的影响和作用。这种影响或作用，又是以他们特殊的方式加以表达。科学的理论和方法只有与现实社会相联系，才可能产生实际的价值，才能推动人类的发展。

1937年以后，通过一大批高校的文化辐射，云南地区得以形成清新的文化学术空气，尊重知识、尊重人才、尊重文化的良好风尚得以生成，科学理智精神和广泛择业的健康心态得以不断在云南传播。内迁高校的传统和办学理念，其本身就是一种学习观念和治学观念上高度统一的价值导向，这些高校的到来，一方面招收了更多的云南籍学生，使他们可以亲身经历和感受这种学习的理念和治学的严谨作风；另一方面，内迁高校立足云南办学，基于大学文化的辐射作用和交互影响，其本身就是一个以大学为中心的"科学和人文精神"的辐射源，对云南区域内观念的影响自是不言而喻；此外，内迁高校在为云南培养了人才的同时，也带来了更多的人才。他们深入到云南的各个地方，带来了新的观念、新的气息，使长期置于相对闭塞状态的云南得以在观念上发生变革。

不仅如此，内迁高校的到来还在一定程度上进行了适合中国国情的现代化教学方式的尝试。李公朴教授在《抗战教育的理论与实践》一文中指出:"战时教育不是目前脚痛医脚、头痛医头的办法,必须根本推翻过去那种自私自利的柔弱腐化的教育制度,而树立起一个适应现代需要的新教育体系";"战时教育并不是中断了的中国文化,而是要在中国旧文化废墟上,存其精华,去其渣滓,建设其合乎时代的新文化"。李公朴的现代教育观念虽带有救亡的色彩,但也代表了现代教育发展动向,这使受旧体制约束的云南人逐步走出传统教育落后于时代的困境。[1]

可以说,内迁高校从"中国化—实用化—进步化"的征途一路走来,通过自身所拥有的文化辐射作用不断对云南地区的高校生成一定作用的促动,使云南形成了热爱科学、崇尚科学的风气,形成了文教相化的风气;不仅如此,内迁高校的到来和高校教授、学生对云南社会的不断融入,也使得云南本土的少数民族学生和少数民族青年得以看到和见识到文化的力量,得以接触当时中国一大批最为优秀的知识分子和学术大家,接受到一大批留学国外,具有开阔思维和宽泛眼界的先进知识分子,进而通过对自身的不断省察,更新了存在于部分少数民族内心当中"百无一用是书生"的传统观念,促进了文教事业的革新和文化事业在云南的传播与发展。

二、高校内迁促成了文化在云南的繁荣

由于滇缅公路(1938)、中印公路(1945)的贯通以及龙云治下

---

[1] 张成洁:《抗战时期高校内迁对西南地区现代化的影响》,《贵州社会科学》2006年第5期。

相对宽松的政治环境，云南成为战时与重庆、桂林鼎足而三的文化中心。一开始，内迁高校与云南文化人之间由于经济地位、思想意识、行为习惯差异，存在着文化交流的隔阂与矛盾。然而同仇敌忾、富国强民的共同意愿将各路文化人的文化价值取向趋于一致。内迁师生与云南籍文人作家一道，汇成一股浩大的力量，推动了云南文化的发展，使云南文化学术风气大盛，报纸杂志骤然增多，各种新文化、新思想在此传播并结出硕果。这一时期也成为了云南现代文学和艺术发展的兴旺时期，在很大程度上促进了云南民主思想的传播及文化的繁荣。

随着内迁高校及各大报刊社的进入，云南新闻事业也随之发展起来。从1937年7月到1945年8月抗战胜利，云南除了原有的《云南民国日报》和《云南日报》之外，先后出版发行了《中央日报》、《正义报》、《朝报》、《益世报》、《中正日报》等各种报刊达68种之多，存在时间较长、影响较大的有10家，这是云南新闻事业史上从未有过的现象。[1]抗战期间，云南先后出版的报刊超过230种，其中，由迁滇师生创办、编辑、撰稿的占一半以上。很有影响的《云南日报》、《正义报》等报纸，其言论专栏也多为内迁高校的学者、教授所撰写，如西南联大化学教授曾昭抡在《民主周刊》、《云南日报》、《扫荡报》（昆明版）、《当代评论》等报刊上就发表了关于军事评论、时局杂文在内的文章200余篇。1944年，《观察报》创刊，副刊邀请沈从文做主编，费孝通、冯至等联大教授和学生经常为其写稿。1938年秋，"中华全国文艺界抗敌协会昆明分会"成立，选举了云南高校界的朱自清、杨振声、顾颉刚、徐嘉瑞、沈从文等著名教授和

---

[1] 王作舟：《抗战时期的云南新闻事业》，《思想战线》1996年第2期。

学者为理事，1944年又增补了闻一多、李广田、吴晗为理事。在文协会的领导和会员的推动下，云南抗战文学期刊不断涌现，除《文化岗位》外，还有《南方》、《前哨》等几十种。在出版业方面，除前述的出版了一些报纸刊物外，专业图书出版社较少，主要是李公朴先生先后开办的"北门书屋"和"北门出版社"。约请了楚图南、闻一多、曾昭抡、潘光旦等10余进步人士参加，在他们的努力下，先后出版了苏联名著《新时代的黎明》、《高尔基》的翻译本，艾青的《献给乡村的诗》和政治讽刺诗集《人民的歌》，张光年的云南彝族长诗《阿细的先基》，还出版了光未然与叶以群主编，茅盾、何其芳、闻一多、徐迟等20多位作者执笔的、宣传毛泽东《在延安文艺座谈会上的讲话》精神的《文艺的民主问题》，李公朴、曾昭抡合著的《青年之路》、曾昭抡的《火箭炮与飞炸弹》等"北门丛书"。

在众多文化部门中，尤值一提的是昆明广播电台。为了抗战需要，国民党政府于1940年8月"以昆明地处西南边陲，且为通过国际路线之要隘，故决定为设置强力广播电台之据点"[1]，在昆明建立了一座由英国生产，当时亚洲功率最大的50千瓦大功率中波广播电台——昆明广播电台。昆明电台从试播到抗战胜利，共收到国内远至江西、河南、湖北、上海、江苏、湖南、陕西等多个省市，在国外则达新加坡、旧金山等地反映收听效果的函电，在社会上产生了较大的反响。

昆明广播电台在昆明市西郊普坪村建立发射台，在市内小西门外潘家湾建造发音室和办公室，电台开播时每天播音5小时，后来逐步增加至7小时，播出的节目有新闻类述、演讲、防卫知识、学

---

[1] 昆明广播电台档案：《昆明广播电台简史》1941年9月30日。

术讲座、战时青年、妇女讲座、时论解说、敌情论述、英语新闻等。以后随战时宣传需要每年均作过调整，但都包括了新闻、专题、文艺、汉语方言和外语广播四大类节目，明显体现了抗战国际宣传的特色。从 1940 年 8 月开播到 1945 年抗战胜利，昆明广播电台历次改订的播音节目表，都将学术讲座、名人演讲等节目作为重点设置。昆明广播电台正式聘请了西南联大教授蔡维藩担任电台特约专员，西南联大的蒋梦麟、查良钊、曾昭抡、黄钰生、贺麟、钱端升、罗常培、罗庸、陈铨、梅贻琦、伍启元、潘光旦、汤用彤、吴宓、雷海宗、邵循正、陈省身、冯友兰、费孝通等教授先后应邀到该台演讲。除了单项专题演讲外，昆明电台还经常举办主题明确、内容丰富、时间较长的系列讲座，如 1942 年举办了为期三个月的文哲、科学、国际关系讲座，请罗常培、曾昭抡、王赣愚分别主持。1943 年 2 月，设文哲、国际政治、科学、国际经济讲座，请罗常培、王赣愚、陈省身、伍启元等联大教授分别主持。与此同时，云南各高校还担负起抗战国际宣传的外语节目重任，联大外文系教授陈定民和吴达元、教员王佐良、学生高葆光，云南省立英语专科学校校长水天同，中法大学生物系教授夏康农，秘书陈廪，云南大学数学系主任王士魁等人都担任过英语播音及撰写英文时评。在云南各高校配合下的昆明广播电台，其抗战新闻宣传、学术讲座、外语、方言、文艺节目等方面的新闻广播，在中国广播事业史上具有重要意义。

全国抗战的爆发，为文学艺术提供了充分抒发民族情感的机遇。在军事压倒一切的非常时期，文艺的首要角色是配合战争进程，及时传播战况，以歌颂英雄人物与英雄业绩来弘扬爱国主义精神，加强人民的斗争信心。[1]在这一时期，云南的文学阵线相当活跃，报告文学和通俗文学蓬勃发展，新诗发出了高昂的呐喊声。在诗歌、小说、散文的创作上，逐步向通俗化、大众化方向发展。各内迁高校设立了"南湖诗社"、"冬青文艺社"等名目繁多的文学社团，出版了《冬青文抄》、《文聚》等诸多文学期刊，形成了冯至、闻一多等内迁高校诗歌作者群和李广田、沈从文等内迁高校小说作者群。众多的学者开始自觉地宣传文艺为人民的思想，强调现实主义的革命性；政治讽刺诗和战斗杂文大量产生；众多的创作表现了对黑夜的决裂和对和平的追求与向往。文学界出现了一股活泼、雄健的朝气。闻一多在《昆明的文艺青年与民主运动》中曾说：昆明的文艺工作者在民主运动中的贡献，历史将会证明它是不容低估的。[2]

在战时云南的诸多文化活动中，戏剧运动尤为活跃，其中尤以话剧为甚。内迁高校的迁入，极大地活跃了云南的戏剧活动。此时的话剧运动以暴露敌人的残暴，唤醒民族意识为宗旨，从构思创作、舞台艺术表演上都开创了一代新风。西南联大在昆期间，总共上演了中外戏剧数十部，而场次则实在难以计数。1938年5月4日在昆开学之日，联大的一些学生便参加了当时云南金马剧社在昆明文庙大成殿公演的《黑地狱》。1940年，联大学生成立了联大戏剧研究社，演出了《阿Q正传》、《雷雨》、《雾重庆》等剧目，"到后来浸染了热血而又充满战斗力的新编剧《凯旋》、《告地状》、《潘琰传》、《审判前夕》的演出，则使戏剧的生命与联大、与民主运动最为紧密地联系在一起，使云南的话剧运动呈现出空前的繁荣"，"为中国现代剧史写就了极其光辉而

---

[1] 闻黎明：《抗日战争时期的文学艺术作品》，转引自《抗日战争研究》编辑部：《抗日战争省立五十周年纪念集（1945—1995）》，第252页。
[2] 蒙树宏：《云南抗战时期文学史》，云南教育出版社1998年版，第11页。

悲壮的一章"。[1] 同济大学自上海迁昆后，其学生董林肯、徐守廉等人发起组织了昆明儿童剧团，在培训儿童们歌咏、演技方面更下了不少苦功夫，演出了街头剧《难童》、《小间谍》等一批代表剧作，"为抗战戏剧救亡活动谱写了独特的儿童剧，成为灿烂的一个篇章"。[2] 中山大学在澄江期间，师生们于教学之余，积极开展话剧活动，一次利用赶街天在街头演话剧，围观的群众竟把剧中的"汉奸"打了一顿，幸得领队的老师出面加以解脱，才化险为夷。[3]1939 年，国立艺专在昆组建的艺专剧社与昆明国防剧社合作在昆明国民党省部大礼堂公演了《凤凰城》，轰动春城，舆论界给予了很高评价。此外，以艺专剧社为基础，国立艺专组成的"艺术剧院"演出了《茶花女》，并聘请曹禺来昆演出《原野》和《黑子二十八》，掀起了一个昆明的话剧高潮，与来昆的中电演员剧团联合公演了《群魔乱舞》、《民族万岁》等剧目，无论在艺术水平方面还是在舞台效果方面都有新的突破。

内迁文化的繁荣，也不同程度地促进了云南医疗卫生水平的提高。1939 年 4 月，云南省政府发起各方人士集资兴建了云南省第一所由中国人自办的公立医院，当时命名为昆华医院（现云南省第一人民医院）。建院初期尽管规模不大、设备简陋，却汇集了一批抗战时期来自全国各地医学界专家，徐彪南、应元岳、梁舒文、黄荣增、孙遒忠、杨保华、于兰馥、王承烈、王贞嫒等都曾在该院任职。他们良好的职业道德和精湛的业务技术，树立了良好的院风，昆华医

---

[1] 王德明：《西南联大戏剧活动发展浅见》，《"一二·一"运动与西南联大》，云南大学出版社 1996 年版，第 379 页。
[2] 龙显球：《抗战期间昆明救亡戏剧活动》，《近代史资料》，中国社会科学出版社 1988 年版，第 233 页。
[3] 张成洁：《抗战时期高校内迁对西南地区现代化的影响》，《贵州社会科学》2006 年第 5 期。

院久负盛名。抗战时期南迁云南的医学专家们对提高云南的医疗卫生水平，改善人民的健康状况起到了积极的作用。[1]

三、高校内迁加快了云南边疆民族研究的步伐

云南边疆与民族研究是战时云南高校学术研究的一大特色，考察和研究云南民族文化已经在学者中蔚然成风。云南特殊的自然地理环境和丰富多彩的民族文化给广大学者提供了一个十分广阔的研究舞台，打开并拓宽了他们原有的学术视野和学科领域。

南开大学边疆人文研究室自1942年开始筹设，"以边疆人文为工作范围，以实地调查为途径，以协助推进边疆教育为目的"，[2] 主要由陶云逵、黄钰生、冯文潜三人创办主持，陶云逵担任研究室主任，该室出版有《边疆人文》刊物，该室研究人员有邢庆兰、高华年、黎国彬、黎宗献、赖才澄。该研究室汇集了一批富于进取心的年轻学者，平均年龄不足30岁。这批学者在经费短缺、资料匮乏的艰苦条件下，迅速展开了社区人口调查和主要群体及各种杂居群体之分布及其人口状况，物产及自然环境与社会人文环境的调查，主要群体的文化概况，主要群体与社区内少数群体及区外邻近的他语群体的社会关系，他语群体对主要群体在生活等各方面之影响，边疆教育制度和内容等多方面的实地调查研究。调查研究人员不辞辛劳地在山高林密、人烟稀少的民族地区走访、调查。1942年远赴云南新平、元江一带，针对语言、宗教、巫术、市集、地理环境等进

---

[1] 范莉琼：《抗日战争时期内地经济、文化南迁对云南的影响》，《思想战线》1990年第4期。
[2] 南开大学校史研究室 编：《联大岁月与边疆人文》，南开大学出版社2004年版，第345页。

行了专项调查。次年,又到上述两地及云南峨山调查苗语、窝尼语。1945 年,该室研究人员、青年语言学家高华年对云南路南白倮倮进行了调查研究。该室所形成的《纳苏宗教与巫术的调查》、《红河上游摆夷地理环境的调查》、《车里、佛海茶叶与各部族经济关系的调查》、《杨武坝街子汉夷互市调查》等调查,集人类学、社会学、语言学、历史学与经济地理学等多种学科,是我国对西南边疆民族地区进行的首次系统调查,也是旧中国学术界的一次创举,因此受到了学术界的积极评价和高度重视。[1] 此外,在云南民族文化方面,联大教授罗常培写有《论鸡足山悉檀寺的木氏宦谱》,游国恩的《火把节考》,陶云逵的《西南部族之鸡骨卜》、《几个云南土著的现代地理分布及其人口的估计》,吴泽霖的《麽些人之社会组织与宗教》等。罗常培、郑天挺、张印堂、潘光旦等还应邀参加了大理县志的修撰工作。[2] 这些研究,都使得云南省的文化历史得到应有的重视。

  作为云南地方院校代表的云南大学,围绕云南民族学方面的研究也著述颇丰。1938 年秋,吴文藻在云南大学建立社会学系。1939 年,在洛克菲勒基金会的资助下,建立了"云南大学—燕京大学"社会实地调查工作站。1940 年社会学实地工作站迁到昆明附近的呈贡魁星阁。吴文藻 1940 年到重庆任职后,由费孝通接任站长。社会调查小组对云南中部的农村社会进行了深入的调查研究,并培养了一批能运用伦敦经济政治学院人类学理论和方法,观察云南乡村社会的研究人才,写出《禄村农田》、《易村手工业》、《玉村农业和商业》、《西南工业的人力基础》、《农家费用的分析》、《劳工的社会地位》等著作。[3]

---

[1] 罗家湘:《20 世纪云南人文科学学术史稿》,云南人民出版社 2003 年版,第 51 页。
[2] 同上书,第 46 页。
[3] 费孝通:《费孝通文集》(第 11 卷),群言出版社 1999 年版,第 10—11 页。

该室的研究成果还有田汝康的《摆夷的摆》、《内地女工》，史国衡的《昆厂劳工》、《个旧矿工》。1941年7月至次年9月，许粮光对大理进行了14个月的调查，事后写成论文《滇西的巫术和科学》；李有义研究了云南的汉族、彝族杂居区的民族关系；胡庆钧于1944年到云南大学工作后，研究了云南呈贡的地方基层权力结构；等等。[1]

除边疆文化研究外，一批民族语言学家还花费大量时间和精力对云南的汉语方言和少数民族语言进行实地调查。西南联大中国文学系罗常培教授主要调查和研究云南少数民族语言，1942年到大理，调查了摆夷、傈僳、俅子、怒子、那马、民家几种语言，并且把所得俅子语的材料整理成《贡山俅语初探》；1943年又到大理讲学，找到两位会说山头、茶山、浪速语言的发音人，带回昆明后详细记录了许多词汇和故事；1944年又先后考察了兰坪、宾川、邓川、洱源、鹤庆、剑川、云龙、泸水等地的民间神话，先后撰写《云南之语言》、《从语言上论云南民族之分类》、《昆明话与国语的异同》等专著和论文；[2]1938年，其在《东方杂志》发表的《昆明话和国语的异同》，指出了昆明话在声母、复元音的单元音化、声调等方面的特点；1944年，其在《云南史地辑要》发表的《云南之语言》，对云南方言及少数民族语言的地位、特点、分区、系属等作了正确、全面的分析，是云南语言研究史上第一篇运用现代科学的方法，较全面研究云南语言的重要成果。[3]1939年，西南联大中国文学系的陈七林对洱海沿岸大理、凤仪、宾川、邓川4县的方言进行了调查，记

---

[1] 聂蒲生：《抗战时期在昆民族学家对云南省民族的调查研究》，《思茅师范高等专科学校学报》2003年第1期。
[2] 《北京大学史料》（第三卷），北京大学出版社2001年版，第340页。
[3] 聂蒲生：《抗战时期在昆民族语言学家的调查研究》，《云南民族大学学报》（哲学社会科学版）2003年第4期。

录了音系，排列了同音字汇和古今音比较表，发现邓川入声的调值虽极近阳平，却自成一个调。此外，在云南少数民族语言研究方面，众多学者在研究中注意将民族学的理论与民族语言的调查研究紧密结合起来，一方面，从民族学理论出发，研究民族语言问题；另一方面，由民族语言材料入手探究民族学问题。这些民族语言学家对傣语、藏缅语、纳西语、怒语、民家语（即白语）、苗瑶语、孟吉蔑语（即孟高棉语）等云南少数民族语言进行了大量实地调查研究并取得了丰硕的成果。

战时的云南高校对于云南历史文化的发展影响是深远的，这些文人学者远离战局，居于主流政治之外，但他们对中国现实及其背后的文化成因所进行的思考是冷静而深刻的。它不仅使历来交通闭塞、文化落后的云南第一次有了全国一流的大学，而且使全国人民进一步了解云南。更为重要的是，内迁高校的到来使云南原有的文化得到了进一步的整理和发扬，使得新的文化迅速得以开辟和形成，有了自己的文化氛围和文化新生命。

第四节　内迁高校对于云南教育的发展和促进

由于长期远离中国政治经济和文教中心，云南教育总体上长期处于滞后状态，不仅高等教育刚刚起步，就连中小学教育发展也十分落后，职业教育、社会教育、边疆教育更无从谈起。随着战时教育重心的西移，为云南边疆教育发展带来了契机，广大学者或深入少数民族地区进行教学讲习，或积极奔走，呼吁云南边民参与到教学学习活动中来；不仅如此，他们还直接参与到云南地方教育的发展中，一方面为云南地方教育事业发展充任知识的倡导先驱,另一方面积极为云南地区文教事业的发展造就大批人才,极大地推动了云南地区教育事业的全面发展,云南由此加快了教育的近代化进程。

一、加快了云南高等教育的发展

在教育发展的非均衡状态下,高水平教育在向教育相对滞后的地区转移过程中,由于地域间的差异和历史因素的影响,易于形成异水平文化差异。这种外来先进因素作用的结果,将会导致教育欠发达地区的教育水平超常规发展。抗战之前,云南高等教育极不平衡,在国内外高等学校毕业的滇籍学生很少,本省高校不仅数量极少,而且在办学规模和教学质量上都明显落后于沿海发达地区。基于迁滇高校的智力优势和云南自身的发展需求,云南当局及当地群众对于各内迁高校是持友善和欢迎态度的,为迁滇高校提供了力所能及的帮助与支持,并与迁滇高校进行了多种形式的教育合作。与此同时,内迁高校也纷纷通过多种形式的补习学校、民众夜校、短期培训班以及其他教育活动,再加之在云南招收大量新生并为云南输送了大批各类专业人才,大大支持了云南在抗战后教育发展的需要。客观而言,迁滇的大学虽然不属云南,但它的迁入直接推动了云南整个教育的发展,其影响和作用远远超过了省内原有的任何一所大学。[1]

抗战之前,云南大学作为云南第一所现代大学,长期以来一直是一个规模较小的省立学校,发展较为缓慢,这种状况直到熊庆来

---

[1] 蔡寿福:《云南教育史》,第484页。

出任校长才发生根本变化。1937年，熊庆来先生出任云南大学校长。在西南联大等内迁高校的大力支持及熊庆来的励精图治之下，云南大学扩大了办学规模，并且新添置了一大批教学仪器，改善了办学条件。1937年云大仅有2个学院、7个系、11位专任教授，学生仅有302人；抗战期间教授则多达187人、6个学院。先后增加了天文、农学、化工、机械等学科，有远见地设置了社会人类学系，并以云南原始民族为对象，研究人类文化发展的规律，"进而探讨如何同化苗蛮，以期得巩固边防之途径"[1]。通过战时的这些措施，云南大学的学术水平有了较大的提高，学校的各项办学实力迅速得以提升，从战前一所普通的地方院校一跃而成为具有一定规模、学科门类较为齐全的综合性大学，很快就跻身于当时国内知名的地方大学行列。

战时内迁高校大量的专家学者、先进的办学经验、优良的治学传统，使云南从战前仅有一所大学的边疆省份，发展成为战时中国的文化中心之一。不但改变了原来高校规模和教学质量，而且直接协助云南建立新高校，为云南省形成一定规模的高等教育作出了巨大贡献。不仅如此，1940年9月，在原有大学稳步发展的同时，云南省同西南联大新建省立英语专科学校。抗战期间，英语专科学校共毕业三期学生，为云南省中等学校培养英语教师100多名。1942年8月，教育部在昆明呈贡县设立东方语文专科学校，1944年云南省又建立了省立体育专科学校。这些新校的建立，为拓宽云南专业结构、着重培养英语、体育方面专业人才等方面发挥重要作用。抗战之前，在国内外高等学校毕业的滇籍学生很少。"据教育厅的统计资料：从1911年至1938年止，共有滇籍毕业生2575人，其中国外

---

[1] 张维：《熊庆来传》，河北教育出版社2002年版，第223页。

238人、国内2337人。战时，随着内迁高校的大量涌入，也为滇籍学生提供了绝好的发展机会。在此期间，滇籍大学生人数大为增加。仅1942年一个年度，就有滇籍在校大学生1113人。其中，云大281人、联大287人、中法171人、华中75人、省立英专79人、东方语专21人、在省外大学198人。"[1]

理性观之，正是内迁高校一大批知识分子的到来为云南的地方高等教育发展提供了有力的师资保证。正如熊庆来先生所言，"学校成绩之良窳，过半由教授负责"。他以学校设为"国立"及内迁高校于此为契机，从云集昆明的各类学者中，大量聘请教师以充实师资力量，使云南大学"这所在红土高原上土生土长的僻处边徼的后起学府竟拥有了仅次于西南联大，而为许许多多内地、沿海大学所不曾拥有过的如此强大的师资阵容"[2]。

二、推动了云南师资培养水平的提高

战前，云南的中高级人才主要靠外地培养，中学教师相当缺乏，这直接影响了中等教育的水平和质量。据省教育厅1938年度统计，当时在全省的1000多名中学教师中，中等以下学校毕业的学历不合格的教师占35%左右。[3] 中等学校的师资不足、质量低下的状况，严重制约着云南省教育事业的发展。

为加快云南师资培养，各迁滇高校在招生上给予云南生源上的

---

[1] 夏绍先：《抗战时期云南的教育：内迁院校与云南教育的发展》，云南师范大学学报（教育科学版），2002年第6期。
[2] 孙代兴、吴宝璋：《云南抗日战争史》，第4页。
[3] 同上书，第355页。

特殊照顾。1938 年联大学生 1632 人，云南籍学生仅有 76 人，占 4.7%，而到 1942 年全校学生 2760 人，云南籍学生达到 287 人，占 10.4%，位居各省第三名。[1] 西南联大入滇当年 8 月，即"秉承西南联大常务委员会之指示，斟酌国家与地方之需要，以及其自身可有之人力与物力"，"奉令增设师范学院"。[2] 联大师范学院主要目的就是为云南培养中等教育师资，学院下设 7 系，由南开大学教育学家黄钰生教授担任院长；各系主任均由西南联大相关院系主任兼任，皆为著名学者，如朱自清、叶公超、江泽涵、杨石先等。其办学的初衷就是为西南地区教育服务的，据联大校史记载："本院现在西南，指定之区域又为滇省，则本院学生，当以滇黔川贵学生为主体。"学校还以"常委会决议"的形式，特殊给予云南学生以入学的优惠待遇："师范学院接受云南教育厅选送学生免试入学，每系暂以 4 人为限。""据统计，8 年间联大师院共培养了本、专科毕业生 251 人，其中云南籍学生 119 人。"[3] 另根据《联大统计表》所载：以西南联大结束时为限，其师范学院共毕业包括专修班、晋修班在内的学生 415 人，其中滇籍学生便占了 272 人。以 1940 年为例，该院有学生 363 名，其中云南籍学生就有 116 人，占 32%；在 22 个省（市）籍学生中名列首位。[4] 众多云南籍学生毕业后，大大缓解了云南师资的急需，提高了教学水平和教育质量。

---

[1] 北京大学、清华大学、南开大学、云南师范大学编：《国立西南联合大学史料》（一），第 150 页。

[2] 同上书，第 139 页。

[3] 西南联大学北京校友会编：《国立西南联合大学校史：一九三七年至一九四六年的北大、清华、南开》，第 483 页。

[4] 北京大学、清华大学、南开大学、云南师范大学编：《国立西南联合大学史料》（一），第 187 页。

1941年，为缩短师资培养进程，加速云南师资培养速度，联大师范学院增设3年制专修科，设文史地、数理化两个专业组，每年招收60名学生，其中80%以上的学生是云南籍。为加速云南师资队伍建设，云南省教育厅还在该年组建了旨在培训在职教师的"云南省中等学校各科教员讲习讨论委员会"。从1939年7月开始，西南联大先后开办了"云南省中等学校在职教员晋修班"、"云南省中学理化实验讲习班"、"在职各科教员讲习讨论会"、"路南圭山实验区国民师资暑期讲习会"等，以后又增设专科班，以适应云南各县中学亟待补充近代型师资队伍的需要。总体来看，这些培训针对更大范围的中学师资，教育方式也更加多样化。晋修班分为国文、史地、算学、理化4科。1939年10月24日，双方合办的晋修班开始招生授课，有学生61人，"本班课程由西南联大教授担任，其各科设备，就西南联大就已有供本班学生利用，与联大学生无异"。华中大学在1939年迁往云南大理喜洲时，居于支持当地教育起见，首先就在师资上支援当地办的私立五台中学（现大理第二中学），教育学院的三、四年级学生，大部分要到这个中学任教实习，有的教师也到该校兼课，五台中学实际上成了华中大学教育学院的实习中学。华中大学在大理喜洲的8年间，培养了数以千计的高、初中毕业生。仅华中大学招收的云南籍大学生就达300多人，而迄于30年代初，喜洲全镇仅有大学生3人。[1]

各内迁高校学生和经过培训的在职教师，遍及全省。由于迁滇高校相当一部分毕业生留在云南从事地方教育工作，极大地改变了

---

[1] 侯德础、张勤：《高校内迁与战时西南科技文化事业》，《抗日战争研究》1998年第2期，第113页。

云南教师队伍不足和质量低下的现状。"当时联大全校学生有2500人左右,每年毕业人数500人左右。由于战时原因,这些毕业生大都在云南找工作。在当时,当教师是联大毕业生的主要出路,因此,大大地充实了云南省各级中学的师资力量。"中文系毕业生冯辉珍、马忠、彭允中、常竑恩、王彦铭,历史系毕业生李埏、王宏道、方龄贵,算学系毕业生朱德祥、唐绍宾等都留在云南高校从事教育工作,他们在教学科研方面取得了较高的成就。与此同时,部分毕业生投身于云南的基础教育,在教育管理岗位上取得了可喜的成绩。据不完全统计,在云南解放前后西南联大的毕业学生,任市县教育局长的有12人,任公立中学及师范学校校长的有61人,任私立中学校长及教务主任的有17人。[1]同时,在滇办学时间较长的中法大学、华中大学也有几百名毕业生耕耘于云南各教育行业中。许多在校师生纷纷外出兼课,不少学生还深入到云南的一些边远山区从事教育工作,并和当地人一起兴办学校。

内迁院校的到来,使得云南中学教育状况无论从学校数量还是学生数量看,都发生了非常明显的变化。第一,西南联大及其他内迁院校使得云南的中学学校数量有了明显增加,获得了很大发展,与1936年云南当时的中学数量71所相比,10年之后的学校数量已发展为134所,10年间增长63所,几乎是原来的一倍。第二,带动了云南地区办学的积极性,扩大了私立学校的办学规模。云南私立学校在1936年以前,最多不过4所,到1945年抗战结束时,私立学校发展到了33所,与10多年前相比,增加近30所。值得一提的

---

[1] 云南师范大学校史编写组编:《云南师范大学校史稿1938年—1949年》,《云南师范大学学报》(哲学社会科学版)1988年增刊,第111页。

是，云南的许多私立中学，是内迁院校的师生筹建的。1938年，沦陷区迁入云南的教育界人士兴办的学校有：国立同济大学附中、私立中法大学附中、私立天南中学、私立粤秀中学、私立南英中学、私立护国初级中学、私立建民中学、私立民德中学、私立昭通明诚中学、私立大理五台中学、私立峨眠中学、私立南菁中学12所。如天祥中学，由联大江西籍学生创办；长城中学由联大东北籍学生创办。此外，粤秀、松坡、五华、金江、建设、明德等私立中学也都是由内迁高校学生所办。这些私立中学从创办到改为公立学校为止，为云南培养了数以万计的初、高中学毕业生，为高一级学校培养了一大批合格的学生。第三，扩大了受教育人数，1936年云南中学生为13125人，到抗战结束后的1946年，中学生总数发展到36017人。在云南的私立学校中，1936年学生总数为598人，到1945年，学生数增加到5815人，比战前增加了近10倍。昆明公私立中学异乎寻常的突起，内迁高校是作出了特别贡献的。[1] 为答谢云南人民，许多内迁高校在复员时纷纷将自己创办的学院或学校留在了云南，如西南联大把师范学院（现为云南师范大学）、附属中小学（现为云南师范大学附属中、小学），中法大学把附属中学（现为昆明市第五中学）留昆独立设置。

此外，高校内迁还直接促进了边疆教育的发展。内迁的专家学者结合地方实际，编印适合本土的教材或简易读本，切实推行边疆教育。许多院校的师生更是深入边地，或讲学，或演出，部分大学还开设了边疆教育课程，对边疆学生招生采取倾斜政策，加强了边疆与内地的文化交流。据《边疆教育》统计：到1946年，云南边教

---

[1] 蔡寿福：《云南教育史》，第590页。

机构则有中学 4 所 7 班，学生 237 人，教职员 26 人；师范 2 所 3 班，学生 116 人，教职员 10 人，小学 26 所 180 班，学生 6480 人；社教机关 6 所，教职员 21 人。[1]

第五节　战时云南高等教育对于爱国民主运动的促动

在中华民族面临深刻民族危机的历史时刻，爱国民主运动起到了凝聚民族情感、激发爱国热情、弘扬民族精神的作用。云南有着悠久的民主运动传统。"护国运动"、"抗法运动"，每一个重大历史事件的背后，都内含着云南人民为争取民族独立、民族自治和民族自主的爱国动因。然而，我们也不得不承认，虽然云南历史上有着一系列爱国民主斗争，但由于种种原因，云南始终没能成为近代中国爱国民主运动的中心，其运动的影响也局限于一定时空范畴内。在这一点上，内迁高校的到来极大地改变了这一状况。在昆明的一系列民主救亡运动中，各内迁高校都紧密团结，始终站在战斗的最前列，云南也由此成为战时的"民主堡垒"。

一、发动了轰轰烈烈的学生从军运动

随着抗战战事的发展，前线兵源极度匮乏，国民政府军队文化素质普遍不高，知识型、技术型的军士、军官相当缺乏等问题越来越明显。于此，国民政府发起了一场声势浩大的知识青年从军运动，

---

[1]　袁源：《抗战时期高校内迁对西南教育的影响》，《贵阳金筑大学学报》2005 年第 3 期。

云南许多知识青年也投笔从戎，踊跃从军。在这其中，迁滇办学的西南联大尤为积极，先后有过三次参军热潮：第一次是在抗战初期长沙临时大学时期。1937年11月15日，学校成立了以梅贻琦为队长，黄钰生和军训教官毛鸿为副队长的大学军训队，对学生进行军事管理和训练；同时还设立学生战时后方服务队。稍后，学校又设立国防工作介绍委员会，作出了学生从军可申请保留学籍、领取肄业证明等具体规定。此时临时大学提出申请从军介绍信的就有295人，其中学习工程技术的同学大多到军事系统从事技术工作，其余的大部分都参加了山西、陕西以及湖南的战地服务团，还有一小部分直接去了延安学习。第二次从军热潮是为适应盟军援华亟须大批翻译人员和飞行员而设立的。早在1941年，教育部即下令从内迁各大学外文三、四年级男生中征调译员，但规模较小，应征的70余人大半为联大学生。1943年教育部再次下令征调，这次规模较大，连同此前的一并计算，至1945年，整个大后方被征调的大学生翻译官达4000人之多，其中联大学生400多人，约占了10%。中缅印战场的入缅战役、打通中印公路之战以及湘西会战等都有联大翻译官参战。第三次参军热潮是在抗战后期。1943年12月，国民政府军政部颁布的《学生志愿服役办法》规定："凡中等学校以上学生志愿服役，应由学生以年满18岁以上为限。"1944年9月，蒋介石号召"十万知识青年从军"，颁布了对知识青年从军的许多特殊优待条例，如对在职人员停职留薪、学生保留学籍、家庭受抗日军人家属优待等。政府在社会上大造声势，提出"一寸山河一寸血，十万青年十万军"的口号，一时间在很多地方形成知识青年从军热潮。[1]1945年1月，

---

[1] 孙玉芹：《抗战时期知识青年从军运动》，《军事历史》2004年第3期。

联大200多名从军学生到青年军207师炮一营入伍,全部分发到印度远征军,学习汽车驾驶,取得执照后在史迪威公路执行任务。据统计:西南联大先后有8000多名学生就读,有名可查的后两次参军人数为834人,连同长沙时期参加抗战工作离校的近300名学生,总数应为1100多人,约占联大历届学生总人数的14%,投笔从戎的人数为联大学生累计总数的七分之一。[1]黄维、缪弘、吴若冲、何懋勋、朱谌、曾仪、王文等联大学生则血洒疆场,为国捐躯,他们的历史功绩,当然也应该镌写在抗战的丰碑上。

二、掀起了如火如荼的爱国民主运动

1942年底,太平洋战争爆发,日本侵略军占领香港。在香港的许多文化界著名人士无路可退,被困香港。与此同时,政府财政部长孔祥熙却用飞机空运自己的私人用品,他家的狗、抽水马桶都要用飞机运回重庆。消息一经披露,全国一片哗然。联大会同云南大学、中法大学等各校3000多学生自发地举行了声势浩大的示威游行,高呼"打倒孔祥熙"和惩治腐败的口号,并发表了公开署名的《倒孔宣言》,檄文号召全体学生动员起来,通电全国,共诛奸吏。这次倒孔运动是师生们民主倾向和正义感的体现,是对国民党政府腐败现象的一次自发性集体抗议行动。

为加强抗日民主运动的领导,云南大学、中法大学、省立英语专科学校等大专院校先后成立学生自治会。联大壁报如雨后春笋大量涌现,于是成立"壁报协会"。"报协"对外代表联大学生,

---

[1] 余斌:《从西南联大学生从军说到昆明现代派》,《滇池》2005年第12期。

实际行使学生自治会的职权。1944年7月7日,联大"报协"和云大、中法、英专学生自治会联合在云大至公堂举办抗战7周年时事晚会。昆明大中学校师生2000人参加,近20名著名教授、学者发言。1944年夏秋,国民党军队在湘桂战场上节节败退,川滇危急。10月10日,利用"双十节"的机会,联大、云大等昆明大中学生和各界人士6000多人在昆华女中召开"纪念双十节,保卫大西南"大会,大会由李公朴主持,通过闻一多宣读的《昆明各界双十节纪念大会宣言》,谴责国民党的失地和政治独裁,要求坚持抗战,结束党治,还政于民,实行民主,动员一切力量,保卫大西南。会后还举行了盛大游行,民主运动的浪潮一浪高过一浪。1944年12月25日,昆明各大中学校学生及各阶层人士又在云南大学广场集会,纪念云南护国首义29周年。护国元老、大中学校的教授、学生和社会各界人士6000多人参加了纪念大会,大会结束后,学生、工人等2万多人参加了游行。这些民主运动的兴起,充分显示了昆明爱国民主力量的日益强大,标志着云南的爱国民主运动进入了新高潮。

　　战时云南高校师生面对独裁敢于斗争的精神,在"一二·一"运动中得到充分体现。1945年8月,抗战胜利结束,内战开始暗潮涌动。11月25日晚,对战后国内局势深怀忧虑的联大等各校学子聚集在联大图书馆前的大草坪上和平集会,要求停止内战,在国民党军警枪声的威胁中,联大教师费孝通高呼:"不但在黑暗中我们要呼吁和平,在枪声中还是要呼吁和平。"次日的《中央日报》却刊发"西郊匪警"的污蔑报道,激起师生的极大愤怒,师生们随即罢课抗议。12月1日,国民党当局却派出特务军警分别袭击了开展罢课斗争的西南联大、云南大学等学校,制造了震惊全国的"一二·一"惨案。

联大师范学院学生潘琰、李鲁连英勇牺牲,缪祥烈身负重伤。然而暴行没有吓倒联大师生,反而激起更大的愤怒,联大师生当即举行罢课、游行。联大教授会多次召开紧急会议,向死难学生致悼,向受伤学生表示慰问,搜集此次事件的材料,督促有关方面严惩凶手,赔偿学校和师生的损失,并决定停课。联大师生有理、有利、有节的斗争,极大地推动了国民党统治区爱国民主运动的发展。在随后的游行、发表声明、公祭、殡葬等活动中,西南联大、云南大学及中法大学等大学始终都是活动的组织者和参加者。当昆明各校反内战罢课及"一二·一"惨案消息传至远在大理的华中大学后,华大同学极为悲愤,有105位同学(是时学校学生总数为171人)立即致函昆明学生,声援支持昆明学生的活动主张。[1]

三、开展了此起彼伏的抗日救亡运动

随着救亡运动的风起云涌,多数迁滇高校积极开展了社会活动及群众工作,以读书会、壁报、民众夜校、组织剧团、上演进步戏剧、"抗战宣传车"、"战时服务团"等形式积极宣传进步思想文化,直接为抗战服务。这些活动对鼓舞群众的抗日情绪,改进社会风气,破除封建迷信起了很大的作用。对迁滇各办学地的文化产生了不同程度的影响。爱国、民主、科学精神的传播,有力地冲击了黑暗腐朽的旧文化、旧习俗。

中山大学西迁云南澄江后,始终不忘救国救民,在校内及所在各地开展抗日救亡活动。中法大学师生纷纷通过组织课余社团,以

---

[1] 赵新林、张国龙:《西南联大:战火中的洗礼》,第98—105页。

文艺活动方式，宣传与发动民众投身抗日救亡运动。当时学生组织的社团很多，主要的如民风剧社、粤声音乐社、青年生活社等。民风剧社为"方便当地民众及中大员生正当集会及演剧之用"，于1939年12月23—25日的三天晚上售票公演，将所得款项，用于修建剧院。剧社演出了《葡萄美酒》、《最后一滴血》、《文天祥》、《寒衣记》等话剧。各学院及这些社团常组织同学从事抗战、兵役、节约、储蓄、劳军义卖、卫生防疫等宣传活动。1939年成立的青年生活社，成立时有60余人，遍及全校各学院，后有较大发展，有些学院多达二三十人。该社开展以抗战为中心的各种活动，经常以小组为单位讨论学术、政治与时事问题；他们还组织了歌咏队，聘请小提琴家马思聪教授为指导，教唱抗日救亡歌曲，又将爱好戏剧的同学组成戏剧组，演出宣传抗日救亡的剧目等；还举行球赛、联欢会、短途旅行，以活跃师生的生活；出版《青年生活》和《民众壁报》，积极开展抗日宣传。云南大学师生积极组织和开展抗日宣传活动，出版抗日书刊。"七七"事变后，云大师生组织"演讲队"、"戏剧队"、"歌咏队"深入工厂、农村，开展抗日救亡活动。

  1946年，云南各内迁高校纷纷准备复员北归，此时的反动势力更加猖獗。7月11日，民主人士李公朴先生在昆明遇害，次日身亡。闻一多先生听到李公朴遇难的消息后，义愤填膺，不顾个人安危，参加了7月15日的李公朴先生死难经过报告会，即席作了著名的最后一次讲演，向国民党的血腥专制发出气壮山河的怒吼："我们不怕死，我们有牺牲精神，我们要准备像李先生一样，前脚跨出大门，后脚就不准备再跨进大门！"几个小时后，闻一多先生被杀害于家门口，为自己所热爱的祖国、人民和朋友洒尽了最后一滴血，此时的闻一多年仅47岁。

正是内迁高校民主风气的影响，云南掀起了一波又一波如火如荼的抗日民主浪潮。云南先后成立了各种抗日救亡组织，有"云南学生抗日救国会"、"云南各界抗敌后援会"、"中华民族解放先锋队"、"云南妇女抗敌后援会"、"云南青年抗日先锋队"等公开和秘密组织，成为宣传抗日救亡的中坚。昆明由此成为当时全国最为活跃的民主政治活动大本营，引来无数民主战士、进步青年，为中国新民主主义革命胜利作出了巨大的贡献。在中共中央南方局、中共云南省工委的领导下，内迁高校的党组织和党员根据形势发展的变化和各阶段党的方针政策，建立了进步学生组织，团结广大师生，联合民主力量，开展了艰苦卓绝的坚持团结抗战的工作。1939 年，中共云南省工委在同济大学发展了 5 名党员，于次年组成 3 个党小组，通过读书会联系进步学生，组织了抗战服务团，并有一部分同学放弃读书机会，参加革命。1944 年和 1945 年，中国共产党在中法大学学生自治会的主要成员中，发展了"民青"组织，从而领导和保证了党在中法大学开展民主运动的胜利进行。[1] 西南联大党组织及党员活动极其活跃，从长沙临大一开始就建立了地下党组织，到昆明后，党组织不断发展壮大。据统计，联大时期在联大学习过的地下党员学生共有 206 人。"成为云南省党员人数最多、最集中、力量最强的地下党组织，联大成为云南地下党的主要阵地"，"他在中国共产党的历史、中国革命史和中国青年运动史上，都占有一定的地位"。[2] 中山大学作为由孙中山创办的一所具有光荣革命传统的学校，西迁澄江后，组织了许多进步社团。1939 年 6 月便成立了中共中山

---

[1] 赵新林、张国龙：《西南联大：战火中的洗礼》，第 103 页。
[2] 北京大学、清华大学、南开大学、云南师范大学编：《国立西南联合大学史料》（二），云南教育出版社 1998 年版，第 251 页。

大学临时支部，同年 10 月，云南工委派员指导并成立为特别支部，成立了由 500 余人组成的进步群众组织"青年生活社"，先后发展了 10 余人加入党组织。

在内迁高校的熏陶影响和促进下，云南内地的爱国民主运动出现了空前的高涨，以"一二·一"运动为标志，这种爱国民主运动被推到了巅峰。这场艰苦卓绝的爱国民主运动，对于新中国成立起到了积极的推动作用。1988 年，时任云南省省长和志强指出："西南联大迁到昆明，给闭塞落后的云南高原吹来了清新的空气。爱国、民主和科学精神的传播，有力地冲击了黑暗政治和旧文化、旧习俗，鼓舞了云南人民为建立新生活而斗争的勇气。许多云南优秀青年，有了进入第一流高等学府深造的机会……使云南的教育质量得到提高……联大在昆明的八年，是云南教育史上一个重要的发展时期，对我省政治、经济、文化各个方面产生了重要而深远的影响。"[1]

抗战时期云南区域社会的改造和社会文化风气的流变，与云南作为战时的大后方，而某种程度又居于抗战前线的特殊地缘政治，与滇越、滇缅、中印公路等便利的交通格局，与大量企业、机关、文化机构的内迁有着重要的关联。然而，我们不得不承认，内迁高校把爱国科学与民主的优良传统带到了昆明，使昆明的文化学术风气大盛，各种新文化、新思想在此传播并结出硕果。这一方面是作为内迁高校主体的大学所肩负的社会责任的使命担当，另一方面则是大学之所以成为大学的文化影响和社会教化效能凸显。内迁高校对云南经济社会的改造并未因高校复员而终结，相反地，这种作用

---

[1] 和志强：《在纪念西南联大暨云南师大建校五十周年大会上的讲话》，《云南师范大学学报》1988 年（增刊）。

时至今日依旧使我们深深受益。比起单纯的对经济促动的百分比，比起内迁高校创办的企业的数量等物质层面的存留，"在国难深重的岁月里，过着'饭甑凝尘腹半虚'，'既典征裘又典书'的清贫生活的专家学者们，怀着对抗战必胜的信念，严谨治学、潜心钻研、著书立说、诲人不倦，用他们的懿言敦行，为后世学人读书治学留下了光辉的榜样"[1]的精神诉求，似乎更能体现战时云南高等教育的历史价值。

---

[1] 刘宜庆：《绝代风流：西南联大生活录》，航空航天大学出版社2009年版。

第六章 抗战时期云南高等教育思想及教育家

在西方势力的冲击和国内矛盾的激化下，近代中国风云激荡，是一个为国家民族解除忧患、为改造社会政治追寻良方的紧迫时代，同时这也是一个教育大改革，教育思想喷涌勃发、大放异彩的时代。面对国家生死存亡及对高等教育何去何从的深刻思考，一群胸怀不同教育理念的教育家，纷纷就各种教育问题展开探讨，形成了一批有群体性倾向的教育流派与言论。这些教育家不仅能理性地看待本民族文化的复兴，也能理性地认知西方文化。他们既是教育理论家又是教育实践家，不仅提出许多符合中国国情的教育思想，而且在各自领导和创办的大学中付诸实践。因此，他们的思想觉醒、认知理路则具有更特殊的价值。

第一节 抗战时期的教育思想评述

一、战时教育思想

抗战爆发后，中国教育界在如何应对这场突如其来的灾难，教育政策是否需要调整，内迁大后方的教育机构如何安置，逃离战火的广大学生如何救济,原来相对松散的教育机构是否需要加强统治以利抗战建国的需要,这一切问题都摆在了执政的中国国民党面前,要求它必须迅速拿出对策。[1] 此时,社会各界为教育如何适应抗战之需及夺取抗战胜利献计献策,形成了强劲的战时教育思潮。对于战时教育思想的形成与发展,战时教育的背景、内容、意义,本书在第二章已有专节进行叙述,此处将不作详解,主要针对战时教育在云南兴起与推行作简要叙述。

关于战时教育思想,在民间和政府方面都有着多种表述。许多社会人士因鉴于"国难日亟",认为学校应服务于抗战,调整学科,开设军事课;或认为教育应"以民众为对象,以本地社会情形为教材,以国家民族复兴为目标,如化学师生可从事军用品制造";或提出"高中以上学校与战事无关者,应予以改组或停办;俾员生应征服役,捍卫祖国;初中以下学生未及兵役年龄,亦可变更课程,缩短年限"。[2] 许多教育界人士对于这一主张则持反对态度,他们认为高等教育的核心价值在于"战时教育平时看"更能针对时需,以战时教育动员全国军民,以战时教育促成更多新的教育机关,促进更多特种训练学校,促进全国教育合理布局,促进民众教育发展,培养建国人才。在这一方面,内迁云南大理的华中大学校长韦卓民旗帜鲜明,当时有些国外友人疑惑不解地问他,为什么不把那些教授和大学生都送到战场上去保卫国家?他的回答是,这样的代价太高了,中国并不缺乏人力,但若将花费了十几年时间培养出来的仅占全国人口万分之一的大学生都送到战场上去厮杀,那么战后国家

---

[1] 杨天石、黄道炫:《战时中国的社会与文化》,社会科学文献出版社 2009 年版,第 2 页。
[2] 教育部教育年鉴编纂委员会编:《第二次中国教育年鉴》(第一编),第 8 页。

的精神生活中势将出现严重的缺口,斯时重建的工作将对全国的才俊责以重任。他指出"我们的口号是'抗战建国',假使我们的抗战忽略了复兴,那不啻自毁立场。中国现代化的伟业始于抗战前不久,必须于战争结束后完成,所需的长期训练绝对不可中止或遭到严重的阻碍"。[1]

国民政府对于战时教育的观点集中反映于 1938 年 5 月出版的《战时教育论》一书中,其认为战时教育与平时教育具有一元性与连续性;教育必须教学生锻炼体格、培养精神、注重知识、掌握技术、陶冶人格、坚定信仰;抗战与建国并举等。随后,国民政府教育部又提出了四点战时教育要求,"战时需作平时看"、"平时需作战时看"和"不宜以大学生作兵员"等富于建设性的观点也遂成为当局战时教育的方针。客观而言,当局的这一主张保证了抗战时期各级各类教育的持续发展,而不致因为抗战而全面停辍,从而为抗战建国培育和储备了有生力量,对民族教育的延续起到了至关重要的作用。其汹涌澎湃的战时教育思潮,对于抗战建国人才培养和文化建设发挥了极为重要的作用,对抗战时期教育的影响巨大而深远。

对于战时教育的讨论,思想教育界经历了一个从认识、辩争、推行再到深化、反思的过程。西南联大物理系教授吴大猷在回忆中反思自己在战时教育争论后的思想变化:"抗战开始时,我的看法是以为应该全面抗战,节省一切的开支,研究工作也可以等战后再做。但抗战久了,我的看法也改变了,我渐觉得为了维持从事研究工作的人的精神,不能让他们长期感到无法工作的苦闷。为了培植及训练战后恢复研究工作所需的人材,应该在可能的情形下有些研究设

---

[1] 《抗战时期中国的教育》,见《韦卓民博士教育文化宗教论文集》。

备。"[1] 对于战争的破坏性，以及院校内迁所带来的影响，联大常委蒋梦麟有其独到的见解："学术机构从沿海迁到内地，对中国内地的未来发展有很大的影响，大群知识分子来到内地各城市以后，对内地人民的观念思想自然发生潜移默化的作用。在另一面，一向生活在沿海的教员和学生，对国家的了解原来只限于居住的地域，现在也有机会亲自接触内地的实际情况，使他们对幅员辽阔的整个国家的情形有了较真切的了解。""大学迁移内地；加上公私营工业和熟练工人、工程师、专家和经理人员的内移，的确具有划时代的意义。在战后一段时期，西方影响一向无法达到的内陆省份，经过这一次民族的大迁徙，未来开发的机会已远较以前为佳。"[2] 蒋梦麟的这一看法恰好可以成为我们全面认知战时民族启蒙的一个重要注脚。

抗战初期，恰逢日军步步紧逼，中国军队节节败退，这极大地挫伤了国人的民族自信心，师生中也弥漫着一种悲观情绪。为此，"精神重建，成为学校的头等大事"。1938年10月，西南联大成立了校训校歌征集委员会，在师生中广泛征集校训校歌。该委员会通过认真评选，最终选定"刚毅坚卓"为校训。联大校训含意深邃，富有哲理，其来源深刻，北大的"博学、审问、慎思、明辨"、清华的"自强不息、厚德载物"、南开的"允公允能、日新月异"是为磐基，"刚毅坚卓"要求为师者要心志坚定，刻苦自励，勤奋学习，卓然成家，但又不慕名利地位，铁骨铮铮；不好为人师，不强为人师，而又谦恭和蔼，待人以诚，循循善诱。在这一校训的感召下，联大鼎立学术阵地，坚持学术自由，以敦厚的师德培育学子，以宽容的精神融合中西

---

[1] 吴大猷：《抗战期中之回忆》，《传记文学》第5卷第3期，1964年9月，第7页。
[2] 蒋梦麟：《西潮与新潮》，团结出版社2004年版，第303页。

文化精髓，以民主的心态整合时代思潮，虽"生计日艰复日更艰，课业则时新而时又新"，却"卒能成就一代人杰，八千俊才"。

在战乱时期，迁滇的各内迁高校，乃至云南的地方高校均历经了一次、两次甚至多次辗转迁徙，还不时面临着飞机炮弹及战乱频仍的困扰，特别是在抗战进入相持阶段后，大后方通货膨胀，物价飞涨。就是在这样物质生活极端艰难的环境中，内迁高校师生仍昂扬着一种不甘沦亡的精神，怀着"正义必胜、抗战必胜"的信念和为国家、为民族保存教育薪火的强烈责任感，展现出深刻民族危机面前大学所应有的学术理性、社会责任和历史使命。教师们在极度艰难的情况下，不计个人得失，不计待遇，"为天地立心，为生民立命，为往圣继绝学，为万世开太平"，授课、讲学、研究一切照常进行，在教书育人及学术上取得了骄人的业绩。学生们"为国家而学习"，很多学生赫然在课本上写上"读书救国"四个醒目大字，他们课余印刷刊物、组织社团，时刻提醒自己不忘肩上的重任，众多学子决然投身于学术上的积累与创造之中，努力充实自己。

对于战时的苦楚与悲痛，朱自清教授在一篇文章里写道：敌机的轰炸是可怕的，也是可恨的；但未尝不是可喜的。轰炸使得每一个中国人，凭他在那个角落儿里，都认识了咱们的敌人；这是第一回，每一个中国人都觉得自己有了一个民族，有了一个国家。[1] 钱穆秉持"书生报国，当不负一己之才性与能力"的观念，主张学生应以所学报国，而不应纷纷参战。在一次演讲中，他说："青年为国栋梁，乃指此后言，非指当前言。若非诸生努力读书，能求上进，岂今日诸生便即为国家之栋梁乎。今日国家困难万状，中央政府又自

---

[1] 李杰、王砚雯：《抗日战争中西南联大的大学理念》，《民主与科学》2005年第4期。

武汉退出，国家需才担任艰巨，标准当更提高。目前前线有人，不待在学青年去参加。"[1] 而北大秘书长、联大历史系郑天挺教授则更进一步地指出："一个爱国分子，不能身赴前线或参加战斗，只有积极从事科学研究，坚持谨严创造精神，自学不倦"，才能"以期有所贡献于祖国"，[2] 这句话也表明了内迁高校教师以文化救国的心迹。清华大学航空研究所的专家们在战时经费很少的情况下，他们科学研究工作却从未松懈，"同仁等因念抗战期间，抗敌将士浴血前方，分属国民，何能逃避其赴难的天职，故几年来竭尽绵薄，勉力挣扎"[3]，以实际行动较好地诠释了战时教育的精髓所在。

二、民众教育思潮

民众教育思潮是中国近代众多教育思潮中少数波及层面较宽、影响较为深远的教育思潮之一。它勃兴于民国中后期，以唤起民众民族意识，激发其抗战精神，开启民智为主要目的，以全体民众为教育对象，旨在使未受到教育者享受基础教育，受过教育者继续教育，力图造就与时俱进、符合现代公民要求和具备基本素质的国民。1928 年 5 月，当局通过了《实施民众教育及确定社会教育案》，将民众教育列为配合"训政"的重要措施。1929 年 1 月，教育部颁布《民众学校办法大纲》及《识字运动宣传大纲》。进入 30 年代后，教育部增设了"民众教育委员会"并先后颁发了《县市民众教育委员会

---

[1] 钱穆：《八十忆双亲　师友杂忆》，生活·读书·新知三联书店 1998 年版，第 210 页。
[2] 北京大学，清华大学，南开大学，云南师范大学编：《国立西南联合大学史料》（一），第 83 页。
[3] 北京大学，清华大学，南开大学，云南师范大学编：《国立西南联合大学史料》（三），云南教育出版社 1998 年版，第 684 页。

组织要点》、《民众学校规程》、《民众教育实施途径》、《民众教育馆暂行规程》等法令。此时,民众教育派、平民教育派、乡村建设派、生活教育派、职业教育派等众多教育流派和人物层出不穷,在全国上下促成了一场声势浩大的民众教育运动。

抗战爆发后,中国的教育事业受到了极大破坏,民众教育也莫能例外。此时,抗战教育思潮跃居主流地位,民众教育思潮和其他教育思潮均渐次平伏,但也取得了不菲的成效。1938年3月,雷沛鸿主拟的《中华民国战时民众教育方案》指出,"为明耻教战,动员全体民众,以参加全面的及长期的民族斗争而保卫民族生存起见",特实施战时民众教育。实施的原则为注重普遍设施、迅速推动、切实推行和实际行动,并将民众教育内容分为军事活动、政治活动、经济活动、文化活动、社会活动。此后,俞庆棠、陈重寅、庞必祥、邵晓堡等学者分别从教育目标、教育途径、教育体制、教育组织等方面研讨了抗战期间的民众教育问题。民众教育者们不但主张抗战教育,还主张通过文化和农技宣传,设立民众教育实验区,成立民众学校等实践活动积极推行抗战教育。1938年,国民党订定了《战时各级教育实施方案纲要》,教育部在次年召开的第三次全国教育会上提出:"战时社会教育之目的,在觉醒人民整个民族意识,并促进适龄者之服兵役,培养人民之军事力量,以作持久战及消耗之人力补充,与普及民众教育,提高文化水准,鼓励技术人才,以谋抗战建国之数量增加及效能的提高。"与此同时,政府还组织民众教育工作人员,先后设立社会教育工作团、实验戏剧教育队、巡回戏剧教育队、民众教育巡回施教车及施教船、西北公路线社会教育工作队等,这些社会组织分布于各省市,意在推行民众组织,宣传对日抗战,协助民众军训,办理伤兵及难民的救护工作等。

云南地处边疆，民族众多，民众的文化程度相对较低。"中国人口四万万，不识字的竟占百分之八十以上，而我们云南因地居边远，交通梗塞，一切文化，比较内地各省，更为落后。"[1]省内"人口稀疏，种族繁杂，人民习惯，多好安逸"。工人、农民在干活之余多以赌博、吸烟作为娱乐消遣，社会上怠惰奢侈的风气随处可见。"就吾国全面抗战论，对于该省一般民众，匪惟有唤起民族意识及灌输抗战知识之切要，而社会风俗习惯，亦有改良之急需。"于此，为了提高民众整体的文化水平，改良社会风气，发展社会教育就显得更为必要、迫切和重要了，而要改良其措施之一就是推行民众教育。[2]

出于贯彻政令、发动民众起来完成抗建使命等方面的考虑，云南省政府竭尽努力，加紧对民众教育行政机关、教育经费、法令的完善和发展，并积极通过抗战宣传车、电影播音巡回教育、讲演、戏剧表演、歌咏会、图画展览等民众教育活动，促进社会教育的发展。自1931年至1943年间，云南省教育厅制订了30余种民众教育法规，涉及民教馆、图书馆、失学民众补习教育的设立与施行等诸多内容，使云南社会教育的发展有法可循、有法可依。

在民众教育过程中，云南加大对民众教育机构和公共设施的建设力度，在各县分区建立民众教育馆并分设有图书部、事务部、健康部、讲演部等，通过开展讲演会、展览会、运动会、播音、电影等活动，以形象生动的方式将文化知识、思想道德、民族危机意识传授给广大人民群众，起到了良好的教育作用。另一方面，以挽救失学民众为中心的各种民众补习学校的兴办，有效地扫除了部分文

---

[1] 王汉声：《对于云南推行民众教育的管见》，《云南民众教育》1935年（创刊号）。
[2] 张研：《论抗战时期云南的社会教育》，《云南民族大学学报》（哲学社会科学版）2007年第2期。

盲。1936 年，省教育厅拟定《实施失学民众补习教育办法大纲实行细则》，对各市县应设学校及招生数量作了详细规定。1937 年开始，云南许多学校举办了民众教育班。举办民众教育的学校，昆明约有 30 校，县区约有 9000 校，共有成人学生 433730 人，历年毕业生计有 265730，民众教育经费 696348 元。普通民众学校修业期限为 4 个月，主要是初步扫除文盲，学生最小年龄 18 岁，最大年龄 41 岁，平均年龄 29 岁。[1]

为适应战时需要，1939 年 5 月，云南省教育厅颁行《云南省会战时民众教育实施办法》。其中规定："凡住省会，年在 16 至 35 岁之男女失学民众，均应受补习教育，并得酌将补习年龄延长至 40 岁"，"施行目标在于扫除文盲，激发民族意识，增强抗战力量。其内容分识字教育及公民训练两项"，"由省会有关机关团体组织云南省会战时民众补习教育推行委员会"，并建议由昆明市长任主任委员，昆明警察局局长任副主任委员。昆明市推行民众教育计划设 28 校 100 个班。[2]1945 年，昆明市教育局成立补习教育推行委员会，并从 1945 年开始指定有条件的市立中心国民学校开办附设补习班，规定规模较大的公、私工厂开办补习班，调整已有的各类公、私立补习学校。此后，招生上课的补习学校有文正、育才等 17 所。补习教育的对象是工厂职工、商店伙计与学徒、失学青年与学生、其他已受教育的民众等，类别分别为"普通"与"职业"两类。[3]1940 年，省政府拟定了《本省战时民教第二年实施计划纲要》，利用全省

---

[1] 云南省教育志编纂委员会办公室编：《云南教育大事记》（公元前 121 年—公元 1988 年），第 62 页。
[2] 昆明市教育局编：《昆明教育大事记》，第 121 页。
[3] 同上书，第 146 页。

主要交通路线，于其所经各县重要城镇继续推行战时成年民众补习教育。此外，云南采取了自上而下层层督导的方式，由教育厅筹备组建了战时民众教育巡教队共三队分赴昆大、昆平等路及铁道区设学施教。在这些县，巡教队对民众进行公民教育和识字教育，并注重激发他们的民族意识，培养他们的抗战知识和能力。在1940年全年和1941年上半年内，教育厅巡教队共设了480余所学校，收教失学成年人45360余个，颇有成效。[1]

抗战时期，云南省各高校积极利用假期深入云南省边远农村进行广泛的社会教育。云南大学土木工程系二、三年级学生，在暑假期间，在系主任李颂鲁的带领下沿滇缅铁路做实地测量工作。同年西南联大师范学院四年级学生组织生活教育团，考察教育并从事抗战宣传。他们经过的路线是：昆明、宜良、开远、蒙自、个旧、石屏、建水、华宁、通海、玉溪、晋宁、安宁，其足迹遍及云南省大部分地区。中山大学搬迁澄江后，重新组织成立社会教育推行委员会，并于1939年8月修正通过《社会教育推行委员会大纲》，要求各学院设立推行委员会分会，各院师生全员参与，并依各院专长举办专门性质事业至少一种，且协助别系举办性质事业至少一种，推行社会教育为八种类型：公共卫生运动、肃清文盲运动、国民精神运动、函授学校、农业推广、地方自治指导、交通事业工程指导、实用科学技能传习。此外，中山大学还制定了学生参加兼办社会教育工作办法，[2]于1939年夏在云南开始设置先修班，招收了数百高中毕业生和失业青年。1939年11月11日的校庆15周年活动中，中

---

[1] 张研：《论抗战时期云南的社会教育》，《云南民族大学学报》（哲学社会科学版）2007年第2期。

[2] 《大学布告》（山字第804号），见《国立中山大学日报》1939年10月7日。

山大学各学院举行展览会,展示在澄江办学工作成果。农学院农学组展示澄江农作物病害标本 26 种,蚕学系有澄江饲养成功的蚕丝标本数十种,森林学系有云南木材标本 10 余种、云南产药用植物标本 30 种,土壤调查所有澄江县土系标本及图表共数十种。[1] 学校还利用澄江府门口的空房,创办了一个书报室,供市民阅览,并在街口、学校门口辟有两三天一轮换的《青年生活》、《民众壁报》等宣传栏。此外,学校还利用澄江原来的城隍庙老戏台宣传抗日,演出戏剧,并在澄江北门西头盖了一个简易会场,在这里演唱部分爱国歌曲。学生的文化生活十分活跃、组织了民风剧团、粤声音乐社、青年生活社、政治学会等。青年生活社还开展了兵役宣传、寒衣募捐、飞机募捐、节约储蓄、卫生防疫等以抗战为中心的活动。[2]

民众教育思潮作为一种新的教育理论,不可避免地带有历史的局限性,也存在一定的缺陷,但它仍然是中国近代一种有特色的、进步的教育思潮,在中国教育史上具有独特、重要的地位。抗战时期云南民众教育的深入发展和广泛传播,在一定程度上打破了"学而优则仕"的传统教育价值观,提高了云南民众的整体素质,给滞后于时代的云南带来清新的学术空气,培养了当地民众尊重知识、尊重人才的良好风尚,转变了传统惰性的社会风气。截止 1943 年,扫除文盲累计达 1825787 人,以 1934 年统计的失学成年人数 930 万来计算,云南历年扫盲人数占整个失学成年人数的近 20%,[3] 效果相当显著,使边远落后的云南省整体国民素质有了较大提高,大大地促进了云南区域社会的发展。

---

[1] 《农学院参加展览会各种标本》,见《国立中山大学日报》1939 年 11 月 11 日。
[2] 吴定宇:《中山大学校史(1924—2004)》,第 175 页。
[3] 云南省地方志编纂委员会编:《云南省志》(卷六十·教育志),第 769—778 页。

三、通才教育思想

"通才教育"作为大学教育的宗旨和主要办学思想,是在清朝末年提出的。《钦定京师大学堂章程》奏明:"京师大学堂之设,所以激发忠爱,开通智慧,振兴实业,谨遵此次谕旨,端正趋向,造就通才,为全学之纲领。"[1] 其所宣称造就的通才,在于对德、智方面培养具有封建道德观和掌握致用治生的西学艺能之才。民国之后,大学以"教授高深学术,养成硕学闳材,应国家需要"为教育宗旨。著名教育家蔡元培提出:培养"硕学闳材",需要"融通文理两科之界限",主张文理"兼习";要求学生改变"守一家之言,而排斥其他","专已守残之陋见"的旧习惯。[2] 蔡元培在出任北京大学校长时对于科学与人文并重,主张中学与西学融合的办学思想实践,蒋梦麟继承了蔡元培的办学理念。南开的张伯苓校长主张人格教育:"南开大学教育的目的,简单地说是研究学问和练习做事。"[3] 梅贻琦在执政清华期间也主张文理渗透,通才兼识,要求学生对自然、社会、人文都具有广泛的综合知识,而"不贵乎有一技之长"。[4]

大学校长的教育理念源于他的教育思想和对教育现状及趋势的认识,影响到他对学生及其需求的认识,影响到学校培养目标的设定,同时也是其世界观、价值观的体现。[5] 战时的云南,通才教育作

---

[1] 璩鑫圭、唐良炎:《中国近代教育史资料汇编·学制演变》,上海教育出版社1991年版,第233页。
[2] 同上书,第674页。
[3] 张伯苓:《教育论著选》,第154页。
[4] 西南联合大学北京校友会编:《国立西南联合大学校史:一九三七至一九四六年的北大、清华、南开》,第11页。
[5] 张静、杜希民:《校长教育理念与高校发展》,《高等教育研究》2006年第1期。

为一种主要流传的教育思潮并贯穿于具体的办学实践中,尤以西南联大为典型。1941年,梅贻琦在其著作《大学一解》中,对"通才教育"思想作了精辟的阐述,他说:"通识,一般生活之准备也;专识,特种事业之准备也;通识之用,不止润身而已,亦所以自通于人也,信如此论,则通识为本,而专识为末,社会所需要者,通才为大,而专家次之。以无通才为基础之专家临民,其结果不为新民,而为扰民。此通专并重未为恰当之说也。大学四年而已。以四年之短期间,而既须有通识之准备,又须有专识之准备,而二者之间又不能有所轩轾,即在上智,亦力有未逮,况中资以下乎?"[1]梅贻琦明确提出:"窃以为大学期内,通专虽应兼顾,而重心所寄应在通而不在专。"要造就通才,就是要在大学阶段对学生进行"通识"教育,加强"知类通达"的训练。这样培养出来的学生,一方面能很快适应抗战建国各方面的需要,另一方面在抗战的环境下能尽快找到就业的门路,通才教育,既是社会的要求,也是学生的切身利益的要求。

西南联大实施了通识教育的人才培养模式,在课程设置上特别注意广博性与文理渗透的特点,实行了灵活的选课制。各院系必修国文、英文和中国通史,文学院、法商学院和师范学院必修西洋通史,并在科学概论和哲学概论二门课程中选修一门,在普通物理、数学、化学等自然学科中选修一门,还要选修二门非本系的人文社会科学课。理工学院和工学院的学生必须选修一门社会科学和二门非本系的自然科学课程。具体为:为全校各学院的大一新生开设了共同必修课,国文、英文、伦理学、中国通史、世界通史、一门社

---

[1] 曲士培:《蒋梦麟教育论著选》,人民教育出版社1995年版,第68页.

会科学基础科目和一门自然科学基础科目。另外，西南联大还把中国通史和经济学概论作为文、理、法商学院的必修课程；把哲学概论、逻辑、科学概论、西洋通史作为文、法商学院学生的必修课，而且还规定每个学院都各有38—40学分的共同必修课，以打破学科界限。这些共同必修课的开设，使学生获得了深厚的知识基础，培养了不同的思维方式，既有利于学生进一步学习高深专业知识，也增强了学生的社会适应能力。此外联大还开设了大量的选修课供学生选修，8年内所开设的1600多门课程中包括了大量的选修课。大量选修课的开设，为学生提供了广阔的选择空间，拓宽了学生的知识面，开阔了学生的视野，培养、发展了学生的兴趣；同时，大量选修课的开设，还引领了学生在某一专业领域内向纵深方向发展。这种通才教育注重基础课程的教育，旨在通过基础的教育使学生获得广泛的知识打下深厚的基础，培养学生较强的综合适应能力。因此联大的基础课一般都配备学术水平高、教学经验丰富的教授来担任。联大实行以学分制为主体，必修课、选修课并举和严格要求、严格管理相结合的教学制度，注重文理交叉和培养学生的实践能力，学生对选修课有很大的自主权。这一方面为扩大学生知识面创造了条件，另一方面也促使教师勤奋治学。由于课程繁多，教学要求较严，这也决定在联大学生要想混日子，拿到毕业文凭是根本不可能的。注重通识教育的人才培养模式，使西南联大培养出来的学生既具有强烈的社会责任感，又有着广博、深厚的知识基础，社会适应能力强，具有持续发展的后劲，能够在工作岗位上起到中流砥柱的作用。

相对于联大的通才教育思想，云南大学居于抗战需要和战时云南高等教育的现实，则主要实施了专才教育的办学方针。早在1937

年 4 月，云南大学兼代校长何瑶为《云南大学特刊》写了《发刊词》，概述了近年来本校设施概况及今后努力方针，文章明确提出："凡兹设置（指院系设置），其着眼点在切合云南之环境与需要。盖欲就此设置，培养广大之科学业务人才，以促成云南之社会建设、工业建设、交通建设、教育建设、国防建设也。"依据这一思想，云南大学更加注重专业设立需服务于云南经济与社会。1939 年 2 月，学校刊发的《云南大学与地方需要》中提到："地方性的国立大学，树立纯粹学术基础，提高地方文化水准，固为其应有的使命；而训练实际人才适应地方建设，尤为当前的急务。云南大学新近绥由省立改为国立，而其办学方针，仍应密切配合地方环境。地方需要的重心在哪里，大学设施的重心即寄托在那里。"在人才培养目标上，云南大学始终坚持专才培养。《省立云南大学组织大纲》及 1939 年 3 月 24 日的《国立云南大学组织大纲》均以"研究高深学术，造就专门人才为宗旨"便很好地反映了这一点。

纵观战时云南以西南联大为代表的通才教育及以云南大学为代表的专才教育两种教育模式，从客观上看各有优劣，专而不通，导致知识专业化和思维片面化，不能在科学高度综合的时代取胜；通而不专，解决不了社会问题，也不能在科学高度分化的时代立足。通才教育和专才教育只是在学时范围与程度上有一定差别，两者是相对而言的，通才教育并不是完全排斥专才教育，而专才教育也并非完全排斥通才教育。西南联大培养的"通才"绝不是哲学意义上多才多艺、百科全书式的"通才"，而是知识面和职业适应面较为宽广，具有广博扎实的基础知识，在本学科领域内有专深的造诣，既有理论知识又有实际操作经验和领导管理能力的人才。这种人才与专才一样，同属"高级专门人才"的范畴。而云南大学虽然是以培养专才为目标，可是也配有选修课，同时实行学分制。而且在熊庆来担任校长之后，更加注重学术，"窃以为大学除培养有用人才外，于学术本身不得不有所致力"[1]。云南大学作为战时云南的地方大学，在特定历史时空环境之下，其紧密结合本省生产、生活实际培养专才的举措，也有着客观的现实背景，而用简单的对错和优劣来衡量同样是不客观的，也是脱离历史实际的。故而我们应从历史与现实的角度来理性地分析问题，这也为今后的大学人才培养模式提供更为宽广的研究视域。

第二节　知名教育家及其教育主张

一、梅贻琦

梅贻琦（1889—1962），字月涵，天津人，中国近代高等教育著名的教育家。梅贻琦早年就读于南开中学的前身"严氏家塾"和敬业学堂。1908 年，梅贻琦被保送至保定直隶高等学堂就读。1909 年考取清华大学第一期庚款留学生，赴美国吴斯特工业学院专攻电机工程，1914 年获工学学士学位。1915 年春返国，先于天津基督教青年会服务半年。9 月，回清华任教。1921 年，利用公假再赴美进修一年，获工程硕士学位，学成后返清华任物理系教授。1925 年 4 月担任清华大学教务长，1931 年 12 月就任清华大学校长。抗战爆发后，

---

[1] 张璐、严璇璇：《从抗战时期的西南联大和云南大学看通才教育与专才教育》，《湖北函授大学学报》2009 年第 2 期。

任国立西南联大校务委员会常委并实际主持校务。1948年12月离开北平赴巴黎参加联合国教科文组织会议。1950年初到美国管理清华在美基金。1955年11月,梅贻琦在台湾新竹将清华大学复校并筹办"清华原子科学研究所"。1958年任台湾"教育部长"并兼台湾清华大学校长。1959年兼任台湾长期发展科学委员会副主席。1962年当选"中央研究院院士"。1962年5月19日,梅贻琦在台湾辞世,享年73岁。

梅贻琦先生是清华大学历史上任期最长的校长,历时17年(1931—1948)之久,先生为人谦逊少语,注重实干,行事低调,待人谦和,时人称其为"寡言君子"。在办学中,梅贻琦先生以其特有的、低调的处世风格和脚踏实地的工作方式,励精图治,特别在主持西南联大校务过程中得以全面提升,厥功至伟,功不可泯。

1. 提倡"通识为本、专识为末"的教育思想

早在1927年,梅贻琦在《清华学校的教育方针》一文中就提出:"盖今日之社会上所需要之工程人材,不贵乎专技之长,而以普通基本的工程训练为最有用。"虽然他那时还只是从"时需"出发,而且仅指工程学科而言。梅贻琦还指出:"清华大学学程为期四年,其第一年专用于文字工具之预备,自然科学与社会科学之普通训练;其目的在使学生勿困于一途,而得旁涉它们,以见知识之为物,原系综合连贯的,吾人虽强划分,然其在理想上相关联相辅助之处,凡曾受大学教育者不可不知也。学生第二年以后,得选定专修学系,以从事于专门之研究,然各系规定课程,多不采取严格限制,在每专修学系必修课程之外多予学生时间,使与教授商酌,得因其性之所近,业之所涉,以旁习他系之科目,盖求学固贵乎专精,然而狭

隘之弊与宽泛同，故不可不防。"[1] 其所倡导的通识教育是通过严格而又灵活的课程设置来实施的，学生一般从二年级开始，可以根据自己学习兴趣，在修完规定的课程后，自由选择其他课程，不会受到专业的影响。

抗战时期的梅贻琦，在其拟纲、潘光旦执笔的《大学一解》一文中，以中国人文经典《大学》中所阐述的教育思想为基础，汲取了近代西方大学教育思想的合理成分，并结合当时的实际情况较为全面地阐述了他的通识教育思想，他认为大学教育的宗旨"在明明德，在新民，在止于至善"。只有实施通识教育，给学生以"知类通达"的通识训练，方可收到"新民"之效。否则，"以无通才为基础之专家临民，其结果不为新民，而为扰民"[2]。梅贻琦认为，大学阶段的直接培养目标，应该是"通才"，不应该也不可能担负起直接为社会各行业培养"专才"的任务，这种任务应该由其他教育机构来承担，而大学应着眼于为学生们通向高深而作基本训练。梅贻琦不主张"通专并重"，他认为"大学四年而已，以四年之短期间，而既须有通识之准备，又须有专识之准备，而二者之间又不能有所轩轾，即在上智，亦力有未逮，况中资以下乎？并重之说所以不易行者此也。偏重专科之弊，既在所必革，而并重之说又窒碍难行，则通重于专之原则尚矣"。[3] 因此他旗帜鲜明地确定了培养"通才"的教育目标。针对当时教育部提出的"重专才不重通才，重实科不重文理"的教育方针，梅贻琦针锋相对地提出大学教育应"通识为本、专识

---

[1] 《梅校长到校视事》，《国立清华大学校刊》1931 年 12 月 24 日。
[2] 梅贻琦：《大学一解》，《清华学报》1941 年第 1 期。
[3] 北京大学、清华大学、南开大学、云南师范大学编：《国立西南联合大学史料》（一），第 25 页。

为末",要求学生对自然、社会、人文三方面都具有综合知识与修养。他认为只有"通才"才能真正达到"知类通达,强立而不反",也才能"于社会有须贡献"。所谓整个之人格,应有知、情、志三个方面,而知、情、志三者是一个整体,皆有修明之必要。[1]在各系必修和选修的课程设置中,也都注意到使学生不只是囿于某一专业,而要有较宽的知识面,以奠定进行专深研究的基础。

2. 倡导自由开明的学术风气

联大名师云集,自然学术流派众多,"派系"也形形色色。对此,梅贻琦先生始终把学术自由作为治校准则之一。在政治立场上表示对"左"、"右"均没有特别的偏好,他关注的焦点是学术和思想的自由发展。正如他所说:"余对政治无深研究",办学"应追随蔡子民先生兼容并包之态度,以恪尽学术自由之使命"。[2]正是由于有了这种学术交融,派无疆封的开明、包容之气,联大的教授才能在艰难时势中保持学术和言论的自由,各流派才可以在民主空气中"各美其美,美人之美","同无妨异,异不害同",得到充分地兼容和尊重。

梅贻琦坚持"教授治校"、"民主治校"的办学方针。他常说的一句话是"吾从众",一方面体现了他对清华大学业已形成的校内民主制度的尊重,另一方面体现了他的民主思想和作风。联大创立不久,梅贻琦就按照战前清华的模式,建立了联大教授会和校务会议组织。1941年,联大校务委员会公开要求重庆教育部"在奉行部令

---

[1] 杨立德:《西南联大的斯芬克司之谜》,云南人民出版社2005年版,第352页。
[2] 刘述礼、黄延复:《梅贻琦教育论著选》,第132页。

中予该校以参酌旧例之余地",以保持联大的独立。根据当时教育部规定,联大设立训导处,专门负责学生管理,但联大并没有按照规定去禁锢学生的思想,对学生既严格要求,又"注重自治的启发与同情的处置,以期实现严整生活,造成诚朴的风气"[1]。在不违反校规及法律的前提下,联大的学生管理主要通过学生自治会、学生社团和学生自主活动来进行的。除了学生自治会外,联大还有数十个自发组成的学生社团,很多知名教授被聘为学生社团的指导老师。在教师的指导下,各社团纷纷刊出自己的壁报,或慷慨争议、鞭辟时政,或赋诗作画、陶冶情操,或学术探索、百家争鸣,形式多样的学生社团让西南联大的校园充满生机和活力。学生自治不仅有利于师生之间沟通,完善学校的内部管理,而且还利于学生在自治中养成社会服务意识和公民德性,为将来走向社会作好准备。

3. 强调"大师"为重的教师观

梅贻琦在师资上有一句经典的言论,即"所谓大学者,非谓有大楼之谓也,有大师之谓也"。梅贻琦反复强调:"师资为大学第一要素,吾人知之甚切,固图之也至极"[2],"吾人应努力奔赴之第一事,盖为师资之充实,大学之良窳,几乎全系于师资与设备充实与否,而师资尤为重要"[3]。梅贻琦认为,优秀的教师,不但要善于用循循善诱的方法引导学生攫取知识,而且应在情、志两方面均作出榜样,树立楷模。他所提倡的大学之师生关系,仍应如古人那样:"从师受业,谓之从游。孟子曰:'游于圣门之者难为言',间尝思

---

[1] 朱光亚:《关于西南联合大学》,《云南师范大学学报》(哲学社会科学版) 2002 年第 4 期。
[2] 徐少亚:《高校合并整合管理的界面探讨》,《中国高等教育》2001 年第 21 期。
[3] 杨立德:《西南联大的斯芬克斯之谜》,第 104 页。

之,游之时义大矣哉。学校犹水也,师生犹鱼也,其行动犹游泳也,大鱼前导,小鱼尾随,是从游也,从游既久,其濡染观摩之效,自不求而至,不为而成。"[1] 梅贻琦认为,师生和学校的关系是水与鱼的关系,密不可分;教师与学生又是大鱼与小鱼的关系,学生只有在老师的正确引导下才能学有所成。

在主持西南联大校务期间,梅贻琦不遗余力地从各方聘请一流学者、教授,"对校外名家大师,总是设法延聘,在延聘之前,先行委托其至亲好友疏通,再由学校领导或院长、系主任登门拜请,'三顾茅庐'"[2]。在人事选聘上,联大将聘任教授的职责交由各系主任全权负责,由系主任提名,经学院院长同意便可以聘任教授。在人员管理上,联大注重竞争,必修课多由有名望的教授担任,而选修课则由青年教师来上,往往是一门课由几位教师同时来上;联大注重稳定优秀教师,尽可能为教师们创造学术氛围和工作条件,对于不能胜任或者不适合从事教学工作者,坚决不予续聘;而优秀者,即使经费捉襟见肘,联大依然鼓励其带薪到国外大学或研究机构游学休假。联大有一套完整的教师遴选机制,教师职务的提升只讲实绩和水平,没有人数和比例限制,在选用教师上也是坚持不拘一格、唯才是聘的用人标准,其选拔师资亦不只看重资历。在联大教授中,论资历,沈从文只上过小学,华罗庚、钱穆中学没有毕业,但这丝毫不影响联大聘他们做教授。在梅贻琦的努力下,一时有识之士闻风影从,以致三四十年代的清华园和西南联大人才济济、繁星灿烂,汇聚了当时各门学科的著名专家和权威学者。

---

[1] 梅贻琦:《大学一解》,《清华学报》1941 年第 1 期。
[2] 洪德铭:《西南联大的精神和办学特色》(上),《高等教育研究》1997 年第 1 期。

二、蒋梦麟

蒋梦麟（1886—1964），原名梦熊，字兆贤，号孟邻，浙江余姚人，中国近现代著名民主主义爱国教育家。蒋梦麟于1902年考入浙江省立高等学堂，1904年，考入上海南洋公学。1908年赴美国加州大学主攻教育学，1912年获教育学学士学位，旋入哥伦比亚大学继续攻读教育学，1917年6月获哲学博士学位。同年回国后任上海商务印书馆编辑，之后创办了《新教育》月刊。1919年五四运动后，至北京大学，历任哲学系主任、总务长，并三次任代理校长等职务。1927年4月任浙江省政府委员兼教育厅长、浙江政治分会秘书长、"第三中山大学"校长。1928年后，被先后任命为国民政府大学院院长、教育部长。1930年，蒋梦麟被任命为北京大学校长。抗战爆发后，蒋梦麟先后任长沙临时大学筹备委员会常务委员、西南联大常务委员会委员。1945年，蒋梦麟辞去北京大学校长职务，任行政院秘书长。1948年任国民政府委员，同年任"中国农村复兴联合委员会"主任委员。1949年10月去台兼任石门水库建设委员会委员。1964年6月18日在台湾病逝，享年78岁。

因长期留学美国并专攻教育学的留学经历，蒋梦麟对于西方教育思想有着系统精深的研究。回国后，又长期担任大学校长和教育行政领导职务，对于中国高等教育由传统向近代、由近代向现代的转变过渡有着深切的理解。他一生著述颇丰，涉及社会、政治等诸多领域，但以教育研究为主，先后提出了高等教育、个性教育、职业教育、平民教育和历史教育的主张和看法，他的教育思想在今天看来仍具有较强的借鉴意义。

1. 个性教育思想

蒋梦麟十分重视个性教育。他认为，教育的功能在于发展个人之天性，尊重个人之价值。在个性教育方面，他强调培养活泼的个人，强调发展学生的个性、兴趣和特长，进而形成其自主自动的能力、完善的道德和人格。他说："个人之价值，即存于尔、我、他天赋秉性之中。新教育之效力，即在尊重个人之价值。一个人之天性愈发展，则其价值愈高。社会之中，各个人之价值愈高，则文明之进步愈速。吾人若视教育为增进文明之方法，则当自尊重个人始。"[1] 蒋梦麟指出，发展个性教育的目的是为了增进个人的价值，他说："近世西洋之教育，平民主义之教育也。曰自治也，独立也，自由平等也，发展个性，养成健全之个人也，皆所以增进个人之价值，而使平民主义发达而无疆也。"[2] 只有通过个性教育，增进个人的价值，才能形成自治、自由与平等的意识，这是蒋梦麟所特别注重和强调的。

蒋梦麟重视个性教育还体现于在办学中尊重传统、强调个性。在西南联大，蒋梦麟除担任常委外，还担任着国民党中央委员，负责西南联大的党务工作，但联大还是照三校原有的传统办事，没有因政治原因聘请或解聘教授，也没有因政治原因录取或开除学生，更没有因政治原因干涉学术工作。而在联大期间，蒋梦麟的自传体著作《西潮》，主张重新估价传统文化，慎重考量西方文明，用中学来整合西学，从而建立起适应现代中国需要的中西合璧式的新文化。

---

[1] 蒋梦麟：《个人之价值与教育之关系》，《教育杂志》第 10 卷，1918 年第 4 期。
[2] 曲士培：《蒋梦麟教育论著选》，第 69 页。

2. 分类制定教育标准思想

作为一名民主主义教育家，蒋梦麟有着很深的民族特点的资产阶级民主教育思想，这与他既具有深厚的中国传统文化根底，又在留学期间对西方哲学、政治、历史、教育等领域进行过广泛深入的研究存在着密切的关系。蒋梦麟继蔡元培之后，在北大依然坚持学术自由的原则。早在任北大校长之前的1918年，他就提出大学为研究高等学术而设，故"当以思想自由为标准"。[1] 在任校长后，特别是著名的"科玄之争"更证明了他维持学术自由的思想，即使到30年代，北大仍可讲马克思主义、社会主义。

蒋梦麟针对当时社会上存在的问题，提出各级学校教育应该确立一定的标准。他在1918年写的《建设新国家之教育观念》一文中指出，当时中国社会有四大缺点：一曰人民知识之浅劣；二曰人生之微贱；三曰无建设的领袖人物；四曰无积极的标准。鉴于教育在国家建设中的重要地位，他提出："小学为普及教育之机关，使国人具有常识，非从小学教育入手不可。其标准当使生徒具有日用所必需之知识"；"中学当以培养初级领袖为标准"；"大学者，为研究高等学科而设，其学生为将来增进文明之领袖。故当以思想自由为标准"。在政治黑暗、经济萧条、教育落后的旧中国，蒋梦麟这些主张虽无法实现，但不失为远见，并对此后的大学教育产生了重要影响。

3. "校长治校" 思想

"校长治校"思想是蒋梦麟对于蔡元培"教授治校"思想的完善和发展。"教授治校"强调教授广泛参与学校各项事务的管理，包括

---

[1] 朱宗顺：《蒋梦麟的高等教育思想与实践》，《高等教育研究》1996年第4期。

决策、组织、计划、控制、协调等，还具体参与招生、考试、招聘教师、财务管理诸端事务。"校长治校"的思想更加明确了校长的职责，克服了"教授治校"思想实践上的一些弊端，削弱了教授在行政领域的权力，提高了教授治学的责任感，增强了学生求学救国的使命感，明确了校长、教授、职员、学生各自的主要职责，责权分明，各司其职，真正做到校长治校、教授治学、职员治事、学生求学。蒋梦麟曾说道："能容则择宽而纪律驰。思想自由，则个性发达而群治驰。故此后本校当于相当范围以内整饬纪律，发展群治，以补本校之不足。"[1]

在校长治校的理解上，蒋梦麟总是时时以大局为重。西南联大在昆明之初，三校也有一定的矛盾。蒋梦麟回忆："在动乱时期主持一个大学本来就是头疼的事，在战时主持一个大学校务自然更难，尤其是要三个个性不同、历史各异的大学共同生活，而且三校各有思想不同的教授们，个人有个人的意见……幸靠同仁们的和衷共济，我们才把这条由混杂水手操纵的危舟渡过惊涛骇浪。"[2] 在西南联大最初创建的日子里，蒋梦麟投入了很大的心力，待联大工作走入正轨后，便将联大的事务差不多都交给了梅贻琦。他曾经说过一句名言："在西南联大，我不管就是管。"蒋梦麟对梅贻琦说："联大事务还要月涵（梅贻琦）先生多负责。"[3] 这思想实际上就是"校长治校"与"教授治校"的有机结合，这种民主主要体现在西南联大的内部治理上，但同时也深刻反映其对于社会民主的追求与向往。

---

[1] 徐溧波：《"校长治校"：蒋梦麟高等教育管理思想的核心》，《宁波大学学报》（教育科学版）2007年第6期。
[2] 蒋梦麟：《西潮》，台北远出版事业股份有限公司1990年版，第273—274页。
[3] 马勇：《蒋梦麟图传》，湖北人民出版社2007年版，第166页。

蒋梦麟推行民主治校的方针，坚持并发展了蔡元培教授治校的管理模式。1920年，蒋梦麟在总结蔡元培的管理实践经验的基础上，仿效欧美模式，为北大设计了一个完整的管理体制。他要求在校长之下设评议会、行政会、教务处、总务处；基层、各系由教授互选系主任，系与教授及上层之间，设各种事务委员会。他的这些做法，对完善20年代北大的管理产生了很大作用。1929年，他主持制定的《大学组织法》，依然重申了教授治校、民主管理的方针。在1931年1月，蒋梦麟根据《大学组织法》提出："教授须延聘大师、学者充之。校长当改善学校环境，使教授、同学打成一片，潜心努力学术。""努力提高教授待遇，绝对禁止兼课兼事。"[1]蒋梦麟希望通过对学校的行政和教学制度进行改革和整顿，来实现中兴北大的愿望。

作为一名学贯中西的学者及一名有着高超教育行政能力的校长，在1919至1945年这20余年里，蒋梦麟奋斗在教育战线，在政治风雨飘摇、时局日益维艰的环境中，无论是担任教育厅长、教育部长，还是总务长、代理校长、校长，他始终遵循蔡元培的办学方针，呕心沥血维持北大生命，为中国近代高等教育的生存与发展作出了自己的贡献。

三、张伯苓

张伯苓（1876—1951），名寿春，字伯苓，天津人，著名民主主义爱国教育家。6岁入私塾，1891年考入北洋水师学堂，1894年被派往北洋水师舰队实习并参加过中日甲午战争。1898年被聘任主持

---

[1] 孙善根：《走出象牙塔——蒋梦麟传》，杭州出版社2004年版，第153页。

严氏家塾。1903年随严范孙赴日考察教育，1904年创办南开中学，1917年，张伯苓赴美国哥伦比亚大学考察教育，次年回国，着手筹办南开大学。1923年创立南开女子中学。1928年，又建南开小学，1927年和1932年又创办了南开经济研究所和应用化学研究所。抗战爆发后，张伯苓先后任长沙临时大学筹委会常委、国立西南联合大学常委，同时兼任国民政府参政会副议长。1945年，他出席国民党第六次全国代表大会，当选为国民政府中央监察委员。1946年6月美国哥伦比亚大学授予其名誉文学博士学位。1948年，他出任考试院院长。1949年，他毅然留在重庆迎接解放。1951年2月23日因病在天津谢世，享年75岁。

张伯苓创办南开系列学校，担任校长40余年，弦歌不辍，居功至伟。其教育信条贯穿于德、智、体三个方面，在德育、智育、体育观都有其独到的见解。

1. 重视对学生的德育教育，视"德育为万事之本"

张伯苓强调"德育为万事之本"，亲手制定"允公允能，日新月异"校训，教育学生"尽心为公，努力增能"。校训不仅要求受教者能充实个体，同时它还进一步地要求个体的充实，不为己用，而应该为公为国，为人群服务。他反对照搬欧美教育制度，主张西方先进教育思想要与中国实际紧密结合，以"解决中国问题为教育目标"，为探索适合中国国情的教育模式作出重要的贡献。张伯苓认为："教育范围绝不可限于书本教育、智育教育，而应特别着手于人格教育、道德教育。"[1] 在他看来，德育包含着极其深刻的内容，积

---

[1] 梁吉生：《张伯苓的大学理念》，北京大学出版社2006年版，第37页。

极的人生观、事业心、意志、社会公德、正直、善良、无私等多种素质，都是衡量一个人品格的重要尺度。张伯苓认为："爱物亦公德也，公德心之大者为爱国家，为爱世界。德育之首乃是爱国主义教育，最大的公德就是学生要成为有用之才。"[1]1905年日俄迫使清政府签订"中日东三省事宜条约"，独霸东北权益。为了调查日本的侵略活动，1927年4月，张伯苓曾亲赴东北考察，并成立东北研究会，把揭露日本侵略东北的罪行作为考察的一个主要课题。"九一八"事变后，张伯苓出于爱国义愤，根据东三省丰富的自然资源、经济、人文地理状况编写了一本教材《东三省地理》，作为对学生进行爱国主义教育的一堂必修课。此外，他还经常举行各种"国耻"纪念活动，以激发学生的爱国热情。

他对学生进行人格教育要求至为严格。他认为："研究学问，固然要紧，而熏陶人格，尤其是根本。"[2]他把人格的培养归纳为五个方面：立志、敦品、勤勉、虚心、诚意。他亲自抓这方面的教育工作。每逢周三的"修身课"，总是邀请校外专家名流，或者自己对学生作深入浅出、引人入胜的讲授，宣传为人做事和处世治学之道。他曾不厌其烦地带着一把筷子登上讲台说明"分则弱，合则强"的道理，从而强调团结可以拯救危难中的中华民族之真谛。他的这些爱国主义教育，生动形象、言简意赅，在许多年轻人的灵魂深处，星火般地撒下救国图强的种子。为了培养学生的文明行为，张伯苓专门在校门的一侧，设立一面整容镜。镜子上刻着严修书写的"面必净，发必理，衣必整，钮必结。头容正，肩容平，胸容宽，背容

---

[1] 沈卫星：《重读张伯苓》，第414页。
[2] 李荼晶：《学习张伯苓的"允公允能"教育理念》，《天津教育》2003年第6期。

直。气象：勿傲、勿暴、勿怠。颜色：宜和、宜静、宜庄"，使学生出入校门有所儆戒。其以身作则的言行，博得广大师生的尊敬。为了禁止学生吸烟，他曾带头折断自己的烟杆，并当众销毁所存的吕宋烟，终其一生不再吸烟。

2. 重视学生的智力发展

张伯苓是教育上的大胆革新者。南开一向以教学严格认真著称，强调基础知识和基本技能的训练。不论是中学或大学都是由最好的教师开基础课。重视实验操作，学生从中学就受到严格的科学训练。他认为人才应具备德、识、才、学诸多品质。一个人的才干、见识、智谋和胆略应该是多方面的。智育不能单纯地被看做是传授知识，不能把"德、智、体"看做是"德、知、体"。他对智力教育的看法就在于他不以书本教育为满足，不赞成读书死记硬背，而认为教育不能与社会脱节，求学应与实际生活相联系。他认为教学质量的提高，不只是增加知识的分量和难度，还要扩大知识面，活跃思维，为受教育者创造多种活动的条件。他说："吾国学生之最大缺点，即平日除获得书本知识外，鲜谙社会真正的状况，故一旦出校执业，常觉与社会隔开，诸事束手。"[1]他常常要求学生多接触社会实际，1926年他还特地开设"社会视察"课并将其定为高中必修课，每周由教师引导学生到天津及各地参观工厂、商业、司法、教育、交通、救济、新闻、卫生等机关，并通过座谈讨论，写出考察报告。张伯苓先生认为这才是念活书，对学生大有益处。

他还积极主张开展丰富多彩的课外活动，组织各种社团，以锻

---

[1] 梁吉生：《张伯苓的大学理念》，第44页。

炼学生的实际工作能力。如成立各种学术研究会、讲演会、出版刊物、成立剧团、体育队等。他认为从这里得来的学问，不比书本上的少。很多学生确实是通过各项社会活动，对许多现实问题，如劳工、物价、住宅、工商机构、行政组织等问题获得基本概念，认清事物本质，受到社会启蒙。由此可见，张伯苓办教育不只是向学生输送知识，而是着眼于培养学生解决问题的本领，立足于把学校当成培养社会所需的实干、能干的人才之所来办的。

3. 注重发展体育，着力增强国民体质

张伯苓曾多次谈到：教育的目的是救国，即以教育来改造中国，但中心是"改造她的道德，改造她的知识，改造她的体魄"。[1]张伯苓认为国民体质衰弱、精神不振、工作效率低，是因为国人不重视体育。他说，过去一提国家强盛，就联想到军队的多寡、军火武器的优劣。其实，国家的强弱，至关重要的是人的体质。他认为："在德、智、体三育之中，我国人最差的是体育"，"强国必先强种，强种必先强身"，主张"强我种族，体育为先"。因此，他对学生的体育锻炼，倾注了极大的心血。他大声疾呼："南开学生的体质，决不能像现在一般人那样虚弱，要健壮起来。"1946年冬，张伯苓由美返国，对发展体育事业有了更进一步的认识。他认为："教育如果没有体育，教育就不完全"，"不懂得体育的人，不宜当校长"。[2]为了强身，张伯苓十分注意体育教育的普及，在学校的各年级均设体育课，每周两小时。

---

[1] 政协西南地区文史资料协作会议编：《抗战时期内迁西南的高等院校》，第29页。
[2] 沈卫星：《重读张伯苓》，第419页。

由于对体育运动的重视，校内涌现出不少优秀的运动选手和实力雄厚的运动代表队。张伯苓一生提倡体育不遗余力，他始终把学生的健康作为学校一切工作的出发点。这个思想的确立，不仅仅是出于为改变当时广大青少年由于享受不到真正的体育权利，健康状况极为低下的局面，更是出于他对体育在培养全面发展人才的教育中的重要性的深刻认识。在这些思想的影响下，西南联大对于体育运动也格外重视。在组织上，学校训导处分设生活指导、军事管理、体育卫生三组，其中体育卫生组负责体育教学、课外体育活动及竞赛等事宜。1940 年 3 月，联大体育卫生组改称为体育部。在教学要求上，规定体育课是各年级的必修内容，每周 2 课时，虽不计学分，但成绩不及格者，必须参加补考，否则不予毕业，[1] 此举开创了云南高校将体育课纳入教学计划并列为学校必修课程之先河。学习之余，联大的课外体育活动也开展得丰富多彩。学生自治会的康乐股负责管理学校体育、娱乐及宿舍清洁等事宜。体育社团主要有铁马体育会和悠悠体育会等社团。此外，为加强校际间体育文化的交流与合作，联大、云大和空军军官学校于 1939 年初成立了三校体联，以提高体育为目标，举办了许多社会体育实践和竞赛活动。

　　从张伯苓的办学思想及他对德、智、体三育的躬身实践来看，他的教育目的在于培养全面发展、能为社会出力、做事的实干家，而不是崇尚书本、出校执业束手无策的书呆子。于今天培养全面发展的人的教育而言，研究张伯苓的教育思想及其实践是不无裨益的。

---

[1] 云南省地方志编纂委员会编：《云南省志》（卷六十·教育志），第 953 页。

四、黄钰生

黄钰生（1898—1990），字子坚，著名教育家、图书馆学家。湖北沔阳人，早年入南开中学，1916年入清华学校，后赴美芝加哥大学专攻教育学和心理学，获硕士学位，1925年学成归国，任教于南开大学，并担任南开大学秘书长。1937年，黄钰生作为张伯苓的代表，参与联大常委会的工作，并与杨石先、陈序经等教授负责南开大学校务，并出任西南联大建设长。1938年秋，西南联大增设师范学院，黄钰生被任命为院长，同时兼任师范学院附属中学、小学主任。1946年复员返津后，黄钰生一度出任天津市教育局长，其后仍担任南开大学秘书长。1952年调任天津市图书馆馆长，1956年兼任天津市科学技术委员会副主委，曾担任第五届、第六届全国政协委员和第八届天津市政协副主席，1986年以88岁高龄加入中国共产党。1990年4月在津病逝，享年92岁。

作为南开大学的一名资深学者，黄钰生长期担任南开大学教授兼秘书长。抗战爆发后，黄钰生主要代表张伯苓校长参加联大校务管理，先后担任了西南联大建设长及师范学院院长，殚精竭虑，对联大事业的实际贡献良多。

1. 重视师资队伍建设，积极构建有利于师范教育的办学体制

让受教育者精通理论，笃行实践，一直是黄钰生教育思想中最富特点之处。作为联大师范学院院长，黄钰生一贯认为，"聘用教师从严，中小学教师都必须是本科毕业，而且要求品学兼优"[1]。黄钰

---

[1] 云南西南联大校友会编：《难忘联大岁月》，云南教育出版社1998年版，第9页。

生充分利用西南联大的人才优势，积极延聘师资。师范学院各系主任由西南联大原相关学院院长或知名教授兼任：教育学系主任邱椿（后为陈雪屏）、公民训育系主任罗廷光（后为田培林、陈雪屏、陈友松）、国文学系主任朱自清（后为罗常培、杨振声、罗庸）、史地学系主任刘崇宏（后为雷海宗、蔡维藩）、英语系主任叶公超（后为陈福田、李保荣）、数学系主任江泽涵（后为杨武之、赵访熊）、理化学系主任杨石先（后为许浈阳）。在办学的实践中，黄钰生积极鼓励师生参加各种的科学研究会和探讨活动，在原有知识和经验的基础上，不断对新的问题、新的观点和新的知识进行思考，促成教学内容、教学方法和学习方法的创新。

对于联大师范学院的办学体制，黄钰生认为，既应与联大其他学院的教育有所联系，又需要保持有自身的特点。如在领导机构上，师范学院与其他学院并无区别，院务由院长综理，并接受西南联大常务委员会领导，所涉及教务、总务、事务、会计、出纳等业务均由西南联大相关处、室统一办理。与其他学院不同的是师范学院行政组织至为简单，并注重学生训练，在师范学院专设了主任导师，综理全院训导事宜。考虑到师范教育的特殊性，联大师范学院在经费上保持了半独立形式并以西南联大薪金的总预算为增减标准，且聘任教师不设定额。此外，在学科、院系构建上，西南联大参照了国内外师范教育经验，并结合云南省需求，将西南联大哲学心理学系的教育学部分划归师范学院，后云南大学教育系、省立英语专修科也并入。除此之外，师范学院设立了国文、英语、史地、公民训育、数学、理化、教育学7系。由于《师范学院规程》规定的5年制师范本科难以在短期内适应云南急需教育人才的需要，故而西南联大于1941年秋增设了文史地及理化两组师范专修科，并采取1年制进修班、4个月理化实验讲习班和各科教员暑期讲习讨论会等办学形式,旨在提高云南中等学校在职教员的知识业务水平和教学质量。

2. 严格管理,强调师德与师能并重

作为联大师范学院院长,黄钰生秉承和移植了南开的教育经验:认真教学、严格考试,对学生进行个别指导教育,重视培养学生适应能力,鼓励他们全面发展。在学习上,他要求讲大课的时候要少,学生向教师求教的时间要多;学生既要博览群书,又要注重实践;在管理上,要像南开那样,严格管理,学生必须严格遵守作息时间,每天早上要举行升旗仪式;学生的衣着要整洁而不华丽,仪态端庄而不放荡,口不出秽语,行不习恶人。在教学上,黄钰生严格到近乎苛刻的地步。如在附中,他要求教师必须坐班,教师可以辞职,可以不聘,但是不能不坐班,朋友可以得罪,亲戚可以得罪,但是这一个原则是不可变的。此外,他还对教师提出了严格的要求,授课必须有教材,作业应该当堂完成,及时批改,及时返还。黄钰生强调由名师开设高质量的基础课,在学生中试行"读书指导制",严格考试和升留级制度,以保证教学质量。为此特制订了《国立西南联合大学师范学院学生毕业标准及考试办法》,要求师范本科毕业必须在5年内修满规定的学分,学生的知识、思想、态度、理念与其整个人格还必须达到足以领导青年,为人师表。对于师范生的考核,除规定的各种外,还必须进行三次甄别审查:[1]于第一学年终了时,举行第一次甄别审核,如果学生在知识态度方面有不符合标准者,

---

[1] 云南师范大学校史编写组 编:《云南师范大学校史稿》(1938—1949),《云南师范大学学报》(哲社版)1988年增刊。

学院给予警告，促其努力进修，或给予留级处分，或者令其退学；于第三学年肄业终了时，举行第二次甄别审查，如果学生在知识态度方面仍然有不符合标准者，学院予以留级退学处分；第三次甄别审查的举行时间，于第五学年肄业终了时举行，学生在知识和态度方面仍有不能达到毕业标准者，即不得毕业。[1]

  黄钰生认为，作为师范学院，应着重强调师德与师能的并重，尤其要注重对师范生思想、品德、作风、态度的培育。黄钰生曾经说过："功课固然重要，团体生活也一样重要。"要求学生首先学会如何做人，即要能与人和谐相处，要有合作精神和良好的思想道德品质。在1938年12月12日师范学院成立一周年时，师院举行了全院师生营火晚会，黄钰生院长带领全院师生高唱由他编写的《传播光明歌》，以此强化师范意识，激励师范生们献身教育、传播革命志趣。此外，西南联大对教师职业也作了精辟的概述："为人师者要注意'作教、作师、作学、作人'，时时、处处、事事都要给学生作出榜样。"[2] 黄钰生强调德育的潜移默化作用，认为"熏陶重于管理、实践重于说教；以校风熏陶学生之品德与情操，不以规章制度来束缚学生之活动与行为"[3]。1939年12月，西南联大师范学院起草了《对于师范学院国文系课程意见书》，主张师院国文系教学应注重训练宜"能"与"知"并重；读书须"博"先于"精"；提倡中学国文教材教法研究；培植有利于推行国文教学之人才4点。史地系草拟了《史地工作室历史组计划书》，决定重新编订中学历史教科书，绘

---

[1] 云南西南联大校友会编：《难忘联大岁月》，第9页。
[2] 林毓杉：《黄钰生学生与西南联大师范学院》，《抗战时期文化名人在昆明》（一），云南美术出版社2001年版，第363页；
[3] 云南师大附中、云南师大附中校友会编：《情系三环》，内部编印，2000年，第90页。

制适应中小学读史之历史地图。英语系草拟了《中学英文教本研究计划书》，主张借鉴英美中学教材以及中国语文教学之经验，重新编订我国中学英文课本。公民训育系起草了《公训实验区实施计划书》，在昆明市区建设一个公民训育实验区。理化系草拟了《理化工作室计划书》，决定设立理化工作室并附设理化教材工作室，目的在于养成能上进、能适应、能创造的中学教师。

3. 潜心校务，甘为人梯

黄钰生从1927年后一直担任南开大学秘书长，承担着学校行政管理的重责。卢沟桥事变后，南开大学遭日军轰炸，尽成废墟。黄钰生于危难之中与师生一起做学校财产的抢运转移工作，组织学生及职工家属的搬迁、疏散，随后他才离开天津，辗转南下奔赴湖南长沙，参与长沙临时大学的筹备工作。之后，黄钰生又担任"湘黔滇徒步旅行团"指导委员会主席，"行年四十，徒步三千"，率队安全到达昆明。在昆明的八年办学岁月里，黄钰生参与校领导层的常务工作，作为一位"不管部大臣"，黄钰生顾全大局，凡不属于教务、总务、训导等部门主管的学校的临时大事，梅校长都依靠他来抓总。对于日常管理实务，黄钰生事无巨细，总是兢兢业业，忠于职守地潜心完成分内工作。担任联大建设长期间，西南联大在昆明匆匆成立，可以说是白手起家，虽然云南地方当局鼎力支持，校舍仍不敷使用。后来，由黄钰生出面多方奔走呼吁，购得大西门外120亩荒地，并筹划督促建成一片土墙草顶的"新校舍"，至此，西南联大才算有了自己的教学基地。除担任繁重的行政任务之外，黄钰生还坚持为师院学生讲授教育学和心理学。此外，他还先后领导或参与许多繁杂事务，如捐助寒苦学生委员会、建筑设计委员会、大学校舍委员会、校务会议司选委员会、中学教师进修班委员会、联大计划内迁四川委员会、联大遭受日机轰炸后的损害救助委员会、招生委员会、抗战胜利三校复员迁移委员会、闻一多被害丧葬抚恤委员会、三校复员第二次迁运委员会等十六七项重要兼职之多,在西南联大的建校历史上,发挥了十分重要的组织领导作用。

在联大前后的 9 年办学中,黄钰生如同一支默默燃烧的红烛,在平凡的工作岗位上显示出了他的非凡工作才干,在把师院办成为名副其实的师范教育殿堂之余,还为联大的建设发展精细筹谋。办学实践双管齐下,功在联大,遗爱西南,尽出于爱国敬业精神,堪可启示于后人!

五、熊庆来

熊庆来(1893—1969),字迪之,云南省弥勒县人,是我国著名的数学家、教育家。7 岁入本村私塾,1909 年考入云南高等学堂预科,1912 年春考入英法文专修科法文班学习,1913 年留学比利时学习采矿,次年转到法国巴黎并改学理科。1919 年获法国蒙柏里大学理科硕士学位。1921 年初回国,先后任云南甲种工业学校和云南路政学校数理教员,1921 年到东南大学任教授兼算学系系主任,并兼任南京高等师范大学教授。1925 年应聘西北大学筹建算学系。1926 年任清华大学数学系教授、系主任兼理学院代理院长,并于 1930 年创办了清华大学算学研究所。1931 年熊庆来再赴法国,在庞加莱研究所研究函数论,1933 年获得法国国家理科博士学位,两年后仍回清华大学任教授及系主任。1937 年受聘于国立云南大学校长。1949 年 6 月,熊庆来飞赴巴黎参加联合国文教科学组织大会,至此留居巴黎潜心研究数学。1957年6月,熊庆来回国后在数学研究所任研究员。1958年被选为全国政协委员、常委。1969年2月在"文革"中含冤去世,终年76岁。

熊庆来到云南大学主持校务后,总结清华大学办学经验,既以清华为蓝本,又从云南的自然、人文状况和云大的实际出发,着手对云南大学进行革新和改进,提出了"慎选师资、提高学校地位"、"严格考试、提高学生素质"、"整饬校纪"、"充实设备"、"培养研究风气"5条改进学校教学质量的措施,这些措施也成为其教育思想的直接体现。

1. 慎选师资,提高学校地位

熊庆来在师资问题上是格外慎重、格外用心的。他特别强调优秀教师对于保证学校教学质量的重要性,把"慎选师资,提高学校地位"作为提高学校办学地位的首要条件。为了聘请到有声望的专家教授,他采取了一些积极有效的措施:一是经中英庚款委员会商准,在学校设置讲座教授,延聘了经济学家肖蘧、采矿专家张正平、数理专家赵忠尧、冶金专家蒋导江、土木工程专家顾宜荪等专家。二是采用借聘的方法,解除了内地教师应聘来云大后不能回内地的后顾之忧。三是对有真才实学的新秀,大胆擢用。这些措施在人才引进方面起到了重要的作用。随着西南联合大学、中法、同济、中山、华中等大学及一些研究机构先后内迁云南,他抓住这一有利时机,广聘名师,邀请了一大批著名的文人学者及部分留学归国学者到云南大学任教。在人才培养上,为保证云大师资不匮乏,他较早地预见到随着抗战的胜利,必有部分教师将随原学校复员离开云大。为此,他通过争取云南籍教师继续留在云大,延揽一批不能或不愿北迁的学者专家，争取一批留学回国的青年到云大，培养本校青年教师和各系成绩优秀的本科毕业生做助教，争取各方面资助一批青年教师出国深造后返校服务。通过这些措施，西南联大等机构北返后，云大的教师阵容依然较为整齐，到1949年，仍有教授140多人。

2. 严格考试，提高学生素质

在熊庆来看来，"把云大办成小清华"是自己在任期内给自己定下的目标。他认为严格要求是使学生成为有用人才的必经之路。到校后，他开始整顿学风，严格考试制度，纠正考试中的作弊行为，陆续修改制定了学规并严格加以施行。为了提高学生入学素质，1938年起，参照西南联大规定入学录取线，如1937年，入学考试7门课程，平均各科成绩在55分以上，无零分科目者，方可录取。但考虑到云南文化教育较为落后，云大招生应主要面向本省，为此特规定云南籍学生平均成绩可低于外省籍学生10分。熊庆来在注重质量的同时，也注意数量的增加。他来云大前，学校规模较小，在校学生人数少，毕业生更少。熊庆来到校后，积极采取措施，扩大学校规模，增加入学人数。至1937年底，在校学生增加到680人，至1949年更是增加到1500人，比1937年初增加了5倍。严格要求的结果，使得教师认真教，学生认真学，短短几年时间，云大的教学质量迅速提高，学校的精神面貌迅速改变。

3. 整顿校纪，严格校务管理

严格的教学管理制度，是促进教学发展的重要保证。云大有着一整套严格的教学管理制度，熊庆来校长到任后，这一制度又得到进一步的巩固和加强。熊庆来改变了过去那种集大权于校长一身的做法。建立了"三会"(校务会、教务会、教授会)、"三处"(教务处、训导处、总务处)、"五院"(文法、理、工、医、农)体制。校务会由校长担任主席,各会、处、院由其他教授担任。校务会下又设经济稽核、聘任、招生等若干委员会。实际上就形成了校长领导下的教授治校体制,这样有利于集思广益,提高学校教授办学的积极性。通过整顿学风,整饬校纪,熊庆来在云大提出了"诚、毅、敏、敦"的校训,要求学生虚心求学,诚实做人。严格考试制度,纠正考试中的作弊行为,注重学生平时学习成绩,修改制定了学则。在他的主持下,云南大学推出了《国立云南大学组织大纲》,对学校的办学思想、院系设置、教学管理等作了明确的规定。凡此种种,对当时整顿校纪、健全规章、加强领导和提高效率,都起到了很大的推动作用。

4. 充实设备,注重实践实训

办好教育,软硬件设施都是必需的。为改善办学条件,充实图书资料和仪器设备。"熊庆来不遗余力地多方奔走,向政府、向社会开明人士、向国际有关教育方面的基金会,发动募捐。举凡图书仪器、教学设备、校舍扩建,他都作出了辉煌的贡献。"[1] 通过争取中华教育文化基金会、中英庚款董事会、中法教育基金会等机构的资助,购置了部分图书、机械及医疗器械,学校的图书、设备购置由此得到了一定限度上的增加和补充。其他院系也得到一定的资助,学校图书、仪器设备有所充实。此外,学校还依靠各系教授,与各界建立联系,争取各界为学生提供社会实践场所。如 1938 年,矿冶

---

[1] 杨绍军:《熊庆来对云南大学的历史贡献》,《云南教育》2002 年第 36 期。

系与当时的资源委员会炼铜厂签订协议，由系里提供技术力量，使学生有了实践场地。1939年，这个系的师生又与滇西企业局一平浪盐矿、煤矿合作，进行移卤就煤的改革。社会学系1939年在教育部、中国农民银行、美国罗氏基金会的资助下，对云南农村经济、乡镇行政及工区、工厂的劳工状况进行调查，后来又争取到省经济委员会资助，将调查成果出版刊用。这些调查成果发表出版后，受到国际社会的广泛重视，翻译成英文，编入太平洋学会报告和哈佛大学社会学丛书。

5. 潜心学术，注重培养研究风气

熊庆来认为："大学的重要，不在其存在，而在其学术之生命与精神。他认为，大学的生命表现于所有的教学工作、科研工作，以及师生之种种高尚活动；其精神，内则表现于教学之成绩，科研结果，外则表现于师生对社会的影响，校友对社会国家服务的努力。"熊庆来强调办学"就其学校历史及环境需要，将学科集中，设置讲座提高地位，聘请专家教授负责领导，以期造就专门人才"。他认为，要改进大学，提高教学质量，在于开展科研，积极培养研究风气。他不仅在讲课、行政等繁忙工作中挤出时间从事函数论研究，还积极推动数学系教师的科研活动。熊庆来支持文科成立了"宪政研究会"、"西南文化研究会"、"云南民族学研究会"，自己带头并推动理科教师参加"中国科学研究会"在云大组织的学术活动；支持成立了丛书编辑委员会，出版《云南大学学报》第一类文史版一、二号两期，第二类数理版一期。熊庆来等一些数学家，还于1940年发起成立了"新中国数学会"，在极其困难的条件下开展了一些活动。

熊庆来在云大的12年间，在任何情况下，他都不遗余力地热心倡导、积极推动教学、研究工作，培养学术风气。他常以能看到云大的科研、教学有所发展、有所进步而深感快慰。为云南大学的发展倾尽了心血，使云南大学在科研、学术和综合影响力方面有了快速地提升，这也是他所一直追寻的目标。

六、韦卓民

韦卓民（1888—1976），原名韦钜，字勋奥，广东香山县人，著名的教育家、哲学家。韦卓民1903年就读于位居武汉的美国基督教圣公会主办的文华书院"备馆"，1907年升入"正馆"（大学部），1911年毕业，获学士学位，被学校破格聘为大学部教师，并接受洗礼成为基督教徒。1918年留学美国哈佛大学，翌年获得哲学硕士学位。归国后他历任文华大学训育主任、文华大学教授、私立华中大学教务长、副校长。1927年，西行欧洲进入英国伦敦大学学习并于1929年获哲学博士学位，同年回国后担任重组后的华中大学校长。抗战爆发后，韦卓民任华中大学校长的同时出任国民参政会参政员。抗战胜利后，又带领华中大学迁回武汉。新中国成立后，韦卓民历任华中大学校长、政制委员会副主任委员、湖北省基督教联合会主席、华中师范学院教授、湖北省对外文化协会副会长等职。1976年病逝于武昌，终年88岁。

作为一位知名学者，韦卓民学识渊博、著作等身；作为一名大学校长，他常年从事学校的管理工作，有着丰富的管理经验；作为一名虔诚的基督教徒，他又是一名满怀激情的爱国者，其一生坎坷多变又富有传奇色彩。

1. 深厚的爱国情怀，坚定的民族立场

韦卓民有着鲜明的民族立场。其在担任美国圣公会为背景的教会学校校长期间，正逢在中国兴起收回教育权运动，他顶住了美国圣公会全国理事会通过的"受美国教会完全或部分津贴之学校不得向中国政府立案"决议的压力，向中国政府立了案，主动服从中国政府管理。抗战爆发后，韦卓民带领全校师生先是南下桂林，后来又迁到云南大理喜洲镇。此间因经费紧张，韦卓民把自己在欧美讲学收入全部用于学校办学。韦卓民坚持发扬"在任何困难情形或严重局面下，对学生学业必负责任"的高度负责精神，无论什么样的动荡时局，都能带领华大渡过重重难关，保质保量地完成教学任务。[1] 华大师生在韦卓民的率领下，对于学校爱护珍惜，视为第二家庭，绝不容外力摧残破坏，这也在一定程度上保持了学校的独立与自由。

华中大学虽然是一所教会大学，受宗教的影响较深，但它仍保持着民主自由的风气。韦卓民是基督教徒，也是一位爱国者，他主张学校不搞党团活动，因此，国民党、三青团始终未能在华中大学建立。当时的教会大学，因经费是外国教会资助，故不少学校外籍教师可以借教会之名操纵学校的大权，转变学校办学的方针。华中大学则并非如此，它有自己的管理原则。韦卓民校长首先把校董会设在中国，学校的主要行政领导亦多为本国教授，如文、理、教育学院院长都是本国教授，学校成立校务委员会和教务委员会，一切学校行政大事都由校务委员会审议；一切教务大事都由教务委员会

---

[1] 段锐：《春蚕萦绕千千缕　只为兴学吐尽丝：忆韦卓民先生的办学精神》，《中国高等教育》2002 年第 23 期。

处理；各系的教学事宜则下放系里决定。这样，外籍教师参与学校教学和管理，就只有一票之权，无法操纵校政，从而使学校成为中国的大学，按中国的需要培养人才。[1]韦卓民虽然是一位虔诚的基督徒、一位教会领袖、一位神学家，但更是一位坚贞的爱国者。他对中华民族近百年来所遭受的苦难深怀悲悯之情，对人民大众反帝反封建的斗争素持同情、支持的态度。在他看来，大学教育的宗旨，归根结底是"训练新中国领导人才，通过其培养的毕业生，强有力地、持续地影响我们全民族的生活和思想，为中国的重建作出基督徒的贡献"。[2]韦卓民大力提倡基督教要中国化，他主张以基督教为内核融通中西文化，实现基督教与中国文化在平等地位上的会通、对话与融合。他强调要有中国人自己的神学，必须深入中国文化的深层。他谈到："我们宁可尽量深入中国文化的精神，以及多少世纪以来为中国文化所吸取的各种宗教、社会以及知识传统的精神，来看有没有和基督教生活观念能够配合的地方，在不抵触中国人感观的情况下，有没有若干因素可以利用作为表达媒介和作为接触的交点，用以将基督教义和制度传播于中国人民。"[3]

2. 注重教育质量，科学设置课程

韦卓民坚持人才培养"重质不重量"的原则，他认为招生工作要宁缺而勿滥，这样才能使自己培养的人才为社会所用。他在一封招生公开信中说："华大在于培养有为青年，要能为人群谋福利，为国家增

---

[1] 任祥:《抗战时期私立武昌华中大学在大理的办学实践》,《大理学院学报》2004年第2期。
[2] 周洪宇:《卓越的基督徒教育家——韦卓民教育思想初探》,《华中师范大学学报》(哲社版) 1994年第6期。
[3] 马敏编:《韦卓民基督教文集》,汉语基督教文化研究所2000年版,第127页。

元气。"[1] 他在长期的办学实践中，建立了一套独特的教学制度和管理制度，形成了华大特有的风格。在教学上，他始终抓住教学管理，精心设置课程等几个要害环节。在教学管理上，韦卓民一方面要求学术研究讲求自由风气，另一方面教学环节讲求严格过关。当时，华中大学在全国率先建立了一系列教学管理制度，"所谓校舍制、导师制、中期考试、毕业总考者，当时均著部章以外，而华中已先后举办历年"。新生入学后，要进行"甄别考试"，把外文水平相近的学生分到一个班，进行不同的讲授。学校规定了中期考试，学生经过 4 个学期末的考试及格，就参加为时 2 天的中文、英文以及两三门专业课的中期考试，它是"在测验学生于第一第二两年中，于所习科目及基本治学工具，已否养成相当之根底"。这种考试严格地把握住了二年级学生进入高年级的资格，学生只有在中期考试及格后再读两年才能参加毕业考试，并要考四年主修的课程，同时并经过毕业论文的研究、工作的锻炼等，这样就保证了学生学到一定的专业基础理论知识，并且有一定的调研、实验和解决问题的能力。韦卓民治学态度严谨，教导学生有方，讲授方法灵活多样，匠心独运。在课程开设上，韦卓民指出：所谓课程名称，正如学分数目和院系的多少一样，无需作出严格的规定，关键在于学生通过这门功课的学习，能够切实获得真实本领。"课程一项，不在于繁多，其要者乃在此四年修业期中，打定一个基础，使学生以后能继续研究学习"。要健全学生学术头脑，以及养成特殊技能。韦卓民要求自己的学生"人人提高时代警觉，关心日益与个人切身相关的社会问题，以及人民的苦难"，切不可"都变成死读书的呆子"。

---

[1] 范麟章：《抗日战争时期迁滇的武昌华中大学纪事》，贵州民族出版社 1988 年版，第 124 页。

3. 注重延揽人才，强调学术研究

韦卓民不仅学贯中西，而且办学有方。他利用教会大学的特殊地位和条件，多方筹募经费，延揽人才。在教员的选聘上，韦卓民认为，一位称职的教师就是要能做到使自己所教的学生跟随自己本着苦干实干的精神求学。因此他一再强调，聘请教员，不在乎讲课之动听悦耳，而在于谋学生学术上之增长。华中大学在大理喜洲时，尽管物质资源十分的匮乏，但是为了保证办学质量，韦卓民还积极延聘国内外知名教授来校讲学。与此同时，他还采取重聘和提供优惠的工作条件、实行教师国外进修制度等措施，吸引了一大批当时学有专长、有抱负的青年学者到学校任教。

拓展学术活动，鼓励学术研究，这是韦卓民教育思想的另外一个重要体现。华中大学始终注重学校的治学问题，在这方面，校长韦卓民是作出巨大贡献的。在华中大学期间，韦卓民身体力行，鼓励华大师生开展学术研究。在研究条件不足的情况下，他鼓励师生因地制宜地对大理地区的民俗风情、地质资源等进行实证勘探，这样一来，不仅可以在现有的条件下为师生的科研创造条件，同时还能对学校所在地的开发起到积极的作用，在一定程度上实现了学校与办学地的互补发展。[1] 韦卓民还认为，充足的图书、科学仪器是教学和学术研究的基本保证。没有图书、设备，"老师们势须要像无米难炊的巧妇一样"，无法开展教学和研究工作。学校在内迁途中，他提出花再大的代价也要保证搬迁图书和科学仪器，称"搬迁一所学院或大学而抛弃其藏书和教学设备，那还有何用"。华中大学继承了

---

[1] 参见拙作《抗战时期私立武昌华中大学在大理的办学实践》，《大理学院学报》2004 年第 2 期。

有名的"文华公书林"图书馆特色,并不断地充实。在研究上,包鹭宾、傅愁绩、游国恩等教授关于云南少数民族历史、文化、语言、宗教的研究,备受欧美汉学家的重视。黄溥、胡毅、骆传芳等教授的教育学、心理学研究在国内独树一帜。韦棣华、沈祖荣、徐家麟等教授的图书馆学研究开创了有名的"文华学派"。吴亦、王多恩等教授的外国语言文学研究颇受学界嘉许。桂质廷、卞彭、韦宝锷等教授的物理学研究,张资琪、徐作和、卞松年等教授的化学研究,陈伯康、郁康华、肖之的、李琼池等教授的生物学研究,也都在国内科学界占有重要地位。[1] 作为校长,韦卓民先生身体力行,长期从事哲学和中外哲学史的教学与研究工作,成绩卓著。在学术研究中,他能够涉及东西多家的哲学思想,学识渊博,享誉海外。韦卓民遍历欧美多所著名大学,通晓英、法、德、俄、拉丁等多种外语,先后在国外出版发行了《孔门伦理》、《中国文化精神》、《孟子之政治思想》等多部著作,在国内出版发行了《康德"纯粹理性批判"解义》、《康德哲学讲解》、《康德哲学原著选读》等论著和译著,堪为学术研究的典范。

七、龚自知

龚自知(1894—1967),字仲钧,云南省大关县人。1917年毕业于北京大学预科,是年回云南政务厅任英文秘书,先后创办《尚志》月刊及《民觉日报》。1922年任昆明市政公所教育科长兼护国纪念馆

---

[1] 周洪宇:《卓越的基督徒教育家——韦卓民教育思想初探》,《华中师范大学学报》(哲社版)1994年第6期。

馆长，并先后任路政学校国文教员、东陆大学讲师。1927 年任国民政府第 38 军军部秘书长并兼代云南省省务委员会秘书长。1929 年至 1945 年出任云南省省务委员兼教育厅厅长。1935 年创办《云南日报》并任常务董事。1946 年被选为云南省参议会议长，1945 年和 1947 年两次当选为国民党中央执行委员。1948 年 5 月任国民党立法院立法委员。1950 年云南和平解放后又历任西南军政委员会委员、云南省人民政府副省长、民革云南省委主任委员、省参事室参事等职。1967 年 5 月病故，终年 71 岁。

作为一名云南籍知名人士，龚自知长期活跃于政界，在 20 世纪 20 年代末至 40 年代的 10 余年间，一直主政云南教育，以发展教育、培养人才为己任，为云南的民族教育、师资培养、师范教育、私立教育、健康教育以及社会各类人才的培养作出了重要贡献，是云南现代教育的主要奠基人。

1. 重视民族教育，着力发展地方教育

长期以来，云南民族教育一直较为落后。龚自知结合云南少数民族众多、民族文化基础较为落后的实际，把民族教育和地方教育有机结合起来，制定了相应的教育发展政策。在他的主持下，云南省于 1931 年颁布了《云南省政府实施边地教育办法纲要》，规定云南省政府对少数民族地区的教育政策和原则。1936 年 6 月，省政府决定，凡土司地方，均应选送土司亲友 2 人到省城南菁学校读书，教育、生活费用由公费负责。以后土司之继承，自 1939 年起，限于学校毕业得有证书者，始得承充，否则不准承继。同年，省教育厅制定了《云南省苗居学生待遇细则》，1939 年又颁布《云南省立边地土民学生待遇细则》。这些规定和措施包括了两方面的内容：一是拨

专款在边疆民族地区办学,给民族学生种种优待;二是保送土司子弟到内地学习深造。[1] 这些措施,为云南少数民族教育及云南教育的整体协调发展作出了有益的探索。

龚自知深刻地认识到,要提高云南民族教育质量和水平,教育机构的改革是重点。1929年,龚自知就任云南省教育厅长,首先对教育厅进行整治并明确各科室岗位职责,制定了公文处理、职员考核的具体措施。1932年,龚自知将教育厅办事细则重加修订,施行了督学制度,将全省划为8个视学区,实行学区制;每区设"督学"1人,负责对所辖学区作定期视察,并要求随时将所察结果报告厅长。关于公文处理、职员考核,均分别拟定细则。为广开言路,他规定除厅务会议之外,每星期还要召开一次咨询会议,以便广泛听取、收集意见和建议。为加强云南各地区教育交流与合作,龚自知还专设编译人员,专司编译学术文化著作、刊物,并编辑出版定期刊物《云南教育》半月刊,主要内容是收集全省教育信息,介绍成功教育经验。事实证明,云南各级教育行政机构因自身的责权明确而提高了教育行政效率,无形中促进了云南教育的发展。

2. 强化教育合作,大力推进师资培养

云南信息闭塞,思想禁锢,教育落后,师资培养至为重要。龚自知紧紧抓住大批内迁高校到昆这一契机,开展了多种形式的教育合作。与西南联大协商之下,联大师范学院于联大迁滇当年便宣告成立。龚自知还组建了"云南省中等学校各科教员讲习讨论委员会",与西南联大协商,先后创办了3年制专修科、云南省中等学校

---

[1] 谢本书:《龚自知与云南教育》,《云南政协报》2000年7月22日。

在职教员进修班、云南省中学理化实验讲习班、在职各科教员讲习讨论会、路南圭山实验区国民师资暑期讲习会等进修班、短期培训班。通过各内迁文教单位协助，还先后开办了云南省立英语专科学校、云南省立体育专科学校，并争取教育部在呈贡设立国立东方语文专科学校。1938年，云南省教育厅与北平静生生物调查所合作，在昆明黑龙潭合设了云南农林植物研究所（现为中国科学院昆明植物研究所）。静生所在云南的生物采集活动，自始即得云南省教育厅的鼎力支持，为其签署在云南境内沿途所用之护照，责令沿途各地方长官于人身安全予以保卫，于工作及运输予以便利，并派员做向导，由教育厅提供部分经费。[1] 龚自知还为《云南农林植物研究所丛刊》题写了刊名。抗战时期，黄炎培派孙起孟来昆明开展职业教育工作，龚自知不仅给予用房支持，还特聘孙起孟到教育厅任视导室主任，又支持他们办起了实验小学，放手让职教社在创办实验教育，培养社会职业青年中发挥作用。

龚自知认为，若要发展教育，首先需要培养好办教育的人。为了培养各地中学师资，龚自知采取了两项措施：一是加强和完善已有的师范学校，除在现昆二中南院设立专门的师范学院外，还增设了中专性质的民族师范学校、女子师范学校、体育师范学校和艺术师范专科学校，并整顿合并了一些中学，新开办了几所民族中学以及带示范性的省立小学。二是创办了大专性质的师范学校。为形成教育合力，龚自知还将设在昆明的省立师范、省立一中、省立女子中学、省立工校和省立农校等，并将它们均冠以"昆华"二字，昆明的文卫机构也纳入了"昆华"系统，如昆华医院、昆华民众教育

---

[1] 胡宗刚：《云南农林植物研究所创办缘起》，《中国科技史料》2001年第3期。

馆、昆华图书馆和昆华护士学校等。为了吸取国外办学经验，龚自知还派出一批中学校长、教师到欧美考察和进修，并保送了留美学生40名，其中一些留美学生回国后获得了发挥专业才能的机会，成为云南教育事业的骨干。

3. 重视教育投入，强化硬件建设

随着教育事业的发展，按原来教育的收入已无法满足教育经费的开支需要。龚自知在任职教育厅厅长期间，对云南教育的公产进行了整顿和清理，并争取了教育经费的独立，省政府将烟酒专卖税、屠宰税筹划给教育厅管收，作为教育经费的一部分来源。为使教育经费得到合理应用，全省成立了教育经费管理处和教育经费稽核委员会，对教育经费实行统管统收。同时，要求各学校建立严格的预算制度和会计制度，以保证经费的使用核实恰当。在龚自知的主持下，1930年8月颁布了《教育机关会计通则》及实施细则。此后陆续颁布了《县教育款产经理通则》和《省教育经费简章》等规章制度，并提出各校"教职工人数和薪俸待遇，一概以学校现有的班数多少来配置，要求人员与事务相准，报酬与工作相衡"的方针。为了办好教育，龚自知还把中等学校教职员工的薪俸提高到占全部教育经费预算的70%，教员实行专任制，并普遍晋薪3—5级。这些措施对于提高教师待遇及教育投资效益起到了显著的成效。

对于建盖学校、增设学校和增加社会教育设备方面，在龚自知的主持下，制定了整理各项教育计划，新建和修缮了一部分校舍，为学校购置了大批教学设备以改善办学条件。1935年，龚自知将盈余的教育经费在昆明市大西门外筹建一个较为集中的学校区，组设委员会监察工款工程，先后为昆华中学、昆华师范、昆华农校建盖了规模较大的新校舍，还增加了昆华工校的教学设备和教室。并以龙云名义，创办了一所从小学到高中的私立南菁学校。龚自知还对全省办得有成绩的中学，增发了一批理化仪器和动植物标本，配发了商务印书馆出版的《万有文库》、中华书局出版的《图书集成》等书籍，为发展社会教育积极创造条件。与此同时，龚自知用云南省义务教育经费国币约52万元，创办省立边地小学25所，添办省立简易师范20个班，购发全省初等小学学生用书，支付全省小学教员进修等开支。[1]

4. 扶持私立教育，重视医学人才培养

云南教育不发达的一个突出表现就是教育类型单一，私人办学不多，私立教育基本没有发展，但龚自知却具有深远的眼光，他是鼓励和扶持私人办学的。如苏鸿纲创办的私立求实中学就得到过龚自知的大力帮助。对私立南菁学校，龚自知则亲任常务校董。抗战期间，昆明设立了不少私立中学，如峨嵋、天祥、金沙、天南、五华、建民等私立中学都是当时有名气的。上述这批私立学校在创办登记时，凡是通过教育厅的，龚自知都给予了许多方便，也不干预这些学校的办学宗旨和教务行政以及教学内容。

龚自知很重视学生的身体健康。省立各中学都设有学校医务室，免费为学生治病。为了给各校配备医务人员，龚自知专门办起了医士学校，培训西医人才。龚自知支持和帮助云南大学开办医学院，培养中高级西医，为此他聘请当时的知名人士范秉哲、秦光弘、徐彪南等为教授，为云南医学人才的培养奠定了坚实的基础，云南自此才有了

---

[1] 蔡寿福：《云南教育史》，第605页。

自己的培养西医的专科院校。30年代末期，龚自知倡议组织抗战时期疏散来昆的一批医务人士，于1939年组建了昆华医院，聘请在外行医回昆的教授秦光弘任院长，该医院就是现云南省第一人民医院的前身。因此可以说龚自知对云南卫生教育事业的发展是做了开拓性的工作的，为云南卫生系统人才的培养作了先驱性的贡献。

作为一名爱国者，龚自知同时还以才情著称，各类讲话文稿悉数由自己主笔，1949年12月9日云南省主席卢汉宣布云南起义发向全国的通电电文初稿便是由他亲自起草。龚自知一心扑在云南教育事业上，其办学思想较为完整地体现于教育实践之中。在他任厅长的10余年间，云南教育取得了不菲的成效，这与他的大力推进是密不可分的。

第七章 抗战后云南高等教育的绵延

1945年8月15日,日本天皇宣布无条件投降,长达八年的全面抗日战争终于胜利了,尽管内战的阴霾始终氤氲不散,但社会各界居于民族复兴及国家建设,纷纷投身于战后的恢复重建。针对高等教育,国民政府制定了一系列整顿措施,各内迁高校亦开始了大规模的复员。随着众多迁滇高校的复员北返,从1946—1949年,云南的高等教育由盛而衰。[1] 新中国成立后,几经调整,云南高等教育取得了相当的发展成就,这与战时内迁高校对于云南的深入改造和持久影响以及云南地方高校的后发式增长有着重要的联系。

第一节 战后高等教育政策的迁变与高校的复员

抗战的结束为高等教育的发展带来了新的契机,然而,由于连年内战以及当局的穷兵黩武,使得国统区失去了教育发展的基本条件。抗战胜利复员后,一度出现良好发展势头的高等教育事业由此经历了较大的起伏,并日益走向衰败。

---

[1] 蔡寿福:《云南教育史》,第484页。

一、战后高等教育政策的调整

1. 教育的整顿与学风的整饬

抗战胜利后,在全国上下"和平建国"的强烈愿望下,经过各方努力,中国战后一段时间的教育事业获得了一定程度的发展。及至 1947 年,全国共有高等学校 207 所,在校学生 155036 人,均达到了民国以来教育数量发展的最高水平。[1]1946 年 11 月 5 日,国民党政府通过了《中华民国宪法》,其在教育上强调以"三民主义"民族、民权、民生为依据,中华民国的教育文化"应发扬国民民族精神、自治精神、国民道德、健全体格、科学及生活智能",并规定"国家应注意各地区教育之均衡发展,并推行社会教育,以提高一般国民之文化水准,边远及贫瘠地区之教育文化经费,由国库补助之。其重要文化事业,得由中央办理或补助之"。宪法同时规定"国民受教育之机会一律平等",从形式上注意了教育机会的平等,此外还规定了教育经费在预算中的比例,并对教育的普及与提高提出了具体要求。总体而言,《中华民国宪法》所规定的教育政策,反映了时代发展的要求和进步教育界的呼声,采纳了部分专家建议,仅就宪法中的教育条文来看,是具有进步性和民主性的,只是这些规定仅停留于纸面上。1947 年 7 月,随着国民政府发布《戡平共匪叛乱总动员令》,全国内战随之升级,社会生产受到严重破坏,有限的教育经费也因为经济日益凋敝而不敷维持基本的教育之需。随着国民党在内地败亡阶段的到来,居于维持暂时控制区内学校现状,整饬学校风气以维持当时军政需要,当局采取了许多临时

---

[1] 孙培青:《中国教育史》,第 440 页。

政策措施，这些措施与《中华民国宪法》许多精神无疑有着诸多矛盾之处。

国民政府为了维持内战需要，不惜大量消减教育经费，如"裁减原有职工的四分之一，以节省经费开支"，"合并与停办非急需的系科，减少学生过多系科人数"等，虽然也有关于改善教职员工待遇的条例款，但终究只是一句空话。此时，南京政府对于学校师生的思想控制愈演愈烈。当局教育部于1947年颁布《修订学生自治会规则》，1948年颁布《整饬学风令》，强调对于学校及学生的管束和控制。在学校管理上，停办专科以上学校教员的资格审查；对于学生学籍审查力求简化，主要严格审查其证件；为适应战时需要，代办各种训练班。在整肃学校风气上，加强对学生的生活指导，厉行点名，从严取缔罢教罢课，严厉禁止学生假借任何名义干涉学校行政，严厉取缔为共产党做宣传的壁报、漫画集、歌曲等。此外，当局在教育质量上也提出了具体的规定，如各校招生推行重质不重量的原则，严格考试，设立奖学金，奖励专心求学的学生等。由于政局及历史趋势所致，在临近败亡期间，国民政府继续对学生施行了更为严厉的思想钳制，还制造了昆明"一二·一"惨案、暗杀李公朴、闻一多等倒行逆施的活动。然而这些措施并未达到预期目的，反而激起国统区高校师生波澜壮阔的爱国民主浪潮，罢课、罢教和抗议游行连绵不断，而且声势越来越大。学生的爱国民主运动成为国统区人民争取解放斗争的先锋，最终以国民党的退据台湾为标志而取得了最终的胜利。

2. 相关高等教育法令的颁布

为进一步维护高等教育秩序，促进战后高等教育发展，在四面楚歌的政治及社会危机中，南京国民政府于 1948 年 1 月颁布了有关于高等教育的最后两个法规，即《大学法》和《专科学校法》。[1]

（1）《大学法》的主要内容

1. 大学教育"以研究高深学术养成专门人才"为宗旨。

2. 大学的设立：国立大学由教育部审查全国各地情形设立。由省市设立的称为省立或市立大学，由私人设立的称为私立大学。省立、市立、私立大学的设立、变更及停办均需由教育部核准。

3. 大学分文、理、法、医、农、工、商学院。凡具备三院以上者，始能称为大学；不足三院者，称为独立学院。师范学院由国家单独设立，但国立大学可附设之。以前设立的教育学院可以继续办理。大学和独立学院分设学系，而办理完善、成绩优良的大学和独立学院可设研究所。

4. 大学设校长一人，综理校务。校长除在本校任教外，不得兼任他职。私立大学可设副校长 1 人，辅助校长处理校务。独立学院设院长 1 人综理院务。院长除担任本院教课外，不得兼任他职。大学各院系设置院长或主任 1 人，综理院务或系务。

5. 大学修业年限，医学院为 5 年，其余为 4 年，医学院及师范生另加实习 1 年。

6. 大学各学院附设专修科，招收高级中学或同等学校的毕业生，或具有同等学力者，修业年限 2 年。

7. 大学生修业期满，有实习年限者，并经实习完毕，考试成绩及格，由大学发给毕业证，除专修科外，分别授予学士学位。

《大学法》还对大学的组织机构及其负责人的设置与职权等问题

---

[1] 教育部教育年鉴编纂委员会编：《第二次中国教育年鉴》（第七编）第 28—31 页。

做了委托规定。新的《大学法》与前制的最大不同是，规定师范学院应由国家单独设立，除国立大学可附设外，其他大学均不得自行设立。

（2）《专科学校法》的主要内容

1. 专科教育"以教授应用科学以养成技术人才"为宗旨。

2. 专科学校的设立：国立专科学校由教育部审查全国各地情形设立。由省、市设立的称为省立、市立专科学校；由私人设立的称为私立专科学校。专科学校的设立、变更与停办，须经教育部批准。

3. 专科学校可以就同一门类分若干科。

4. 专科学校设校长1人，综理校务。校长除担任本校教课外，不得兼任他职。各科置主任1人，由校长聘任。

5. 专科学校修业年限2年，医科3年。医学生及师范生另加实习1年。音乐艺术学科宜提前修习者，可招收初级中学毕业生，修业年限5年。

6. 专科学校毕业生修习期满，有实习年限者，并经实习完毕，考核成绩合格，由学校发给毕业证书。

《专科学校法》还对专科学校组织机构及其负责人设置与职权等问题作出了规定。

新的《大学法》和《专科学校法》的颁行，为1946—1948年整个战后中国高等教育的调整提供了政策依据。部分高校通过调整，学科进一步充实与完备，成为多学科的综合性大学。如北京大学原来一直只有文、理、法三个学院，抗战胜利复员返回北平后，接收了伪华北政务委员会办理的北京大学，合组为文、理、法、农、工、医六个学院。清华大学原来设有文、法、理、工四个学系，复员返回北平后，增设了农学院，合为文、法、理、工、农五个学院。此时，政府继续执行其统一和理解的政策，把全部第一流大学，包括南开在内，变为国立。[1] 南开大学原来只有文、理、政治经济三个学院，复员后增设工学院，合为文、理、政治经济、工四个学院。同济大学原来只有理、工、医三个学院，复员返回上海后，增设文、法两个学院，合为文、法、理、工、医五个学院。然而，由于国民党政局垂危，号令不从，这些法令已无法较好地在全国推行，其作用从客观上看也较为有限。

二、高校复员的基本措施

1945 年 8 月 15 日，国民政府教育部向收复区的教育界发布了广播通告，要求各教育机关"暂维现状，听候接收"。教育部重视改变和调整原有高等院校在区域上的不合理分布，指出："复员"绝不是简单地"复原"，"我人对于战后专科以上学校之分布即其院系科别之增减，必须先有通盘计划，方足谋日后之合理发展"。[2] 于此，国民政府颁布了"战区各省市教育复员紧急办理事项"14 条，并在各收复区设立教育、复员辅导委员会，协助当局办理复员与接收工作。1945 年 9 月，教育部在重庆召开全国教育善后复员会议，就如何对教育在地域上的平衡分布、如何肃清收复区光复区敌伪奴化教育流毒及恢复正常教育、如何复员等问题进行了研究，并对包括高等学校在内的各级各类教育的复员作出了明确的政策规定。

---

[1]〔美〕费正清、费维恺：《剑桥中华民国史（1912—1949）》（下卷），第 475 页。
[2] 王聿、孙斌：《教育行政工作之回顾·朱家骅先生言论集》，台北"中央研究院"近代史研究所 1977 年版，第 190 页。

1. 关于内迁教育机关的复员问题

针对专科以上学校及研究机关的复员。当局要求,专科以上学校及研究机关,在复员期内应集中力量充实内容、提高素质,除特殊需求之外,暂不增设新校,还应根据各人口、经济、交通、文化等条件,既注意建立全国教育文化中心,又注意各自的平衡发展。教育部拟定调整办法予以适当调整,使之合理分布;凡在抗战中已合并或停办而有悠久历史、成绩卓著的学校,应予恢复;公私立专科以上学校各院系科,应在同一地区设置,不得设立分校;全国教育文化中心分设若干处,原有或新迁的大学成为完备的学府,并配置图书馆、博物馆及其他独立学院与专科学校;政府应筹集经费,帮助高等学校复员;日本侵略者掠夺的文物及破坏学校的设备,应责令其归还和赔偿。

对于迁至后方八省的专科以上学校的教师,如愿意继续留在后方八省任教,则实行奖励政策:凡由战区来后方的教员留在川、康、滇、黔、桂、陕、甘、新八省工作,如教员有家属在学校所在地者,由学校按照人口免费提供给住房及必要的家具设备;凡单身教师,每年由学校补助回家旅费一次;如果携带家眷回家者,每三年补助其全部的旅费一次;教师的待遇按聘约加一至二成;图书、仪器设备及各种教学设备尽量充实,以供教师研究学术方便。[1]

2. 关于收复区教育的复员与整理问题

在收复区专科以上学校的处理上,规定由教育部统筹处理;收复区原敌伪所设的专科以上学校,由教育部派员接收;凡敌伪所设,

---

[1] 教育部教育年鉴编纂委员会编:《第二次中国教育年鉴》(第一编),第13—14页。

专为培植敌伪人员或带有政治侵略性质者，接收后一律停办；凡敌方学籍一律令其返国；有继续办理的必要者，由教育部规定地点，派员改组；应交由省办理者，由教育部拨交办理。私立专科学校需要继续办理者，报教育部核准。

在收复区学校教职员的处理上，规定收复区专科以上学校的教职员，由教育部组织收复区专科以上教职员调查审核委员会审查后分别奖惩。

在收复区学校学生的甄别上，主要以救济敌伪中等以上学校学生的失学及追认毕业生的资格为主。凡已毕业者，待甄审后追认其资格；未毕业仍在校者，由学校举行编级考试。因战争影响失学自修的学生也可以参加编级考试，合格者分别编入有关班级继续学习。

在对东北伪满教育的处理上，由教育部设立东北区教育复员辅导委员会，具体办理有关事宜。高等教育方面有原有各大学校，并入东北大学及增设的国立长春大学、国立滨江大学、国立东北师范学院、国立东北女子师范学校、国立兴安医学院等。研究院中的大学院，由东北复员辅导委员会会同中央研究院接收。

在对台湾地区教育的整顿上，规定原有帝国大学改组为国立台北大学。农、工、商三所高等学校，分别改为省立、研究院接收后续办。

此外，教育部还对中等教育、社会教育、华侨教育等教育类别作出了相应的规定。这些接收和复员政策，促进了抗战胜利后顺利接收各敌伪统治区文化教育事业，并使后方教育复员工作得以有条不紊地进行。整个教育接收复员工作，从抗战胜利开始，至民国三十五年（1946）9月基本结束。[1]其推行的部分国立专科以上学校

---

[1] 熊明安：《中华民国教育史》，第299页。

继续留在后方并采用"加薪一至二成"、"为眷属提供宿舍"等措施,对师资进行慰留,对于大西北和大西南的文化教育事业的稳定发展起到了一定作用。

在战后复员中,部分私立大学由于经济来源被切断,如南开大学和厦门大学等私立大学只好改为国立。在重建浪潮中,所有知名教会大学几乎全在原址复办,然而接踵而来的国内战争使得教会学校在整个教育中所占的比重逐渐下降,失去了其在高等教育领域所占有的举足轻重的地位。在留学教育上,国民政府教育部于1946年7月分9区举办了全国规模的公费留学考试,此次报考人数共4463人,实到考生3296人,录取148名公费生,录取率为4.49%,分赴美、英、法、瑞士、瑞典、丹麦、荷兰、加拿大、澳大利亚等10个国家。[1]1945年11月15日,教育部公布了《专科以上学校教员应约出国讲学及研究方法》。1947年4月,公布了《国外留学规则》,综合了此前所有留学教育管理规程中的合理成分,对因省市有权自行派遣留学生时出现的紊乱和将权利完全集中于中央时出现的死板进行有机调节,形成了中央统一下的省市参与制。之后,随着政局的发展,暂停公自费生留学生留学考试,最后以至于留学管理体制随着国民政府的垮台而瓦解。

三、内迁云南高校的复员

在国民政府复员政策的推动下,西南联大、华中大学、中法大学等迁滇高校都积极开展了复员准备工作。此时远在大理喜洲的华

---

[1] 李华兴:《民国教育史》,第569—571页。

中大学，由于韦卓民校长启程到海外讲学，学校临时执委会向建校委员会推举卞彭担任代校长。为配合做好复员工作，临时执委会决定缩短假期，加快教学进度，在次年4月的第一周结束学年工作，并于4月底启程返归。1945年9月，卞彭在重庆参加高等教育委员会一个会议的同时，开始寻找回程路线。他一返回喜洲，临时执委会就组建了一个运输委员会，负责制定返回武昌的计划，同时组织师生们做些准备工作。经过认真仔细的讨论，临时执委会选择了一条最近的路线：先乘汽车至昆明，再转乘火车至曲靖，然后乘汽车到长沙，最后乘火车或走水路抵武昌。为了便于沿途的膳宿，临时执委会决定搬迁分为大致相等的两批。1946年3月初，谭仁义到达昆明，为各阶段的运行联系运输公司：从喜洲至昆明这段路包给云南公路管理局，昆明至曲靖这段路乘火车，从曲靖至长沙这段路包给了一家汽车运输公司。学校返迁的第一批人马由骆传芳率领，于1946年4月17日出发；第二批人马由黄溥带领，在一周后也离开了喜洲。至此，华中大学的返迁工作直到1946年5月底才基本结束。[1]

1945年8月23日，西南联大第343次常委会通过了设置三所大学联合迁移委员会的决议，聘请郑天挺、黄钰生、查良钊、施嘉炀、陈岱孙为委员，并推举郑天挺为主席。委员会成立后即开始了紧张的工作，在第一次会议上，委员会议决建议学校以铁路轮船畅通后为迁移原则；建议学校设法推动滇越铁路之修复；请总务处分函各系组调查现有校产，分急需移运、暂缓移运和不必移运三种，分别列开数量、重量，以便计划；请总务处调查前次准备迁移时所制木箱的数量，有无需要特制者；请学校通知各系组，应尽量将在平津

---

[1] 马敏、汪文汉：《百年校史（1903—2003年）》，第93页。

易购得之普通书籍仪器留置昆明；建议学校通知教职员，设法早日减轻迁移时个人行李的重量；建议学校请求中央拨给迁移费。[1]

1945年9月20日，蒋介石在全国教育善后复员会议上提出，各校不要匆忙搬迁，"准备愈充足愈好，归去愈迟愈好，政府不亟于迁都，学校也应不亟于回去"[2]。按照这次会议要求，西南联大对复员作出了相应调整。1945年10月的昆明报刊对此事作了相关的报道："西南联大因交通等关系，今年寒假暂不迁校，迁校时间可能为明年春季或夏季，本学年学期仍以每学期十二周计。"[3]尽管学校主体的迁移工作需要延期，但是三校原址的接收等工作依然按部就班地进行，清华大学陈福田、北京大学郑天挺、陈雪屏，南开大学黄钰生分别对三校的原址进行了复员考察。在学生的归属问题上，复员委员会建议除参酌学生志愿之外，还应该顾及三校学生人数太多或太少的问题，对三校学生的归属进行了统筹。至于迁移的路线，考虑到八年前的迁滇经验，取道滇越铁路经海防登轮船抵上海、天津的路线，然而因为滇越铁路碧色寨到河口一段铁路被毁，西南联大派出李继侗教授到蒙自一带考察交通路线，结论是该路线颇难利用。与此同时，学校还派霍秉权与后勤部接洽交通运输，后勤部给出的答复是需要到第二年4月，人员行李可以派车送至湖南常德，但需由学校设法筹备10万加仑汽油，学校同时还向航空委员会接洽空运，但得到的答复是昆明、河内机场的地面布置可代为办理，但飞机需由学校另行筹划。

---

[1] 北京大学、清华大学、南开大学、云南师范大学编：《国立西南联合大学史料》（一），第273页。
[2] 杨立德：《西南联大教育史》，第190页。
[3] 北京大学、清华大学、南开大学、云南师范大学编：《国立西南联合大学史料》（一），第273页。

在西南联大复员工作如火如荼开展的时候，蒋介石用武力改组了云南省政府，随后又发生 11 月 25 日的时事晚会事件和震惊中外的"一二·一"惨案。一系列罢课斗争和民主运动随即席卷而来，复员工作遂陷入停滞。直至 1946 年 1 月 28 日，迁校委员会才召开了第二次会议，后又于 2 月 19 日召开了第三次会议，均在复员路线、交通工具选择上产生分歧，仅只对复员中图书仪器等的装箱工作达成共识。1946 年 3 月 20 日，西南联大召开第 369 次常务委员会会议，决定"自 1946 年 5 月 10 日起开始迁移，大学各部分应结束事项，须于 5 月底前办理完竣，本大学本年度毕业总考应暂停举行"。[1]

1946 年 4 月中旬，国民政府和教育部核定了三校的复员经费，复员经费包括迁移旅费和复校经费两种，其中迁移旅费共划拨 70194 万元，复校经费 30 亿元。关于复校经费的分配问题，教育部曾召集三校代表共同商议，经过协商决定，清华大学分 12 亿、北京大学分得 10 亿，南开大学分得 8 亿。然而在战时物价急剧上涨，法币贬值的情况下，这种听起来的巨额数字实际上对于三校的复员和迁移和复校来说，实则捉襟见肘。为此，三校领导决定再次向教育部申请追加经费，但均无结果。在学校内部，对于迁移旅费的讨论，学校制定了相应的标准，按照家乡的远近分为三等。川、康、黔、桂四省的教职员工及眷属每人 12.5 万元，毕业生每人 7.5 万元；晋、冀、鲁、苏、浙、闽以及东九省的教职员工及其家眷每人 25 万元，毕业生 15 万元；陕、甘、豫、鄂、湘、皖、赣、粤等

---

[1] 北京大学、清华大学、南开大学、云南师范大学编：《国立西南联合大学史料》（二），第 430 页。

省的教职员工及其家眷每人 18.75 万元，毕业生每人 11.25 万元。在籍肄业学生随校迁移的不再发给旅费，应届毕业生可视工作地点随校迁移。

1946 年 4 月 23 日，教育部电令三校复员，次日，联大常务委员会照原案通过了校务委员会的"本大学应仍照原定日期结束，尽速设法转移"。北大、清华、南开三校定于 10 月 10 日同时开学；三校在平津的负责人应为于 10 月 1 日前到达之员生预定筹划住宿地点；加聘马大猷、吴柳生、胡志彬等 12 人为三大学联合迁移委员会委员。迁移复员工作得到了行政院善后救济总署的支持，从昆明出发，接贵阳到长沙，由总署提供汽车；从长沙到武汉、南京搭乘轮船，由南京乘火车到上海，之后从上海乘开滦煤矿南下运煤的船只接秦皇岛到天津、北平。同年 5 月 1 日，除毕业生以外的肄业学生填写入学志愿书分发三校，计志愿入北京大学者 647 名，志愿入清华大学者 986 名，志愿入南开大学者 70 名；本届先修班学生经考试后升学的 129 名，电讯专修科从 5 月起归云南大学办理，师范学院则留昆明继续办理。

1946 年 5 月 4 日，西南联大在新校舍图书馆举行毕业典礼，常务委员梅贻琦发表讲话，三校代表汤用彤、叶企孙、蔡维藩相继致辞。会后还举行了"国立西南联大大学纪念碑"揭幕仪式。当天，第一批复员学生 90 人搭乘救济总署的拉酒精车出发北归。7 月 13 日，联大常务委员会举行会议，决定联大经费一律在 24 日截止。随后，西南联大学生又分 11 批陆续北返，至 7 月 31 日，西南联大正式复员完毕。

第二节　抗战胜利后云南高等教育的调整与发展

抗战胜利后，国民政府一方面对内迁高校复员作出准备和安排，另一方面也加紧对各地方高校的调整和改造。此时，国民党政府通过政治和军事途径改组了云南省政府，免去龙云军事委员会昆明行辕主任、云南省政府主席及所兼各职，调任军事参议院任上将院长，云南长期以来形成的割据局面被彻底改变。随着云南的和平解放，云南高等教育先后经历了曲折发展及快速发展各个阶段，高等教育进入了新的发展时期。

一、抗战胜利到解放初期云南高等教育的维持与调整

据中华民国三十五年（1946）10月统计，此时云南省共有国立云南大学、国立昆明师范学院、省立英语专科学校、省立体育专科学校4所高校。[1] 为保存并延续云南高等教育，云南当局依据《大学法》和战后关于内迁高校教育机关的复员问题的规定，对云南专科以上高等学校的教师进行了奖励和鼓励。与此同时，国民政府划拨了一定资金，对云南高等教育的各种教学和仪器设备进行了尽量的充实，以供教师研究和学术的方便。在高等教育的管辖和办学权限的归属上，由于战后沿袭各省教育厅主管高等教育的政策，故而云南的高等教育亦划归云南省教育厅进行管辖。

在抗战胜利后云南省所存的四所高校中，国立昆明师范学院系由西南联大师范学院留昆独立设置而成。西南联大组成三校战时使

---

[1] 云南省档案馆馆藏：《云南省教育文化机关一览表》，全宗号12-7-709，1946年。

命结束，返回在即，为了答谢云南人民对西南联大八年的鼎力支持，继续为西南培养师资，教育部决定，西南联大师范学院留昆独立设置，改称国立昆明师范学院。为解决三校复员北返后师范学院师资短缺的困难，国立昆明师范学院聘请了杨武之、罗庸、胡毅、蒋硕民、倪中方等知名教授留在师院任教。1946年7月，"国立昆明师范学院为保持国立西南联大之学术传统并为达成其对于教育文化之使命起见"，西南联大常委会在其发布的《西南联大常委会关于联大结束后三校与昆明师范学院合作办法函》提出合作办法八条：[1]

一、国立昆明师范学院延聘教师与联大及三校采用相等标准。

二、三校教师得原校之同意，在昆明师范学院任教时，除原薪由昆明师范学院支领，来回旅费及优待办法另有规定外，其在原校之年功计算及应享权益与在原校服务相同，一如其抗战时期在联大服务。

三、昆明师范学院教师得师院同意，在三校任教时，其待遇按所在大学之规定办理，其年功计算与在昆明师院服务相同。

四、昆明师院得与三校商洽，选送高年级学生至三校肄业一学期或一学年，其所得学分成绩仍为昆明师院之学分成绩。选送人数应以昆明师院原系级肄业人数四分之一为限，所送学生亦不得要求转学。

五、三校之高年级学生及研究生，按其所研究学科之需要得由院校与师院商洽，来昆研究，昆明师院予以便利，其导师由原校指定。

六、三校得在昆明师院内设研究工作站。

七、本办法于卅五年八月一日起生效，暂以四年为期。

---

[1] 北京大学、清华大学、南开大学、云南师范大学编：《国立西南联合大学史料》（一），第282页。

八、本办法由联大、昆明师院会呈教育部备案。

为办好国立昆明师范学院，1946年6月19日及21日，联大师范学院第二任院长查良钊两次致电教育部次长朱经农，认为联大师院独立后，自应定名为"国立西南师范学院"为宜，如定名为"昆明师范学院"，既无联系性，又具地方性。"今后延聘教授不惟外省知名学者难以聘请，即现在联大在昆之少数教授也不易挽留"，之后因种种原因此提议未得所偿。西南联大三校复员北返，师范学院留昆独立设置，师范学院在延续西南联大体制传统的基础上也提出了一些新的办学思路。1946年6月23日，查良钊向教育部报告了国立昆明师范学院的办学设想：（1）继承三校重视学术价值与兼容并包精神，以造成笃实渊博之学风；（2）重视校际合作，促成文化交流，以期开通风气而扩眼界，与三校洽定在一定期限内教授交换讲学及学生借读实习办法；（3）因材施教与因地制宜，课程实施酌予实验机会，以适应西南教育师资之需要，重视师范生服务志愿，重质不重量，认真训练，宁缺毋滥。[1]事实证明，这些办学思想有机地延续了西南联大通才教育的办学思想，最终成为联大办学体系的有效延伸。

1946年5月，因抗战胜利外省教职员返回故乡而大批离开云南，造成云南各种学校教师奇缺的局面。省教育厅呈准教育部，提高在滇客籍教员的待遇，给予各种优待。之后又拟定了《云南省中等学校在职教员进修班及专科师训班简章》，办理进修班和"招考班"，积极培训中等学校教师。此外，教育厅又拟定了《巡回教学章程》，组织了巡回教学组，下设中学队和师范队，每队又分若干四人小组，

---

[1] 云南师范大学校史编写组编：《云南师范大学大事记》（西南联大及国立昆明师院时期），云南师范大学学报（哲学社会科学版）1988年校庆增刊，第137页。

分散到各个中等学校任教一学期，任满一学期后又换一个学校，实行巡回教学。[1]

为有效提高云南高校办学水平，切实解决云南高等教育资源有限，高中毕业生升学困难与战后国家百废待举、急需人才的矛盾及留学归来者以及好学深造之士未能急需研究而造成人才资源荒废的矛盾，1946年5月23日，鉴于私立五华学院"意旨严正宏远"，云南省教育厅作出了"拟准备案，并分呈省府教部备查"的决定。[2] 1947年6月10日，私立五华学院董事会决定，学校改名为"云南省私立五华文理学院"，10月1日，首次举行开学典礼。私立五华文理学院由昆明于乃仁（字伯安）、于乃义（字仲直）两兄弟创办。于乃仁任院长，于乃义任教务长。校舍设于龙翔街原西南联大师范学院旧址及翠湖公园原云南省图书博物馆南院两处，均由省政府批准借用。五华文理学院自筹建及开办以来，得到过楚图南、周钟岳、秦光玉、袁嘉谷等滇中学者名流的帮助和支持，楚图南出任校董会名誉董事长，周钟岳任董事长，秦光玉、由云龙任副董事长。一些著名学者、教授，如钱穆、刘文典、姜亮夫、缪尔纾、秦瓒、顾建中、谭锡畴等人，都曾到该院讲过课或担任过系主任。于氏兄弟对于办理该院更是不遗余力，如将曾祖父于槐清遗留的1万多册书籍捐赠给学院图书馆。该院开办之初，招有一个文史研究班，学生40余人；三个先修班，学生180余人。1948年，文史研究班改为边疆文化系，同时添办了中国文学系、物理系，招生新生500余人。1949

---

[1] 云南省教育志编纂委员会办公室编：《云南教育大事记》（公元前121年—公元1988年），第89页。

[2] 云南省档案馆编：《私立五华文理学院档案资料汇编》，云南大学出版社2009年版，第1页。

年又添办历史系、地质系，招收新生 600 余人（其中先修班 300 余人）。进入中华人民共和国时期后，五华文理学院于 1950 年下半年并入云南大学（少部分并入昆明师范学院），即为结束。[1]

总的来说，从抗日战争结束到中华人民共和国成立的 4 年时间里，云南地方高等教育基本保持了战后水平，但办学影响力已大不如前。据 1949 年 10 月云南省教育厅对云南省中等以上学校的设置情况统计，云南省大专学校 3 所：国立云南大学、国立昆明师范学院、私立五华学院。[2]

二、新中国时期云南高等教育的绵延

1949 年 12 月 9 日，国民党云南省主席卢汉率部通电起义，云南和平解放。1950 年 2 月 20 日，中国人民解放军第二野战军第四兵团进驻昆明，从此，云南完成了由旧民主主义革命向新民主主义革命的转变，进入了社会主义革命和建设的新时期，云南边疆教育事业全面复兴的时代大幕也由此拉开。总体而言，新中国时期云南的高等教育与中国高等教育一道，经历了新中国成立初期全面构建社会主义教育体系的仿苏恢复发展时期、"文革"十年的受挫和停顿时期、改革开放 30 年来的快速发展时期三个发展阶段。高等教育得到了快速的发展，这种发展不仅体现于单纯学生人数和高校数量的增加，更为重要的是随之而来文化土壤、社会风气、教化环境的积极变化。

云南解放后，百废待举。1950 年 3 月，中国人民解放军西南军

---

[1] 昆明市教育局编：《昆明教育大事记》，第 156 页。
[2] 路天：《民国教育大事记》（下），《南省教育史志资料》1987 年第 9 期，第 91 页。

区昆明市军事管制委员会成立，下设文教接管部负责接管高等院校在内的起义后过渡时期全省文化教育事务。为适应形势发展，云南高等教育着重开展两方面工作：其一，安排师生员工政治学习和参加各项政治运动；其二，实施管理体制和教学体系变革。各高校在此期间，全力"维持秩序，保存卷宗，以待接收"。

1950年5月，昆明市军管会文教接管部向云南省人民政府递交了《关于接管后教育工作的报告》，对学校教育进行整顿改革提出原则意见，主要的措施有：一是在学校管理制度中，取消训导制，实行教导制度；二是成立由校长、教导主任、教职员及学生代表组成的校务委员会管理学校；三是在课程设置中，取消了反映国民党教育思想的公民、党义、军训等课程，开设以宣传马列主义、毛泽东思想为主的政治思想课；四是停止了所有旧教材的使用，一律采用新华书店发行的新编教材；五是废止了公费制，代之以人民助学金制度。在此期间，各高校先后建立中国共产党组织，新民主主义青年团、教育工会相继开展活动，统战政策得以贯彻，思想政治工作逐步加强。通过学习政治时事和参加减租退押、土地改革、思想改造、忠诚老实等一系列政治运动，提高了师生员工的思想觉悟和工作热情，为高等教育接管和改造营造了有利的氛围。在这些政策的引导下，云南大学、昆明师范学院和五华书院亦对自身进行了调整。

随着军事接管短暂时期的结束，1950年11月，云南省人民政府批准成立了云南省文化教育厅，作为云南最高的文化教育领导机构，对云南时有的三所高校进行院系调整。具体情况为：首先将私立五华学院并入云南大学，云南大学则先后将法律、政治、土木工程、航空工程、铁道管理、畜牧、园艺、蚕桑等系，分别并入四川大学、西南政法学院、西南农学院、北京铁道学院、中国土木工程建筑学院、重庆土木工程建筑学院、北京航空学院等院校；停办了社会学系，该系的民族组并入本校历史系，劳动组并入本校经济系。至此，云南高等教育在事实上只有云南大学和昆明师范学院2所。[1]

在新中国成立以前，云南高等教育在院系设置上均效仿英美模式，学校只设院系，不设专业。1949年以后，全国高等教育在中央的统一要求下，全面仿照苏联的高等学校制度进行院系调整，院系调整的重点在于整顿和加强综合大学，发展专门学院，首先是发展工业院校和师范院校。1954年，在对私立学校的改造、教会大学的取缔和国家高校院系的调整中，将云南大学工学院、贵州大学工学院和重庆大学冶金系、西昌技术专科学校合并组建成立了昆明工学院。1956年，云南大学医学院独立设置成为昆明医学院，至此云南高等学校在数量上达到4所。此时，云南高等教育不论是办学自主还是在宏观管理上，都被放置于整个国家的高等教育统一运行轨道中。

院系调整之后，云南大学成为一所以文理科为核心的综合性大学。经过全省性的院系调整，文科、政法、财经专业比重急剧下降，几乎到了完全停止的边缘。在接下来的国家第一个五年计划期间，云南大学、昆明工学院归属高等教育部直接领导和管理，昆明医学院在业务上由中央卫生部领导，昆明师范学院由中央高等教育部委托云南省政府管理。至此，云南4所高等学校在管理上出现了一定的层级区别。1953—1957年，高等学校在普遍设立专业的基础上，进行了围绕经济建设和国防需要的专业调整。1958年9月，云南大学农学院独立建设为昆明农林学院，云南大学转变为理论和基础科学研究及教学专门人才的文理科综合大学，云南其他高等教育机构

---

[1] 云南省地方志编纂委员会编：《云南省志》（卷六十·教育志），第535页。

则转变为培养农、工、医、师等专门人才为主的专业性学院。

之后，随着"大跃进"、十年"文化大革命"所带来教育的受挫及停顿外，至1976年之后，教育迎来了恢复与发展的春天。1977年，教育被列为国民经济发展的战略重点，高等学校重新恢复全国统一高考制度，恢复招收研究生，大学也逐步恢复正常教学。1978年4月召开的全国教育工作会，否定和抛弃了"文革"中以阶级斗争为纲的教育路线，将现代化的实现确立为教育的主要目标。此后的时间里，中国大学在规模、数量、设施、师资等方面都迅速得到相当的发展。在借鉴发达国家特别是欧美国家高等教育经验的过程中，大学也在突破过去30年形成的苏式体制，重新回归到1949年以前的欧美大学模式，中国高等教育发展步入了大力调整和健康发展的轨道。至此，云南高等教育通过调整、巩固、充实、提高，积极构建起了一套与当时社会发展基本适应的社会主义教育体系和框架。截至2009年底，全省有高等学校65所（不含军事院校），各类高等教育在校生57.13万人，高等教育毛入学率达到15.6%，进入了高等教育"大众教育"阶段。

第三节　云南高等教育流变与绵延的文化考察

高等教育的历史演变和现实发展，是在内外压力和需要的综合作用影响之下，通过不断变革的发展过程而导致的历史结果和自然产物。作为人类文化发展到一定历史阶段的产物，高等教育的发展不能离开自身所处的经济、政治和文化环境及高等教育自身矛盾关系的相互作用而独立存在。在这一相互联系、相互作用的互动过程中，政治经济对高等教育的作用往往是以文化为中介的。正是高等教育与政治、经济之间的文化转换机制，使得文化既存在于高等教育的内部关系中，又存在于高等教育的外部关系中，同时它还起着沟通高等教育内外部关系的桥梁作用。[1]高等教育具有生而秉承的文化传统，其文化回归、文化关照与文化眷注对于高等教育的发展至关重要，漠视文化传统对于高等教育的制约，易于使高等教育失去民族特点和对社会应有的匡正能力。深入关注和研究抗战时期云南高等教育的流变与绵延过程，对于理解云南高等教育的历史演变和现实发展，特别是揭示高等教育与社会经济、政治的复杂关系和对高等教育"内源的教育制度"的追寻有着重要的意义。

一、云南高等教育流变与绵延文化考察的核心要义

文化与大学职能密不可分，大学职能在相当程度上体现了大学的文化本源。对于战时云南高等教育的文化考察，首要任务在于厘清区域内不同历史时期大学各异或相同的职能。"虽然高等教育的发展有其自身规律性，但云南高等教育每一个阶段的发展都体现着极强的时代特征"。[2]从历史上看，云南任何一个历史阶段的高等教育都不曾与文化分离过，其自产生之日起就延续着大学之所以为大学的文化传统，演进为当下时代社会所赋予的传承、研究、创新和融合的文化活动。这一长期存在的关于大学文化（精神）的事实和逻辑，从本原上回答了对于云南高等教育"文化精神"的不同见解。

---

[1] 潘懋元、朱国仁：《高等教育的基本功能：文化选择与创造》，《高等教育研究》1995年第1期。
[2] 丹增：《为了人人都享有的权利》，人民出版社2007年版，第361页。

1. 透视高等教育文化功能的永恒性

大学是有灵魂的,这一灵魂就是内核于高等教育发展存在过程中的大学文化,其作为社会的精英文化一直是社会文化的精神支柱,担负着引领和主导社会文化发展方向的重要责任,具有永恒性特征。在"象牙塔"时代,高等教育作为社会文化的先进代表引领着社会精神的进步,成就了大学在文化引领方向上的作用,尤其是在20世纪"学者是他们自己伦理道德准则的监护人"[1]这一治学道德思想的影响下,这种以文化引领为特征的高等教育职能表现得更为清晰可见;同样的,在高等教育从社会边缘走向社会中心的今天,面对现实世界的经济市场化、行为功利化和利益多样化,作为社会良心的学者,作为学者社团的大学,其社会引领方面的作用依旧明显。可以想见,如果没有了高等教育,那么谁来对现有的文化进行选择、传递、传播、保存、批判和创造?如果缺失了文化的选择,那么社会如何来获得自己不断向前的文化支撑?如果作为社会良心的学者放弃了对文化的批判、创造和继承,剥离了他们作为社会良心所与生俱来的文化永恒性,那么,诚如布鲁贝克所说,这种想法不是荒谬的,就是愚蠢的!

以西南联大为代表的战时在滇高校,转移一时社会之风气,存续着中华民族的精神命脉和文化根源,毋庸置疑地作为是时社会文化和社会运行的精神支柱而存在,从民族存亡和社会责任担当的高度主导和引领着战时社会文化的发展。战时的云南高等教育,是学术重镇,是民主堡垒,是中华民族精神的家园,更是饱受摧残的中华民族不屈抗争的文化脊梁。这一时期的云南高校,在躲避战火及

---

[1] 〔美〕约翰·布鲁贝克著、王承绪等译:《高等教育哲学》,浙江教育出版社1987年版,第79页。

各种政治角力的复杂环境之下，坚守着自己作为大学，作为高深文化传播、选择与创新机构的历史使命，以独立的大学人格和文化品性自在发展，以大学永恒的文化功能发挥践行着文化传扬的使命。

2. 审视高等教育文化功能的全局性

　　高等教育文化功能的全局性主要表现为其影响的广泛性，这并不是说高等教育文化无所不能或一无所能。"知识本身即为目的"的高等教育哲学认识，可以很好地说明这种理解。换言之，高等教育文化功能的全局性在于高等教育在不断走向同社会融合并逐步适应社会发展需求，通过普通教育、职业教育和自由教育培养社会所需要的各类人才，构成社会经济发展的基础。从这个意义上看，首先，高等教育的文化职能长期内涵于高等教育的教学、科研和服务功能内部并随时代发展凸显其外溢性；其次，高等教育所生产的准公共产品不断作用于社会政治、文化、科技各领域，形成超越民族、种族和国界，联系历史、现实与未来的文化效应，实现了高等教育在文化功能上的回归。

　　战时的云南高等教育无疑有着较强的文化功能。这种功能在其对于云南经济、社会以及文化生活的改造中得到了充分的体现。正如高等教育的"知识本身即为目的"一样，这种文化功能并不能非经转化而直接形成抗战力量，形成挽救民族危机的战场决定力，其是通过文化的精神渗透性，通过"教育"这一人才培养的中介作用于相应的受教育者，通过文化的能动转化性作用于社会的各相关领域，以高等教育文化效应的方式形成对政治、经济、科技的革新和积极影响，在无形的积累过程中促成了大学精神的进步、社会运行的完备、经济和科技的发展，进而作用于战局的发展和社会改造。

3. 把握高等教育文化功能的先导性

"自治是高深学问最悠久的传统之一，失去了自治，高等教育就失去了精华。"[1]这种自治能力获得的逻辑起点就在于大学文化本身的先导性，是一种自觉的文化。事实上，作为"文化中心"的高等教育，其不仅是社会可持续发展的人力资源培育者，还是国家科学技术创新的主导力量，更是传统文化的传承者和先进文化的引领者，高等教育文化的自觉使其能站立于文化和科教的高地，成为社会主义先进文化的辐射源和示范地。就此来看，高等教育的本质属性在于文化上的先导与引领，在时代要义赋予高等教育社会轴心地位的今天，高等教育文化应该以其民主、开放、自由、进取的文化机制及再造文化的活力和条件，对构建社会主义和谐社会中的大众文化进行筛选、过滤、扬弃乃至超越，从而使社会主义和谐社会中的大众文化更具时代特征和时代精神，以更好地发挥在社会前行中的先导作用，在促进社会主义文化大发展大繁荣中发挥引领作用。

高等教育文化功能的先导性，说到底就是其自治精神的引领性。也正因为战时的云南高等教育保存了从中世纪以来的大学一贯的自治品格，才使得这一时期的大学得以在多方恶劣环境的夹缝中继续存在并发展。因为自治的文化品性，以西南联大为代表的高校有了摆脱国民政府对于高等教育进行政治渗透的合法性，有了推倒围墙、联系地方实际和社会现实，融入所属环境进行社会经济改造的合理性，有了自主办学、自由发展、自在进取的文化再造，进而形成了大后方民主堡垒的强源文化辐射，进而得以成为"一二·一"运动的主力阵营，对推动大后方民主、自由意识的传播起到积极的作用。

---

[1] 〔美〕约翰·布鲁贝克著、王承绪等译：《高等教育哲学》，第43页。

二、云南高等教育文化考察的时代要义

文化和高等教育相伴相生,其在高等教育不断发展中延续自身高度的传承性并内核于大学的本质之中。在高等教育从社会边缘走向社会中心的过程中,大学教育的良窳足以影响乃至决定一个区域社会的文化与经济盛衰。在这其中,大学功能总是伴随时代发展和大学的自组织演进而革新扩展。然而,由古达今,大学始终无法避免学术精神追求与现实功利目标之间的矛盾。于中国大学而言,其在这对矛盾面前,坚持自己的独立品性、肩负起传承民族文化、探求普遍真理、化解社会冲突、构建和谐社会的使命担当至为重要。

1. 传承云南少数民族文化的需要

云南是我国典型的民族文化大省,多民族的多元文化交融和多阶段历史时期的文化交汇是云南文化的核心特征。云南文化堪称"多民族文化的交融史"和"民族文化活的社会发展史",如从原始社会直接过渡到社会主义社会的基诺族文化、保留了母系氏族特色的摩梭文化、开云南历史先河的古滇文化、佛国(妙香国)的白族文化、禄丰腊玛古猿文化(800万年前)、元谋古猿文化(170万年前)、澄江帽天山化石文化、纳西族的东巴文化、傣族的贝叶文化、彝族的太阳历文化、哈尼族的梯田文化等等。

英国伊丽莎白女王曾隐晦表示:"中国没有那种可用来推进自己的权力而削弱我们西文国家的具有国际传染性的学说。今天中国出口的是电视机而不是思想观念。"[1] 中国自古缺少文化输出,表现在文化上

---

[1] 赵启正:《公共外交与跨文化交流》,中国人民大学出版社2011年版,第123页。

的失落,尤其是高等教育在民族文化传承上的失落。历史上中国人其实并不缺乏创新精神,儒家的文教思想,道家道法自然的世界观,法家以法治国的理念,墨家兼爱、非攻、尚行的传统足以匹敌世界上任何一种文化。然而如何传承文化,特别是在"全球化"与后殖民的世界语境中,如何正视中国文化身份,关注于中国文化发展与输出对我们而言依然是一个严峻问题。传承文化是中国乃至是世界上每一个大学所共有的理想,这便要求我们认真总结战时各高校专注于云南边疆民族文化研究的历史传统,特别是抗战时期云南高等教育所积累的宝贵经验,紧紧把握云南时代发展的要义,认真梳理云南丰富的民族文化历史,传承民族文化精神,保存民族文化特质,创新民族文化发展,赋予民族文化新的内涵,并将其承接到大学自主发展中,形成自己的大学理念、民族涵养、政治方略、社会原理和经济准则,使云南这一区域内的传统民族文化在大学文化职能的回归中得到进一步传承、创新和发展。

2. 化解区域文化冲突的需要

云南是一个聚集了 1500 万少数民族人口的边疆省份,在全国 55 个少数民族中,15 个民族为云南所独有,且更有超过 15 个的少数民族跨境而居,总体上具有复杂的多维民族性,而这种复杂性的直接结果就是多元的民族文化冲突。基于文化冲突的视角,我们不难发现:不同性质文化之间的交流、碰撞乃至冲突,往往是文化大转型、大发展和大繁荣的前奏。在国家着力推进西部大开发,加快区域均衡发展,全面建设小康社会的今天,趋利避害,化解文化冲突,积极促进和谐文化建设,是云南加快自身文教事业,提升高等教育发展水平的重要任务。不仅如此,我们还应清醒地看到:应对多元文化交融的摩擦和社会碰转的冲突，最为理性可行的措施就是文化的融合。作为知识的殿堂、文化的堡垒，现代大学理应主动承担起整合文化冲突，化解文化矛盾，引导文化发展的重要任务，统领和谐文化建设，推动对话与交流，促进融合与发展，使区域内各少数民族文化协调发展。就当前的云南高等教育而言，通过国际合作搭建文化整合的平台，打破异质文化之间的学术壁垒，依托云南面向南亚和东南亚的独特地缘优势，加强区域间、区域外、国际间高等教育文化交流的力度与深度，推动多元文化的整合与交融，以高等教育文化的融合作用则可能有力地化解现实区域社会文化上的冲突。而在这一方面，抗战时期云南高等教育，特别是多所大学所进行的文化整合与文化创新，很有其示范意义。

3. 创建云南区域和谐社会的需要

云南具有独特的地缘特征，一方面地处祖国西南边疆，另一方面又是面向东南亚和南亚的"桥头堡"。区域内山区与坝区之间、城镇与农村之间、中心城市与非中心城市之间、少数民族聚集区与非少数民族聚集区之间，在社会、经济、文化发展方面存在着极大的差异性和多元性，这种区域间的差异极大地影响着区域和谐社会的建设。而从当前的社会现实看，高等教育正从象牙塔走向和谐社会构建的中心，并且成了文化发展的推动力和先进文化的辐射源。促进和谐社会建设，既是大学必须承担的责任，也是改善和发展社会服务功能的良好契机。通过参与和谐社会建设，大学可以巩固文化服务功能，提高文化服务品位，扩大文化服务辐射面，真正成为先进文化的创新摇篮和辐射中心。显然，抗战时期云南的高等教育不仅通过内迁保存了各高校的基本实力，而且通过开堂授课、勤勉治学，各高校尽最大努力使学校弦歌不绝，成为稳定后方的精神力量，为中国抗战的最终胜利作出了自己特殊的贡献。为此，云南高等教育要实现昔日的辉煌和更进一步的发展，就要坚持把提高人才培养质量作为服务社会的主渠道；要努力成为促进和谐文化建设的社会智囊；要主动利用高等教育的科研成果和智力资源成为构建和谐的创新型国家的动力源，通过大学服务功能的进步完善全面推进社会主义和谐社会建设和边疆民族文化的腾飞。

三、云南高等教育文化功能发挥的路径选择

高等教育的文化选择具有前沿性、探索性、先进性和战略性等特点，它不但对于培养知识群体具有决定性影响和支配作用，而且对于时代精神风貌、道德观念以及社会风俗习惯和价值取向的变革发展都有着广泛而深远的影响。诚如奥尔特加·加塞特所言："崇高只属于科学，而不属于从事科学的人。"[1] 换言之，大学文化虽具备形成社会价值的潜力，但其缺乏成就这种价值的能动，故基于实践的角度，在云南区域大学文化功能发挥的路径选择上，我们理应作出理性的思考。

1. 发挥大学环境文化的熏陶作用

大学的环境文化是指作为实体意义的大学所营造的学术氛围、育人氛围和舆论氛围，其对人的影响是潜移默化的，表现为一种人

---

[1]〔西班牙〕奥尔特加·加塞特著、徐小洲译：《大学的使命》，浙江教育出版社1994年版，第77页。

格形塑和无声教化的综合力量。然而，这种环境氛围的营造并非朝夕可就，更非刻意可为，其需要的是作为大学人、作为学者的社会责任担当，文化自省和文化自觉，需要的是学者对道德理性的坚持，对学术自由的追求，对学术自治的把握，需要的是学者的学术自律，做好自己道德的监护人，使大学获得属于文化的生机和生命。我们注意到，作为本研究特定区域的云南，其具有山区、民族、贫困等多种特性，而这其中，制约云南经济社会发展的瓶颈就在于文化的落后，在于思想意识的滞后，而解决这一问题的关键就在于通过大学文化熏陶作用的发挥，促成区域内人们文化水平的提升和思想认识的进步，进而通过意识的先导作用，改变人们对于自身及外界的认识，进而不断地对自身的处境，对与自身相关的社会生活环境作出改良，最终以文化熏陶为引领，带动区域经济社会和文教事业的整体发展。

2. 发挥大学精神文化的主导作用

诚如克拉克·克尔所说："现代大学在维护、传播和研究永恒真理方面的作用是无与伦比的，在探索知识方面的能力是无与伦比的，在服务于社会文明方面所做的贡献也是无与伦比的。"[1] 在这种无与伦比的背后，隐含的是因大学精神文化主导所获得的综合成就。显然，只有不断使大学的这种精神文化得以发挥，大学之所以成为大学的品格、气质、生命力和创造力才能得到孕育。于当前云南区域社会发展而言，需要我们不断把传统文化教育与时代要义结合起来，基于云南特殊的发展实际，考虑云南高等教育发展所蕴含的精神文

---

[1] 刘宝存：《大学理念的传统与变革》，教育科学出版社2004年版，第63页。

化与区域发展的相关，与云南现实境况的相关，寻求大学在精神文化上的主动和主导，不断探索云南高等教育对区域社会发展的精神价值，使大学最大限度地与周围社会环境相融合，为区域和谐社会建设服务。

3. 发挥大学行为文化的示范作用

大学的行为文化是指师生员工在教学、科研、学术交流、生活娱乐等活动中产生的文化。时下，在走出象牙塔的过程中，大学在行为示范方面纯粹的理性或多或少生出问题，尤其在学术道德和治学道德方面，这就需要更多的大学以纯粹的社会良心标准来检讨并修正自己在行为文化方面的不足和偏差，以此保障大学依旧能在行为文化方面保持引领作用。从这个意义上看，在现实情境下发挥云南高等教育的文化功能，重拾战时以西南联大为主的云南高等教育"转移一时社会之风气"的大学行为文化示范便来得更为重要了。具体可考虑将战时云南高等教育行为文化影响及其示范作用，通过大学生、大学教师、大学校园、大学品牌等多种不同的模式，对周围的社区环境、人文氛围形成潜移默化、润物无声的影响。

4. 发挥大学器物文化的传袭作用

大学的器物文化传袭不仅需要在大学的器物中注入精神，注入文化，更需要使这种因精神沉淀和历史积淀而获得的文化显现出生命的力量。西南联大在极端艰苦的办学条件下，创造了世界高等教育史上的奇迹，这其中联大人身上所体现的精神品格、时代使命和社会责任担当，其最为重要的传承物就在于其依然存留的器物文化，通过对这些器物文化的保存、发掘，其必然可以在一定范围内形成一种联大精神和联大人自我品格的濡染与辐射，近而以精神的力量作用于当前的云南，以发挥其相应的价值。

　　通过战时云南高等教育流变与绵延的文化考察与省思，对于我们造就新一代富于理想信念、道德观、人生观和价值观等人文精神层面的敦化有着积极的意义。战时云南高等教育的发展，其意义不仅仅在于高等教育单纯数量的增加，更在于一种人文理念的形塑。内迁高校为云南高等教育所遗留的更多的还是办学体制、办学理念和办学的价值所在，这些由内迁高校所留存和发展而成的精神财富和物质文化，为战后云南高等教育的发展奠定了坚实的基础。随着现代大学教育的兴起，在云南高等教育由无到有，由弱至强的不平凡的曲折发展道路上，无不显现出其对于国家政治和国民经济发展的重要价值，也无不彰显出教育为政治、经济服务的工具性价值。由此，纠正功利主义偏差，回归大学的人文性，走向人文与功利的适度平衡，是当代中国高等教育改革的历史使命所在。这在很大程度上意味着教育人文主义精神的重塑，意味着通过制度的变革，强化学校作为人的培养和研究高深学问的场所的根本职能，使教育提升人性的人文精神的凸显。[1]

　　对云南高等教育发展的文化考察，还要求我们在纷繁复杂的文化中找到大学与社会之间的连接点——大学功能，进而从高等教育功能探究的角度审视战后云南高等教育发展的文化价值。总的来说，对云南高等教育发展的文化考察，我们还必须将在大学文化职能回归的时代要义问题思考上，除去其必然存在的"文化—人—环境—社会"的影响交互循环本身，我们还应在现有情境下，最大限度地

---

[1] 张雪蓉：《适度的平衡：现代大学的人文主义真谛》，《中国大学教学》2008 年第 9 期。

激发云南区域大学在文化影响方面的作用,促成大学文化引领职能的回归,使大学在区域人才培养、科学研究和服务社会方面达到完满的结合,使大学真正通过对人的教化来推动其作为"社会轴心"的运转,通过其各作用的综合交互,促进云南区域经济社会及文教事业的发展。

后记

决定以《抗战时期云南高等教育的流变与绵延》为题进行研究，是作者多年前便开始酝酿和思考的一个问题。由于工作原因，作者于 1997 年工作之始便开始接触并专题研究西南联大教育史。随着研究的深入，就越来越深切地体会到要深入研究好这一专题，就必须深入地了解西南联大所处区域的空间地域环境、政治经济文化格局及深层的教育文化背景，这也意味着很有必要对抗战时期云南高等教育进行系统和深入的研究，这样才能达到对史实研究的深入底里，获得真解，又能探幽致远，描述"一致而百虑"的高等教育史学发展轨迹。

当前，出于对当今高等教育科学和人文精神的现实关怀，学术界对于抗战时期高等教育的反思与追问的专题研讨和著述日渐增多，战时的高等教育无疑成为教育史研究的焦点所在。人们在重温既往学府的馨香，寻访历史上的人文旧景，在岁月中追忆象牙塔风雨历程的过程中，往往会关注学府历史岁月里的陈年往事，也会对其绵延发展的进程备感兴趣。如何本真地对这一段历史加以求索和认知，既是缠绕于历史学家们心头的心结所在，又是辩证唯物主义还原历史本真所应持有的担当。

作为一名植根于云南高等教育研究领域的青年学者，作者常常会因为战时云南高等教育的研究现状而备感无奈和遗憾。目前，针对战时云南高等教育的专题研究还存在极度不平衡的状态，尽管针对战时西南联大等个案学校的研究已是一片轰轰烈烈的热闹景象，然而从社会政治经济文化与教育史互动的视角切入，针对战时云南区域高等教育流变与绵延的系统研究还一直未能得到学界应有的重视，现有的研究也主要围绕1949年新中国成立之后的研究，针对战时这一区间的深入系统研究还显得较为沉寂。此外，在相关史料的发掘、整理、利用乃至抢救上工作做得还远远不够，现有战时云南高等教育的针对性研究也是凤毛麟角，无论理论深度还是实践针对性方面都有较大不足。全面的普查，搜集尽可能多的史料，整理出版专题性历史资料汇编等工作还远远滞后于研究的需要，这也在一定程度上制约了战时云南高等教育专题史学科研究的发展。

于此，将抗战时期云南高等教育流变与绵延的客观历史、影响的复杂面相、机制进行尽可能深入、全面的揭示，并对其现实意义予以阐发成为作者当仁不让的写作主线。作者以近代中国大学的建立、发展和壮大历史过程的探究为线索，着重探讨了抗战时期云南高等教育现代化和本土化的曲折历程，从一个侧面深刻地揭示了近现代大学制度形成与国家政治制度之间的密切联系，再现了中国大学在20世纪上半叶云南乃至中国在延续教育文化、救亡图存方面的种种重要举措，最大限度地再现战时高等教育在追求学术致知的同时重点凸显服务于国家和民族的政治需要，而不是像西方大学所立志追求的以研究高深学问为目的的历史真实。

不行春风，难得秋雨。为了了却长期压在心头的心愿，数年间，由于忙于日常行政事务，白天很难抽出时间，就只得卸下一切不必要的应酬，利用下班后的时光挑灯夜战。寂静的深夜，在一堆堆史料、著作材料的堆砌之畔，在故纸堆里反复查证、问询、思考之余，在倾听敲击键盘发出清脆的声音里，我感受着窗外数度花开花落那令人陶醉的意境，也感受到写作过程中的孤独与艰辛。

本书的正式写作是从 2006 年开始的，而构思、收集材料则在 2004 年便开始了，为了真正做到"横不缺项，竖不断线"，作者多次奔赴于省市图书馆和档案馆查阅资料，涉及的部分史实还需要深入到民间进行实地探访、核查，而这些也大多是通过节假日等见缝插针的时光来完成的。通过长期大量的基础性工作，搜集整理出了一批文史资料。当枯燥的日子不经意间从身边悄悄溜过，当论著最后一个句号被笔尖重重地划下，预想的如释重负之感并没有如期而至。回首当年，在抗战烽火喧嚣的年代里，前辈学人们安常蹈故，教者自教之，学者自学之；忆在当前，高等教育在大众化道路上也是步履丰健。在写作中，我经常怀着一颗敬畏之心和忐忑之情，不知自己这样写，是否无愧于那些为战时云南高等教育而呕心沥血的教育者们，是否无愧于战时云南高等教育那段曾经蓬勃发展以至于蔚为壮观的历史。我想，这些只有交给读者和时间去检验了！

在研究中，作者有幸于 2009 年 5 月在香港的一次国际学术会议上结识了英国伦敦大学教育学院名誉院士、加拿大多伦多大学安大略教育研究院的许美德教授，此后便结下不解之缘，书信不断，许教授高深的学识、平易近人的作风、开朗豁达的风范给我以深刻的印象。许美德教授曾担任加拿大驻华大使馆文化参赞，在香港工作长达 17 年，深受中国传统文化熏陶，担任过香港教育学院院长并获得过香港特区政府银紫荆星章。30余年来，许美德教授一直致力于中国教育的比较研究，并努力向国外传播中国的教育和文化，对中国高等教育有着深入的研究。作为国际著名的高等教育研究学者，许美德教授多次结合研究对文章提出了许多有见地的意见和建议，并欣然为本书作序。梁吉生教授是作者早已仰慕的学者。作为中国高等教育研究会校史研究分会学术委员会主任、中国地方教育史志研究会学术交流委员会常务理事、天津市教育史研究会副理事长、南开大学校史研究室主任、博士生导师，他长期致力于高等学校校史研究，对于近现代高等教育史、西南联大及南开大学的校史研究功力颇深，先后出版了多部关于国立西南联合大学、南开大学校史及张伯苓学术思想等方面的著作，在校史研究方面有着独到的见解并作出了特殊的贡献。虽然素昧平生，但作者还是冒昧向先生索序，先生不仅欣然赋序，还对书稿的篇章文字提出了许多中肯的意见和建议。他严谨求实、精益求精的治学态度和坦诚、直率的人格、诲人不倦的师者风范，给我以无限启迪。在此，我要诚恳地向两位教授的无私关心和斧正表示最崇高的敬意！

在写作中，知名的西南联大史研究专家、《国立西南联合大学史料》系列丛书的两位主编：云南师范大学原党委副书记林丽生同志、云南师范大学原统战部部长杨立德同志，不顾身体欠安，仍然坚持对全书进行了审读，并提出了许多中肯的意见和建议，在此向两位老专家表示由衷的谢意。云南教育出版社的赵虎同志，在繁忙的工作之余为书稿的研究及出版事宜四处奔走、劳心费力，不胜感激。云南师范大学高教研究所的段从宇、云南师范大学党委宣传部的郑云、云南师范大学校长办公室的夏百川、云南师范大学党委办公室的杨燕江为书稿的完成做了许多基础性工作，帮助查阅和提供了初稿所需的基础性文献资料。本书由任祥负责了结论部分的写作；任祥、段从宇负责了第三、四、五、七章；任祥、郑云负责了第一、二章；杨燕江、夏百川负责了第六章的收集、整理与编写工作。此外，云南师范大学成教学院刘应兰同志承担了书稿序言的翻译，香港教育学院教育研究院李军博士为序言翻译作了审定，论著草成后，由任祥进行审定并进行了数度修改。

在书稿写作中，我有幸结识了无数志同道合的专家学者。云南教育史知名专家蔡寿福同志为我提供了很多专业资料，使我深受鼓舞，受益颇深。云南省档案馆的何丽坤同志在资料的查阅方面给我提供了很大的便利，在此表示深深的谢意。在书稿出版的过程中，光明日报社摄影美术部徐冶主任、《博览群书》杂志社陈品高主编、云南教育出版社九祝威先生等给予了无数的点拨与厚爱，至此难以忘怀。

需要特别表达的是，每一次结束"闭关"写作之后，我都会被一种深深的歉疚所笼罩。我必须特别感谢妻子、儿子的关心与支持，由于忙于书稿，陪伴他们把茶赏菊的快乐时光一直很少，心中不禁充满了无尽的感慨和不舍。此外，云南师范大学校长办公室的全体同仁在工作和学习上给予了我极大的宽容与支持，在此一并向他们表示诚挚的谢意。

本研究是2009年度云南省哲学社会科学规划立项课题（项目编号：HZ2009034）的成果之一，并得到了云南师范大学人文社会科学出版基金的资助。由于作者无论学术素养还是学术悟性均尚为浅薄，加之时间仓促，资料较为匮乏，研究在占有和搜集文献方面，还有继续挖掘的余地。在写作过程中，我深刻地体会到，要研究好专题教育史非有博大且扎实的学术功底不能探其桂冠，我自感浅薄，然不羞浅陋，推出拙著，以期志士同仁能够共同关注这一课题。尽管在这个过程中定然还存在诸多的疏漏和错讹之处，还恳请方家及读者不吝赐教并提出批评意见。

　　古人有云：除往夕之不鉴，忆来者犹可追。以此为记！

2011年7月于春城昆明